U0665313

《中国 IP 与网红经济发展报告》编委会

顾　　　问：倪光南　方兴东　谢海光　刘士林　李本乾　王晓红

编委会主任：陈　浩　于　炜

主　　　编：于　炜　陈　浩

副 主 编：刘新静

编　　　委：于　炜　陈　浩　赵　毅　席　涛　刘新静　何星池

江丙瑞　孙达丹　艾　慧　张　燕　张　丹　杨　柳

孔　铎　胡朝阳　顾　艺　王晓燕　王　健　杨　旭

吴晨茜　施天宇　潘雨婷　吴月娇　高　洁　陆伟岗

孙以栋　高　颖　何继东　方丹红　付德梅　方小英

中国IP与网红经济发展报告

China IP and Internet Celebrity Economic
Development Report

主 编◎于 炜 陈 浩
副主编◎刘新静

人民出版社

本皮书由浙江省文创产业规划与技术评估中心资助

序　言

守正创新是互联网经济健康发展的保证

赵　毅[*]

　　互联网平台经济是生产力新的组织方式,是经济发展新动能,对优化资源配置、促进跨界融通发展和大众创业万众创新、推动产业升级、拓展消费市场尤其是增加就业,提高人民生活品质都有重要作用。

　　互联网平台上的"网红"经济是以时尚达人为形象代表,以"网红"的眼光和品位为主导,进行选款和视觉推广,在社交媒体上聚集人气,依托庞大的粉丝群体进行定向营销,从而将粉丝转化为购买力的新型经济形态。近年来,网红经济迅猛发展,甚至一些"网红"的年收入超过 A 股上市公司,成为一种备受瞩目的经济形态。

　　2019 年,很多网络红人在经济上取得的成就,刷新了人们对"网红"这一概念的认知。2020 年,新冠肺炎疫情的发生,虽然实体经济受到了较大影响,但却促进了网红经济的繁荣,"带货女王""口红一哥""东方美食生活家"等"网红"频频"出圈",受到广泛关注。

　　对于网红经济的发展状态,不少媒体和专家都连呼"夸张"。以网红经济代表人物"口红一哥"为例,2020 年 1 月 5 日晚,"口红一哥"直播推销了某款麻辣香肠,5 分钟狂卖超过 10 万包,累计观看人次达 1677 万。最近,"口红一哥"作为"特殊人才""破格"落户上海,再度登上热搜,引发网友强烈热议。作为小商

---

　　*　赵毅:人民日报社人民论坛网副秘书长,吉林财经大学中国大企业研究所研究员,中国财经研究中心副秘书长。

品的天堂、电商之都,义乌市人民政府出台《义乌市人民政府关于加快直播电商发展的若干意见(试行)》大力支持电商发展,为各地政府作出了表率。不少业内人士预计,经过2019年跨越式发展之后,2020年网红经济总规模有望接近万亿元。

网红经济的迅速发展,是多种因素综合作用的结果。一方面,互联网等技术进步,以及电商成熟度深化与网购渗透率提升,为网红经济发展提供了沃土。另一方面,新基础设施的日趋完善,助推了中国网红产业链的崛起。同时,媒体与渠道快速迭代,也为网红经济的发展创造了机会。尤其不容忽视的是,我国网民的低龄化趋势,为网红经济的发展提供了充分的社会基础。根据百度公司发布的《"95后"生活形态调研报告》,中国"95后"人口约为1亿。他们从小与互联网为伴,最爱刷屏、晒生活和吐槽。埃森哲研究显示,超过70%的中国"95后"消费者更喜欢通过社交媒体直接购买商品。

网红经济生动诠释了移动网络在供需两端形成的裂变效应,是平台经济的鲜活表现形式,也是地摊经济互联网化的典型代表,展现了互联网经济的无限可能,是新时代我国经济建设的时代缩影。

然而,互联网经济的迅猛发展与管理法规的滞后也带来了许多问题。2020年"双十一"购物节之后,据央视报道,被投诉的产品质量问题及虚假宣传问题达数万起,个别网红被诉至法律。有的"网红"利用低俗形式吸引粉丝被主管部门处罚等。

因此互联网平台经济要想持久健康发展,就要依法依规,坚守社会公德,依法纳税,诚信经营。总的来说,有以下三个方面。

第一,国家有关管理部门要依法加强互联网平台管理。利用现有的《中华人民共和国电子商务法》《中华人民共和国消费者权益保护法》《产品质量法》《中华人民共和国反不正当竞争法》《合同法》《商标法》《广告法》《侵权责任法》《电子签名法》《中华人民共和国反垄断法》《中华人民共和国税法》《网络交易管理办法》等法律法规,规范互联网平台经营行为。根据互联网平台经济发展过程中出现的新问题、新业态抓紧研究,不断更新制定与之相适应的相关法规政策,使迅速发展的互联网平台经济有法可依、有章可查。各级政府主管部门及行业协会要及时发现研究互联网平台经济发展过程中出现的新趋势,积极引导及时纠偏。

第二,互联网平台应依法经营,守正创新,不断提高社会责任意识,积极倡导"网红"为实体经济服务。在逐利的同时,始终不忘人民利益高于一切。只有这样企业才能长足发展。

近日,阿里巴巴集团控股有限公司因"二选一"等涉嫌垄断行为,被市场监管总局依法立案调查。此举受到全社会广泛关注,也引发了人们对于平台经济发展的思考。近年来,平台经济在更好满足消费者需求、促进新旧动能转换、推动经济高质量发展等方面作出了积极贡献。然而,随着平台经济迅速崛起,滥用市场优势地位的行为日渐增多,出现了限制竞争、价格歧视、损害消费者权益等一系列问题,破坏了市场竞争秩序,阻碍了行业创新。整治影响公平竞争的违法行为,有利于促进平台经济更好更健康发展。平台经济的发展固然离不开规模效应和网络效应,但绝不意味着平台企业可以走向垄断。垄断不是平台企业的基因和特权。回顾我国互联网行业发展历程不难发现,优秀的平台企业,都是在公平竞争中拼杀出来的,今天的大企业、大平台,也都是从当年的小公司、小网站起家的。正是在激烈的市场竞争推动下,平台经济才展现出蓬勃生机、无限潜力,才能不断推进技术、商业模式持续创新。因此,各方面都很期待今天的大企业、大平台也能为后进入的小公司、小网站留有良性竞争的机会。大型互联网平台企业应该带头强化行业自律,进一步增强社会责任感,维护良好的互联网经济生态体系。竞争是市场经济的基石,垄断是市场经济的大敌。无论什么阶段、什么业态,公平竞争都是一个行业持续发展的动力源泉。加强反垄断监管,维护平台经济领域公平有序竞争,有利于充分发挥平台经济高效匹配供需、降低交易成本、发展潜在市场的作用,推动资源配置优化、技术进步、效率提升。更为重要的是,反垄断可以有效降低市场进入壁垒,形成开放包容的发展环境,让更多市场主体共享数字经济发展红利,有效激发全社会创新创造活力,构筑经济社会发展新优势和新动能。因此,加强反垄断监管与将平台经济做大做强并不矛盾,更不会扼杀互联网行业的创新基因;相反,正是对平台经济发展环境的有力保护。

事实上,互联网行业从来不是也不应该成为反垄断的法外之地。作为新生事物,互联网经济的治理规则,是世界各国共同面对的新课题。出于呵护新产业、新业态的考虑,我国对平台企业监管一直十分审慎。但互联网企业也需要遵规守法。2008年开始实施的《反垄断法》，对内资和外资、国有企业和民营企业、大企业和中小企业、互联网企业和传统企业一视同仁、平等对待，保障各类市场主体平等参与市场竞争。平台经济领域竞争虽然呈现多边市场、动态竞争、跨界竞争、网络效应等新特点，但反垄断法律法规的精神实质与要义仍然适用，需要与时俱进更新完善法律法规，为平台经济发展创造透明的、可预期的法律制度环境。当前，世界各国正在不约而同完善规制，加强互联网领域反垄断监管，就是为了保证行业竞争的有效性，有力维护消费者权益。

对于平台经济来说，加强反垄断监管，带来的绝不是行业的"冬天"，恰恰是更好更健康发展的新起点。纵观互联网经济发展史，反垄断为行业健康发展扫除了很多障碍。从一定意义上说，正是欧美国家通过反垄断制约了微软、IBM等科技巨头，才促使谷歌、苹果、脸书、亚马逊等互联网新锐诞生和成长，并为行业带来强劲活力。当前，我国加强反垄断监管，有利于更好激发市场活力，厚植平台企业不断涌现、蓬勃生长的良好土壤。一枝独秀不是春，百花齐放春满园。此次反垄断调查，是提升互联网企业公平竞争意识和反垄断合规意识的契机，也是开启平台经济创新发展、有序发展、健康发展的机遇。相信广大互联网企业能够正确认识行业监管与自身发展的关系，将监管要求内化到企业经营管理中，以改革和创新的姿态迎接发展新起点，更好走在规范健康发展的轨道上，提高我国数字经济的整体国际竞争力。

第三，互联网平台经济从业者应不断加强学习法律法规，提高业务素质，增强责任意识，在互联网平台经济迅猛发展的大潮中锻炼成长为"新时代"的遵纪守法合格经营者。

近两年，以网络直播为支点带动起的一条完整产业链，已逐步成形。据国家文化部统计，我国网络直播平台用户量已达到2亿人；而在产业链上游，互联网资本大鳄之间你争我抢、划分地盘。然而伴随职业化"网红"的，还有令人瞠目结舌的野蛮生长。作为刚刚兴起的"朝阳产业"，网络直播行业尚缺乏完善的法律制度和行业自律规范。针对如此席卷全行业的"网红乱象"，政府正以"零容忍"的态度加以整治。国家网信办、国家公安部、国家文化部、国家广电总局等相关部门，频频出手，强化监管，快速调查，严厉惩处，关闭了一批屡教不改的直播平台，处理了一群顽固不化的"低俗网红"，大快人心。在网络直播行业的发展初期,管理部门只有通过迅雷不及掩耳的反应、绝不姑息的态度、雷霆万钧的手段,方能维持行业内部的稳定和秩序,为其未来发展创造空间。而从长期来看,任何市场的有效运转,又都离不开法律的调节,更不能缺少互联网平台经济从业者的自我规范。因此,在对低俗"网红"严惩不贷的同时,又必须谋划长远,考虑全面,从法治的角度构建健康、完善、有序的网络直播行业市场,形成行业内部行之有效的自我约束机制。网络直播是新兴产业,"网红"也并不天然是低俗、无聊的代名词。倡导读书的、通晓财经历史的、擅长演讲的等某些知名网红都能够在一定程度上协调公共价值与商业利益,实现良好的社会效益。可见,在"网红"引发广泛争议的同时,我们更珍爱那些展现平凡的坚守、异样的坚强、与众不同的善良、惠泽众生的智慧等"网红"。

　　习近平总书记在网络安全和信息化工作座谈会上强调,"网络空间是亿万民众共同的精神家园。网络空间天朗气清、生态良好,符合人民利益"。因此,我们要本着培养互联网平台经济健康空间,在法治轨道上构建起新时代的网络精神家园!

目　　录

Ⅰ　总　报　告

Ⅱ　专题报告

Ⅲ　行业研究报告

IV　区域研究报告

V　国际研究报告

Ⅰ　总　报　告

大变局背景下的网红经济及其 IP 走向

于 炜 刘新静 陈 浩*等

2020 年是网红经济发展史上具有里程碑意义的一年。面对我国社会主要矛盾的变化、中美贸易摩擦、新冠肺炎疫情席卷全球的政治、经济、社会、公共卫生等百年一遇的大变局,诞生只有四年的网红经济发展迅猛,呈现多元化、专业化、品牌化、国际化等特征,公众接受度不断提升、抗疫助农成为亮点。但网红经济的"早熟"带来了诸多负面效应,乱象丛生、竞争加剧、粉丝经济的脆弱性成为阻碍其可持续发展的主要障碍。科技赋能、文化赋能、"直播+"、流量的效率红利、优质 IP(Intellectual Property)的打造将成为今后网红经济发展的趋势。归根结底,网红经济是一种新的传播和营销方式,"内容为王"是其生命力和创造力的源泉,因此优质 IP 的打造是网红经济走下去的必然途径。随着新冠肺炎疫情的减弱、世界经济秩序的恢复,红极一时的网红经济可能会走向"常态化",成为众多营销模式中的常规动作。网红及其所带之网红产品及所营销网红品牌若想走向可持续发展及不断的成功,就必须走向 IP 文化的铸造与升级。从形式数量外表,走向内容质量为王,走向文化精神价值观为王,从被动取悦强力营销,走向自动圈粉自带流量,从丑小鸭到白天鹅,从微观蝇营小利到民族国家文化复兴乃至世界和平共美之境界提升,这是网红经济未来发展的理想之路。

* 于炜:华东理工大学艺术设计与传媒学院教授、副院长,上海交通大学博士,泰王国 SSRO 皇家大学博导。

刘新静:上海师范大学旅游学院、上海旅游高等专科学校副教授,上海交通大学博士后。

陈浩:浙江省文创产业规划与技术评估中心主任;绍兴文理学院艺术学院美术系教授,博士生导师。

一、大变局下的网络经济

（一）百年未有之大变局

1. 中国社会进入新时代与社会主要矛盾的变化

习近平同志在党的十九大报告中指出："中国特色社会主义进入了新时代。"这个论断意味着近代以来历经磨难的中华民族迎来了从站起来、富起来到强起来的伟大飞跃，迎来了实现中华民族伟大复兴的光明前景；意味着科学社会主义在 21 世纪的中国焕发出强大的生机活力，在世界上高高举起中国特色社会主义伟大旗帜；意味着中国特色社会主义道路、理论、制度、文化不断发展，拓展了发展中国家走向现代化的途径，给世界上那些既希望加快发展又希望保持自身独立性的国家和民族提供了全新的选择，为解决人类问题贡献出中国智慧和中国方案。进入新时代的中国社会的主要矛盾发生了相应的变化，我国社会主要矛盾已经从"人民日益增长的物质文化需要同落后的社会生产之间的矛盾"转化为"人民日益增长的美好生活需要和不平衡不充分的发展之间的矛盾"。解决这一矛盾，需要努力实现更高质量、更有效率、更加公平、更可持续的发展。

2. 中美贸易摩擦与新冠肺炎疫情引发逆全球化浪潮

始于 2017 年的中美贸易摩擦目前不仅蔓延至所有领域，而且还处在"快速恶性循环"的轨道上，整体表现为三个特征：战略互信的摧毁，高层政治互动几乎停摆，没有任何实质合作。中美贸易摩擦具有必然性、长期性和复杂性已经是国内社会的共识，尽管拜登在 2020 年的大选中获胜，但中美关系已经不可能一朝回到贸易摩擦之前的状态。与此同时，全球新冠肺炎疫情的人数不断攀升，截至 2020 年 11 月 8 日，全球感染新冠肺炎疫情的人数累计超过 5000 万例，而且感染人数还在快速增加之中。中美贸易摩擦和新冠疫肺炎疫情引发了逆全球化浪潮，许多国家纷纷提出要重塑相对独立的经济体系，减少与外部经济体的互联互通、退出现有的国际治理秩序、放弃履行国际责任，这对国际社会秩序造成了较大的冲击，也给中国的经济发展带来了较大的挑战。

3. 我国数字经济向自主创新蜕变

以数字经济为代表的第四次工业革命已经拉开帷幕,全球很多国家都纷纷聚焦"数字经济"并制定了一系列的战略规划与措施,而中国的数字经济已经上升至国家战略并且取得了显著成效。自 1994 年以来,中国以互联网行业发展为开端,逐步成为世界公认的数字化大国。短短二十多年间,中国数字经济不仅在规模上实现飞跃式发展,创新模式也由模仿创新向自主创新蜕变,在部分领域开创了"领跑"局面。中国信通院发布的《中国数字经济发展白皮书(2020 年)》显示,2019 年我国数字经济增加值规模达到 35.8 万亿元,占 GDP 比重达到36.2%。目前,中国数字经济各行业所处的阶段不尽相同,"工业 4.0"、新零售等行业仍处于萌芽期,在线视频、网络营销、网络购物等行业已经步入成熟期,其中华为等一批高新技术企业走出国门成为真正意义上的跨国企业,特别是中国在数字经济应用端的模式创新十分活跃,甚至超越美国实现"领跑"。①

4. "双循环新发展格局+创新"在社会主义现代化建设中的核心地位确立

在"逆全球化"倾向和新冠肺炎疫情全球蔓延的背景下,我国提出加快形成国内大循环为主体、国内国际双循环相互促进的新发展格局。过去中国经济呈现出"两头在外、大进大出"的外向型特征,随着经济体量不断扩大、经济结构不断调整,中国对内需的依赖逐渐增强,充分发挥我国的超大规模市场优势和内需潜力,在提高我国国内自我经济循环量的同时,还使国外产业更加依赖中国供应链和产业链,更加依赖中国的巨大消费市场。在双循环新发展格局战略的实施过程中,国内循环是根基,做强产业链是核心,创新驱动是关键。

(二)新冠肺炎疫情催生全民触网与网络经济

1. 互联网的普及和网络消费的盛行

中国互联网和电子商务的快速发展使网络消费成为普通民众的生活方式。《中国电子商务报告 2019》显示,目前中国的网民规模已经超过 9 亿人口,互联网普及率高达 64.5%;全国电子商务交易金额截至 2019 年达 34.81 万亿元,其中网上零售额为 10.63 万亿元,同比增长 16.5%,实物商品网上的零售额达

---

① 胡雯:《中国数字经济发展回顾与展望》,《网信军民融合》2018 年第 6 期。

8.52万亿元,占社会消费品零售总额的比重上升至20.7%;电子商务从业人员已达5125.65万人。第45次《中国互联网络发展状况统计报告》的数据显示,截至2020年3月,我国网民规模达到9.04亿,网络购物用户达7.10亿,直播电商用户达2.65亿。互联网用户的持续增长和网络消费的盛行为网红经济的发展奠定了基础。

2. 传统营销的弊端与网红营销的优势形成合力

在网络消费规模不断扩大的同时,传统的电商营销模式的弊端也越来越凸显,例如淘宝等电商平台的成本越来越高,"漫灌式"营销模式不能满足年轻人的个性化需求等。同时,网红营销模式优势也不断凸显,这种模式不仅具有平民化、廉价和精准营销的特点,而且其常用的预售模式颠覆了传统的商业模式,将销售前置,从而解决了商家去库存的压力。蘑菇街①公布的2020财年财报显示,其直播业务连续17个季度保持快速增长,蘑菇街(NYSE:MOGU)公布2020财年第四季度(2020年1月1日—2020年3月31日)及2020财年(2019年4月1日—2020年3月31日)财报显示,直播业务连续17个季度保持快速增长成为最大亮点,直播业务相关的商品成交额同比增长91.6%至78.8亿元,占平台总量的比重达46.2%。在截至2020年3月31日的12个月内,蘑菇街直播业务的活跃购买用户数同比增长44.9%至360万。2020年"618"活动期间,6月1日全天淘宝直播成交金额超51亿元;截至6月17日7点,借助淘宝直播引导成交金额同比增长超过250%,13个直播间成交过亿,多品牌开播一小时成交额超越2019年全天;共有600位品牌、商家的总裁在天猫"618"参与淘宝直播,亲自上阵带货。②

3. 新冠肺炎疫情的推波助澜

2020年年初暴发的新冠肺炎疫情让线下消费受到了极大的限制,线上消费却逆市上扬,网红经济也因此获得了更大的发展空间。数据显示,2020年2月淘宝直播新开播商家数量比1月环比增长719%,直播人才需求增长132%,直播领域人均月薪达9845元;新冠肺炎疫情期间,淘宝直播为各行各业带来了新

---

① 蘑菇街是专注于时尚女性消费者的电子商务网站。

② 克劳锐:《2020年618直播带货数据报告》,https://www.rixieshi.com/14282./.html,2020年6月。

机会,卖房、卖车、健身、深夜食堂、博物馆、布达拉宫观光等直播场景层出不穷,其中直播装修比 1 月增长 16 倍,线下餐饮相关的直播引导成交环比增长 439%。①

二、网红经济概述

(一)网红概述

1. 什么是网红

网红即"网络红人",即在互联网世界有着较高影响力的人,这些人往往凭借自身的某种特质或个人魅力吸引"粉丝",他们经常通过各种自媒体与粉丝进行互动,也经常分享自己日常生活的点点滴滴,从而成为某个垂直细分领域的"明星"或"领袖"。网红的关键在于其社交资产的变现能力。网红的定义在不断扩大。网红原来是指"拥有青春靓丽的外表并善于行销的年轻女子"。"她们在各种社交媒体上,经由塑造美好、乐观、鲜明的个人形象基础,拥有了一定程度的社交资产,并且这些资产具有快速变现能力的账号,都可以称为'网红'"②。但随着时代的发展,网红的范畴不断扩大,除了原来意义上的网红,明星、公知、企业家、政府官员以及其他人士等纷纷加入直播行列,共同组成了庞大的网红群体。

2. 网红的类型

(1)按照平台类型来划分

网红依托的平台类型可以分为电商类平台、短视频类平台、社交类平台、娱乐直播类平台。电商类平台包括淘宝、京东、拼多多、小红书、蘑菇街、唯品会等,短视频类平台包括快手、抖音、哔哩哔哩和西瓜视频等,社交类平台包括微博、微信等,娱乐直播类平台包括斗鱼、战旗、虎牙等,见图1-1。网红可以依照所属平台分为不同的类型。

---

① 阿里研究院:《2020 淘宝直播新经济报告》,见 https://www.100ec.cn/detail--6550736.html,2020 年 4 月。

② 袁国宝、谢利明:《网红经济:移动互联网时代的千亿红利市场》,企业管理出版社 2016 年版,第16页。

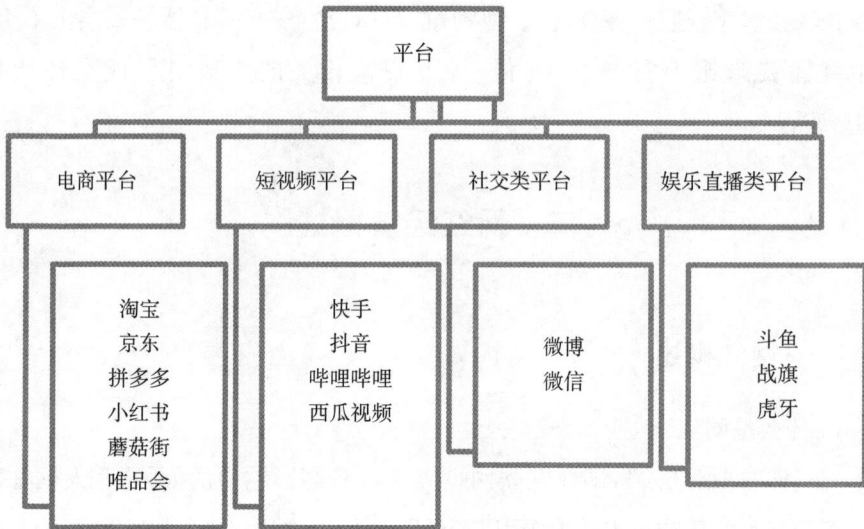

图 1-1　网红依托平台分类示意图

（2）按照粉丝数量来划分

网红拥有的核心资源就是粉丝，按照粉丝数量网红一般可以分为粉丝数量低于 10 万的网红、粉丝数量在 10 万—50 万的网红、粉丝数量超过 50 万的网红和粉丝数量超过百万的网红。粉丝数量不同，其影响力也存在明显差别，网络上流传的段子"当你的微博'粉丝'超过 10 万，你就是一份都市报；超过 100 万，你就是一份全国性报纸；超过 1000 万，你就是电视台"很好地诠释了粉丝资本对于网红的重要性。但粉丝量与网红的变现能力并不呈现正相关关系，尤其是在电商直播领域，优质的直播内容和过硬的商品质量是影响变现的关键因素，例如在抖音销售榜上的 TOP 20 销量达人中，有 6 个粉丝量低于 50 万。

（3）按照网红本来的职业身份划分

随着网红经济的爆发，越来越多的不同职业身份的人员加入直播队伍，根据这些人原本的职业身份也可以对其进行归类，例如明星网红、官员网红、企业家网红、农民网红，等等。《2020 淘宝直播新经济报告》的数据显示，2019年淘宝直播的开播账号数量大增，同比 2018 年的增速达到 100%；2020 年以来，更有 100 多种职业转战淘宝直播间。此外，虚拟主播也成为近年来的新生网红。

3. 网红的盈利模式

目前来看,网红的盈利模式主要有广告、粉丝打赏和电商三种模式。

首先是广告,网红最大的资本就是粉丝,其"吸睛术"十分高超,所以商家愿意在网红的自媒体账号上做广告,例如 2016 年某网红的一条广告拍出了 2200 万元的天价,成为网红业界的成功案例。

其次是粉丝打赏,这是许多网红流量变现的最初方式,微信、微博、斗鱼等平台都开通了打赏功能,例如 2016 年某网红在美拍进行的直播首秀,不到一小时的粉丝互动中收到打赏近 30 万元。

最后是电商,主要是开网店。拥有 2913 万粉丝的淘宝主播"带货女王"2018 年的销售额是 27 亿元,当场 2 小时的最高引导销售额是 2.67 亿元,2020 年 4 月 1 日"带货女王"在直播间出售火箭运载服务并以 4000 万元成交一单业务。

这三种盈利模式与网红自身的特质和依托的平台紧密相关。广告和打赏主要是生产内容的网红的盈利模式,依托的平台主要是微博、微信、抖音、快手、斗鱼等平台,电商的盈利模式毫无疑问主要是电商平台网红的主要经济来源。

(二)网红经济概述

2015 年 12 月在中国乌镇召开的世界互联网大会上,阿里巴巴集团首席的执行官张勇首次提出了网红经济的概念,他称 2015 年出现的新族群——网红一族在阿里电商平台上显示出显著特色,它的生产是整个新经济力量的另一种体现。从此,网红和网红经济开始逐渐引发关注,2016 年更被称为网红经济元年。

1. 什么是网红经济

关于网红经济的概念,有人提出,"网红经济是互联网对供求两端的裂变重塑,是借助因互联网病毒式传播而受到广泛关注的网红,以全新的方式使产业价值链中的设计商、制造商、销售者、服务者与消费者高效对接,以此来获取巨大的商业价值"[①]。事实上,网红经济本质上是粉丝经济,而粉丝经济是架构在被关

---

① 王先明、陈建英:《网红经济 3.0:自媒体时代的掘金机会》,当代世界出版社 2016 年版,第 2 页。

注者和粉丝的关系之上的经营性创收行为,是一种借助提升用户黏性并以口碑营销形式来获取经济利益与社会效益的商业运作模式。①

2. 网红经济3.0

"网红经济"的发展经历了三个阶段。网红经济第一阶段的主要传播载体是文字,主要形式是网络文学,代表作有《第一次亲密接触》等,网红作家是此时代的主要成员。网红经济第二阶段是图片时代,主要依靠图片和话题炒作,因为这些炒作往往带有低俗、恶搞的成分,因此人们对于网红的评价从欣赏、赞美转变为褒贬不一。网红经济第三阶段是网红产业成熟期,其标志是网红注重个人IP的打造,通过个性化特质和魅力获得粉丝的认同和追随,成为垂直细分领域的网络红人。网红个人IP的打造第一需要拥有优质内容的持续生产能力,从而对特定的人群构成持续的影响力,第二需要有多元化的变现方式。以2016年走红的某网红为例,她以二十多岁的职场女性为目标群体,结合时下热点,将诸多贴近年轻用户的槽点融合在时长几分钟的短视频内,其草根叙事的背后倡导的是崇尚真实、摒弃虚伪,追求个性自由,这就契合了年青一代的价值观,从而在短时间内获得了大量粉丝的拥趸。

表1-1　某网红部分视频的主题设计及所契合的社会热点

推出时间	短视频标题	社会热点	槽点
2019年1月28日	姜家又一年,陪你过大年	春节	央视春节联欢晚会
2019年1月30日	过年行为规范	春节	过年走亲戚
2019年1月31日	回家过年	春节	过年走亲戚
2019年2月1日	春节红包防诈骗指南	春节	春节发红包
2019年2月2日	女明星的春节	春节	女明星的虚伪
2019年2月3日	女明星春节限定单曲《亲戚来》	春节	过年走亲戚

见表1-1,所列的2019年春节主题的内容输出就是很好的例证。其持续输出优质原创内容的能力值得肯定,但持续变现能力仍有待考察。

3. 网红经济产业链

关于网红经济的争论始终存在,争论的焦点就是网红经济能否成为一种可

---

① 余来文、封智勇等:《分享经济:网红、社群与共享》,化学工业出版社2017年版,第62页。

供应链	主播	直播平台	用户

品牌商

工厂

经销商

物流

供应
保障

订单
输入

网红达人

明星艺人

垂类 KOL

品牌/生产商

政府机构

内容
输出

平台
支撑

电商平台

内容平台

社交平台

其他平台

内容
输出

购买
转化

用户

主播孵化 运营支持

MCN（多频道网络）

其他服务机构

运营支持　　数据服务　　其他

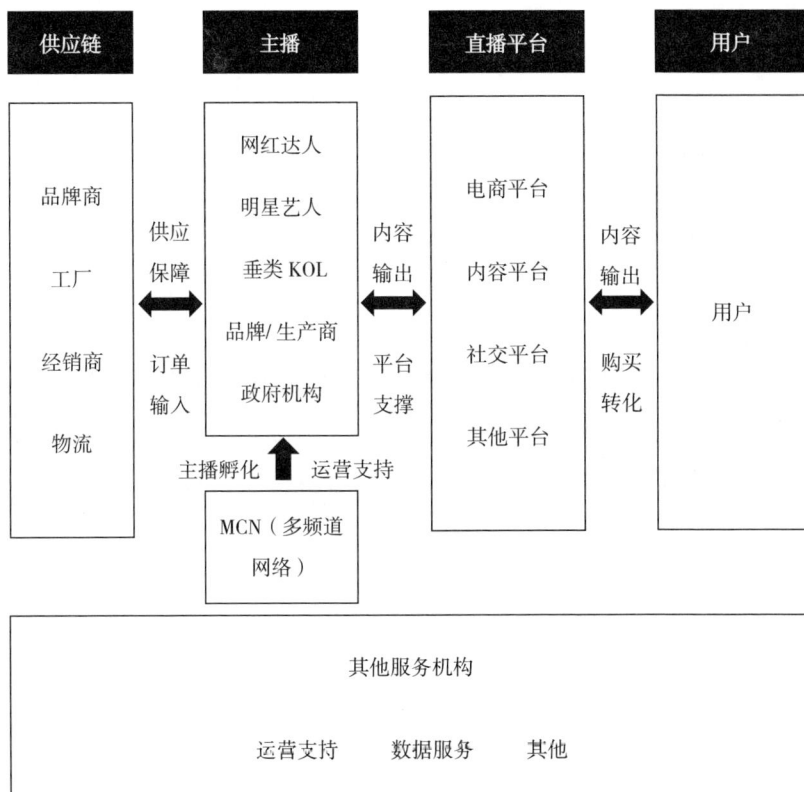

图 1-2　直播电商产业链题谱

资料来源：新榜研究院：《2020 直播生态研究报告》。

持续发展的行业。不容置疑的是，网红经济在争议中已经形成了完整的产业链，见图 1-2，上游是有需求的企业或组织，中游是内容生产商，包括网红、网红经纪公司等；下游是内容传播商，包括各类平台。网红和网红经纪公司通过内容持续创造和输出，依托各类互联网平台，将供需两端连接起来，这其中出现了很多新的商业模式，例如杭州如涵贸易有限公司的"供应链+代运营+经纪人"模式，通过"更为多元的广告营销、品牌塑造、内容制作等手段，帮助网红打造了竞争能力更强的原创 IP 品牌，并且借助完善的供应链服务，帮其在电商平台上快速而高效地完成了价值变现，形成闭环生态"。或许网红经济在大爆发之后会进入稳步发展阶段，但网红经济的商业模式会成为今后营销领域的新生主力模式之一。

三、2020年网红经济的新特征与新挑战

（一）新特征

2016年被称为网红经济元年，经过4年左右的发展，网红经济开始呈现出新的特征。

1. 多元化

年轻貌美的女性是网红留给人们的刻板印象，但2019年以来，网红群体构成的多元化成为最为显著的新趋势。除了年轻貌美的女性，政府官员、知识精英、娱乐明星、企业家、新闻媒体人、农民等各种身份的人都进入了网红行列，例如2020年"618"活动期间，某央视主持人成为拼多多"明星推荐官"，其直播的观众达1600万人，商品成交额达1.4亿元；格力CEO五场直播带货销售额累计达178亿元；"带货一哥"四场直播带货销售额达9132万元。从年龄构成来看，"80后""90后"是主力，尤其是"90后"，占据了绝对优势。从性别来看，目前网红群体的女性占比仍然比较高，但数据显示男性的比例有了大幅上升，例如淘宝的男性主播占比从2018年的16.8%上升为2019年的30%。除了真人外，虚拟主播也称为网红界的新生力量，2020年"618"活动期间，虚拟主播洛天依、初音未来和一禅小和尚分别登陆淘宝和快手平台，实现了虚拟IP与直播电商的结合，这些虚拟主播不仅本身自带粉丝流量，还可以24小时不间断直播，迈出了"无人直播"的第一步。《2020淘宝直播新经济报告》显示，2020年以来有100多种职业转战淘宝直播间。

2. 专业化

专业化的含义包括两个层面。第一层含义是成功的网红往往具有相关专业背景或特殊才能。例如某网红毕业于中央戏剧学院导演系，"她比非专业出身的人更懂得如何进行选题设计和视频内容的制作、剪辑"，"专业背景让她能够很好地进行出位表演，能够与镜头和聚光灯产生化学反应"。[①] 网红经济是营销

[①] 王先明、陈建英：《网红经济3.0：自媒体时代的掘金机会》，当代世界出版社2016年版，第21—22页。

领域的垂直细分,所以在很多专业领域具有特殊才能的人能够获得粉丝的追随,例如某位微博红人,凭借超强的英语听译能力、深厚的跨文化交流素养吸引了1300 多万的粉丝,现在已经开始翻译出版书籍。专业化带来的是网红在营销垂直细分领域的精准营销和滴灌式营销,例如行业在网络营销时会对接不同的带货 KOL(Key Opinion Leader,关键意见领袖)类型。第二层含义就是专业的网红孵化机构的出现。网红非常重要的特质就是草根性、接地气,大多数网红不具有传播、营销等专业的学习背景,网红孵化机构的作用就在于发现和培养网红,以专业化的运营维护团队帮助网红顺利开展各项工作。例如淘宝直播的 MCN(Multi-Channel Network,一种多频道网络的产品形态,是一种新的网红经济运作模式)数量已经超过 1000 家,淘宝直播代播服务商数量从 2019 年 6 月的 0 家到2020 年 2 月的 200 家。成立于 2012 年的杭州如涵控股股份有限公司已经成为国内最大的电商网红孵化与营销平台,拥有 168 个独家红人,粉丝覆盖率超过2.06 亿人,月曝光量达 25.9 亿次,服务品牌超过 1000 家,如涵控股股份有限公司已经形成了"供应链+代运营+经纪人"的商业模式。由此可见,网红自身的专业化和行业整体的专业化趋势已经十分明显。

3. 品牌化

品牌化的趋势在服装电商行业非常明显。网红经济最初在供应链管理方面的缺陷十分明显,导致退货率非常高,商品品质很难控制。随着网红经济的发展,许多网红团队和网红孵化机构开始自建供应链管理体系,通过自建的工厂直接供给网红店铺所需的各种商品,呈现出品牌化趋势。例如,如涵控股股份有限公司在发展初期就建立了淘品牌"莉贝琳",后来帮助签约的网络红人创立原创品牌。拥有 390 万粉丝的某网红最初在淘宝开店时是到批发市场拿货后出售,凭借的是独到的时尚眼光和选款能力,2013 年开始自主设计定制商品,2015 年成立自己的公司,将自己在内容创造上的经验,以及多年来积累下来的供应链资源变成完整的电商变现解决方案,与其他品牌以及小网红签订合作伙伴关系,帮助他人进行内容营销、流量变现。这种从最初的买手制到最终自己成立公司自建原创品牌,是网红店比较理想的发展轨迹,品牌化也渐渐成为网红店铺生存和突围的重要路径。

4. 国际化

国外网红聚集的平台是 Youtube、Facebook 和 Instagram。中国网红"东方美食生活家"通过原创美食视频,在全球拥有超过 3000 万的粉丝,仅在 Youtube 上就拥有 747 万粉丝,超过了美国的 CNN 和英国的 BBC。因此,她获评中国妇女报"2019 十大女性人物",国家农业部"首批中国农民丰收节推广大使"。因为"东方美食生活家"的广受欢迎,越南网红开始模仿她的视频,成为全球性媒介景观,这背后有诸多启示值得发掘。对于博大精深的中国文化来说,仅靠一个"东方美食生活家"是远远不够的,需要更多这类人,从各自的文化点位,用各自的方式,向世界传播更多形式的中国文化。[①]"东方美食生活家"的风靡海外为网红界树立了新的标杆,今后必定有更多的网红会尝试国际化的路径。

5. 公众接受度提升

在网红 2.0 阶段,由于种种原因,网红群体给公众留下了低俗、浅薄和哗众取宠等刻板印象,但随着"3.0 时代"的来临,公众对网红的接受度有了较大提升。新华网的一项调查显示,54%的"95 后"最向往的新兴职业选择为主播、网红。[②]"东方美食生活家"的故事还被写进了某地语文期末考试试卷,家长也提出质疑,"网红该不该出现在影响力较大的试卷上?""会不会带偏小孩子的价值观?"当地报纸特就此问题展开了讨论,并发表评论说"东方美食生活家"符合社会的主流价值观,她的奋斗历程和生活经历也颇具励志意义,是典型的正能量"网红"。"网红"就是在网上走红的意思,网络没有原罪,一个人走红也没有原罪,在某种意义上,袁隆平也是"网红",外卖小哥同样在网上受到追捧,所以,别再拿老眼光看待"网红"了。"网红"中有不好的,也有极好的。[③]

6. 抗疫助农成为亮点

2020 年的新冠肺炎疫情导致线下消费几乎停摆,线上消费逆势上扬呈现出较好的发展态势,其中网红直播带货、抗疫助农成为吸引公众关注的亮点。各大平台纷纷开设助农直播,其中淘宝为国家级贫困县专门开设"土货鲜食"一级入口,疫情以来先后发起"暖春守'胃'战"、县长直播等专场,截至 2020 年 4 月 25 日,淘宝

---

① 张涛甫:《李子柒被"山寨",该包容吗?》,《环球时报》2020 年 7 月 3 日。
② 任先博、徐劲聪:《商业网红孵化记》,《南方都市报》2018 年 8 月 27 日。
③ 宴庆盛:《别再拿老眼光看待"网红"了》,《嘉兴日报》2020 年 7 月 6 日。

天猫累计为全国农民售出超过 25 万吨滞销农产品。2019 年,全国超过 100 位县长走进村播直播间,帮助地方农产品站台打 CALL,成为地域产品代言人。多位县长成为"网红",被网友调侃为"被县长耽误的金牌销售"。安徽砀山县副县长在 4 次网络直播中卖出砀山梨膏和砀山油桃近 3 万件,销售金额高达 257 万元。还有柞县木耳的案例也称为业界经典。享有柞水县名优土特产、科技部定点帮扶地区特色产品和国家地理标志产品等荣誉的柞县木耳质地脆嫩、个大肉厚、味道鲜美。2020 年 4 月 21 日,淘宝主播"带货女王"和"口红一哥"联合直播推荐柞县木耳,3 个淘宝直播间同时开售,24 吨木耳单品秒光,累计销售金额 300 万元,相当于柞水县去年全网 4 个月的线上销量。直播带货为抗疫助农找到了一条行之有效的道路,为处于疫情困境中农产品滞销的农民带去了希望。

(二)新挑战

1. 网红生态乱象亟待国家政策更加明晰和法治跟进精准治理

新冠肺炎疫情之前,国家相关管理部门对于网络直播、网络视听节目的政策整体趋紧,尤其是 2016 年以来出台的一系列政策,包括《互联网直播服务管理规定》《网络短视频内容审核准细则》等,对于网络直播和网络视听节目进行了规范和约束,加速了行业的洗牌和调整。2020 年新冠肺炎疫情打乱了管理部门的节奏,网红带货、直播电商成为疫情中拉动消费的主要形式,管理部门出台了一系列支持政策,例如 2020 年 2 月,商务部出台《关于进一步做好疫情防控期间农产品产销对接工作的通知》,鼓励电商企业为直播带货等渠道提供流量支持;2020 年 3 月,北京市文化和旅游局发布特别提示指出电商类等直播不属于网络表演,不需要申请办理《网络文化经营许可证》;广州市商务局出台《广州市直播电商发展行动方案(2020—2022 年)》,推进"个十百千万"工程,计划将广州打造成为全国著名的直播电商之都;2020 年 4 月,四川省商务厅发布《品质川货直播电商网络流量新高地行动计划(2020—2022 年)》,推进"四个一"工程,计划将四川打造为全国知名区域直播电商网络流量中心。[①] 很多城市也将网红列入人才引进的名单,例如广州、杭州、济南、义乌、重庆等多个城市向主播伸出了橄

---

① 新华社:《网络主播背后是轰鸣的工厂》,《银川日报》2020 年 8 月 24 日。

榄枝,不仅给落户还给钱给补贴给优惠政策,随后淘宝主播"口红一哥"落户上海崇明的消息又引发了大家的关注。但值得思考的是,网红经济只有四年的发展历史,国家的政策并不明朗,某些网红乱象如伪劣假货、恶俗表演、虚假流量等,需要配套法治精准跟进治理。这也是今后网红经济面临的一大挑战。

2. 网红行业的竞争加剧

网红经济面临的第二大挑战是竞争加剧。首先就是平台层面的竞争加剧。淘宝、京东、拼多多等综合性电商平台,依靠成熟完整的电商全链路服务,持续加码直播电商投入;快手、抖音、哔哩哔哩等视频平台,为电商主播提供流量和运营支持,积极通过直播推动 C2C 电商;豆果美食、易车网、土巴兔等垂直内容平台,拥有高黏度的精准用户,纷纷举行直播活动,进行垂直品类带货;此外,随着大量资本的涌入,新的平台不断涌现,进一步加剧了平台层面的竞争。其次就是网红从业者的竞争加剧。数据显示,2019 年企业新增直播相关职位较 2018 年激增329.36%,但平台流量是有限的,直播行业的头部效应非常明显,例如淘宝主播"带货女王""口红一哥"就占据了较大份额的流量,其他主播想获取足够的流量就存在较大难度。① 而企业家的直播带货效果虽然明显,但也难以排除挤占线下销售份额的嫌疑,例如格力 CEO 在 2020 年"618"期间 5 场直播带货累计销售额超过 178 亿元,这 178 亿元的消费不难排除是格力线下销售的存量,直播带货挤占了线下销售的份额,从而加剧了其线下销售额的萎缩,导致了实体店的加速灭亡。

3. 粉丝经济的脆弱性

网红经济本质上是粉丝经济,而粉丝经济与生俱来的脆弱性也是网红经济的一大挑战。网红经济消费的就是网红与粉丝之间的关系,这种关系的维系依靠粉丝对网红的认可与肯定,具体体现为粉丝对网红的行为方式、生活方式、价值观等方面的认可与肯定,这种关系的脆弱性显而易见。而且网红的层出不穷,粉丝的注意力很容易转移,网红的生命周期也比较短暂,最短的只有半年左右,如果没有持续优质内容的输出和可靠的变现渠道,网红很快就会失去存在的价值。网红的频繁迭代可能是这个行业的特点,但这种现象的直接后果就是缺乏

---

① 张媛:《"能带货"才是硬道理》,《每日新报》2020 年 4 月 15 日。

沉淀和积累,导致整个行业发展的后劲不足、可持续发展堪忧,不能做大做强。

四、中国网红经济的发展趋势预测

(一)技术赋能让网红经济走得更稳

2015 年 4G 技术的普及给我国网红经济的起飞插上了技术的翅膀,而未来 5G 技术的普及将再一次为网红经济带来无限可能,5G 技术的大容量、低延时、高速率将进一步提升人们的体验。首先,新技术将进一步提升试听效果。网红经济"3.0 时代"的主要载体就是视频,5G 技术让信息传输更加流畅,视频的清晰度进一步提升,从而极大地提升了人们的感官体验。其次,5G 技术能够极大扩展主客双方的交互形式。网红经济是粉丝经济,主播与粉丝之间的互动至关重要,新技术强大的计算能力能够支撑更高传输成本的互动行为,主播和用户、用户之间将有更多形式的互动。最后,技术支撑直播类型更加多元化。5G 技术将优化 AR/VR 等技术的使用成本和实际效果,VR 直播、全景直播、沉浸式直播应用范围或扩大。[①] 总之,5G 技术带来"视联网"的新时代,视频生态将很有可能全面颠覆当前的图文生态,从操作系统到各类应用服务都将围绕视频的特性重新打造,网红经济作为典型的"视频"经济,将从 5G 技术中获得更为广阔的空间。

(二)文化赋能让网红经济走得更远

如果说科技赋能让网红经济走得更稳,那么文化赋能让网红经济走得更远。"80 后""90 后"是互联网用户的主体,他们的消费需求和品位已经发生了很大变化,泛娱乐、知识付费都是被广为接受的消费形式,过去的低俗炒作、标题党等手法已经无法获取用户的好感和追随。以微信公众号为例,根据西瓜数据统计,赞赏文章和付费文章主要集中在资讯、情感、财经、文化、科技、教育等行业账号,这些行业相对专业知识会强些,可以满足用户消费升级带来的需求,用户愿意去

---

① 蔡华峰、李劼:《直播成广州文化产业新力量》,《南方日报》2020 年 6 月 5 日。

付费获得有价值的内容。此外,"东方美食生活家"的成功也证明了文化赋能的重要性。在微博、微信等平台的网红中,美食类网红的数量位列第三,但是能够像"东方美食生活家"一样蜚声海内外、受到官方认可的美食类网红到目前为止还是孤例,她获得成功的关键就在于视频中无处不在的文化元素,为此她被视为中国文化的象征和符号,成为中国文化海外传播的教案。由此可见,当前网红的原创作品中文化含量还有很大提升空间,文化赋能将是今后网红经济必须要重点发展的方向。

(三)"直播+"让网红经济走得更快

网红经济的工具载体不仅仅是直播,还包括视频、文字、漫画等多种工具,但目前看来电商直播是网红经济中发展最快、变现能力最强的网红经济模式之一。据中国互联网络信息中心数据显示,截至 2020 年 3 月,直播用户规模达 5.60 亿人,即 40%的中国人、62%的网民是直播用户。其中,电商直播用户规模为 2.65 亿人。受新冠肺炎疫情影响,直播方式呈现出多场景、多行业的趋势,学习、消费、泛娱乐等日常生活场景的线上直播比重明显增加。随着直播行业的发展、渗透率的提升以及行业内竞争的加剧,多元内容类型、垂直内容领域、精细化内容运营将是直播行业未来的趋势。随着直播渗透率的提升,单一类型的直播内容不再能满足用户在不同场景的需求,内容、类型将趋于多元化。泛娱乐直播经过数十年发展,已至流量增长"瓶颈",存在同质化现象,用户审美疲劳,垂直行业仍是流量蓝海。如"直播+教育""直播+医疗"等。随着行业竞争加剧,精细化运营将成为直播的核心竞争力之一。除了直播背后的产品供应链对接能力,直播内容策划、主播能力、执行能力都是决定直播能否成功的关键。

(四)流量的效率红利是未来投资的方向

Web 2.0 时代,用户既是信息的接收者又是信息的产生者,互联网的工具属性和社交娱乐属性极大增强,互联网"流量"激增。基于丰富的用户大数据,算法推荐与分发技术的成熟使"信息找人"成为用户与信息交互的主要方式之一。由此产生的精准广告业务使互联网公司对流量的货币化能力显著增强。从颗粒度最粗的流量指标"活跃用户数"与"人均使用时长"来看,中国移动互联网的流量红利期已渐近尾声。根据 QuestMobile 数据,2019 年第二季度中国移动互联网月活跃用户开始出现环比下降,第三季度同比增速已放缓至 0.7%,国内月活用户的上限约为 11.4 亿人;而月人均单日使用时长到达近 6 小时之后基本见顶。2019 年中国互联网广告流量首次出现同比下降,与上述活跃用户与人均时长的指标几乎同步见顶,总量红利渐远。当互联网行业逐步进入流量的存量竞争时代,寻找可能存在的未发掘流量、各垂直行业对流量的争夺与留存、努力提升用户流量的付费转化和生命周期价值成为所有互联网公司思考与探索的命题。近十年移动互联网高速发展,用户基数扩张与用户时长提升获得了巨大的红利。当流量总量接近见顶,需要密切关注流量大盘中的结构性流动,以及获客成本和变现能力具备效率优势的细分行业与公司。围绕着"流量效率",三条具备成长空间的细分赛道分别是"免费"流量的广告变现、电商行业公域流量获取与私域流量运营之变、电视大屏流量价值回归。[①]

(五)优质 IP 打造是网红经济可持续发展的必然途径

网红经济在 2020 年的爆发式发展并非偶然,这是国际国内多重因素合力助推的结果,但网红经济能够持续繁荣却引发了诸多关注和讨论。从网红经济个体来看,每个网红品牌都是有生命周期的,优质 IP 的打造能够延长网红的生命周期。从网红经济整体来看,优质 IP 的规模化能够带动整个行业的可持续发展。《超级 IP》归纳了 IP 成功的六个要素:持续的人格化演绎、独特的内容能力、自带话题的势能价值、新技术的整合善用、流量变现能力。其中人格化演绎是优质 IP 打造的关键所在。[②] 人格化或个性化,"就是赋予物品以人为中心的情感与价值创造。从物品到情感,是一个移情过程,这种由物到人的齐物框架,看似融入了人格,但物毕竟是物,人若不自主,就会导致不是品牌帮助你表达,而成了品牌代表你。人格化则试图避免这个结果,需要使用物品的人将自己作为独立的人来发展,而非作为消费者被填充。摆脱消费者角色,人以自己有限的生

---

① 孔蓉、范佳璟、付天姿:《互联网传媒行业 2020 年下半年投资策略:再谈"流量":总量红利渐远,效率红利渐近》,《光大证券》2020 年 6 月 24 日。

② 吴声:《超级 IP:互联网新物种方法论》,中信集团出版股份有限公司 2016 年版,第 35 页。

命通过万物表达出无限的生命意识,才是物品人格化应有的含义"①。简易 IP 只能满足"粉丝"用户的短时间需求,但高级阶段的网络红人 IP 能够满足"粉丝"的情感需求和价值渴求,带来持久的影响力与感召力。无论是"东方美食生活家"走出国门上升为国家文化传统符号,还是淘宝主播创造的销售神话,都从各个侧面力争打造优质 IP 是网络红人和网络经济实现变现直至成为品牌的核心竞争力。

综上所述,网红经济尽管随着百年未有之大变局新时代应运而生,且在 2020 年成为风口行业备受各界瞩目,但是网红经济面临的挑战和未来的出路都令人担忧。科技赋能、文化赋能、"直播+"、流量的效率红利、优质 IP 的打造,各界人士为网红经济的可持续发展贡献了各种建议,但归根结底,网红经济是一种新的传播和营销方式,"内容为王"是其生命力和创造力的源泉,因此优质 IP 的打造是网红经济走下去的必然途径。

随着新冠肺炎疫情的减弱、世界经济秩序的恢复,红极一时的网红经济可能会走向常态化,在各种营销模式不断创新的背景下"泯然众人矣",成为众多营销模式中的常规动作。网红及其所带之网红产品及所营销网红品牌若想走向可持续发展及不断的成功,就必须走向 IP 文化的铸造与升级。从形式数量外表,走向内容质量为王,走向文化精神价值观为王,从被动取悦强力营销,走向自动圈粉自带流量,从"丑小鸭"到"白天鹅",从微观蝇营小利到民族国家文化复兴乃至世界和平共美之境界提升,这是网红经济未来发展的理想之路。

---

① 吴声:《新物种爆炸:认知升级时代的新商业思维》,中信集团出版股份有限公司 2017 年版,第 67 页。

Ⅱ 专题报告

IP 文化与网红经济发展

于　炜　吴晨茜*

　　从 2015 年到 2020 年短短的五年间 IP 和网红在社会发展中崭露头角,其背后是产业资源的整合;商业资金的涌入;人工智能和网络技术的发展;媒介生态的进化;消费群体的变迁;国家政策的支持等多重时代背景的支持。在发展过程中 IP 与网红经济的内涵和外延都在发生着深刻的变化。本文意在理清近几年 IP 与网红经济的概念,深入研究二者相互交融的发展趋势,总结发展过程中的问题,并提出解决出路,展望未来的发展前景。

一、IP 与网红经济发展的时代背景

　　IP 文化和网红经济的飞跃式发展是近几年值得业界和学界共同关注的话题。2015 年更是被人们称为"IP 元年",而相继而来的 2016 年则是"网红/直播元年"。如此迅猛的发展趋势离不开时代背景的支持:产业资源的整合;商业资金的涌入;人工智能和网络技术的发展;媒介生态的进化;消费群体的变迁;国家政策的支持等。

(一)产业资源整合,布局 IP 与网红经济

　　一些企业,特别是互联网企业看到了流量丰富多元的变现渠道和极强的变现能力之后,签约潜力网红、整合渠道端口、收购超级 IP 等,"跑马圈地"收割流量红利,占领粉丝资源高地的发展战略就成为企业间的共识。比如百度整合了

---

　　*　吴晨茜:华东理工大学艺术设计与传媒学院。

旗下诸如百度文学的 IP 资源,稳固自己在产业链上游的市场;阿里巴巴推出娱乐宝、成立阿里影业;腾讯是 IP 整合做得最好的,这也得益于其原本就有涉足文学、动漫、游戏等领域。

与 IP 产业相比企业在网红经济、电商直播领域的布局要晚一些。快手的品牌 C 位计划,抖音"线上不打烊"活动等。除此之外,网红经济的市场潜力也吸引了传统媒体进军 MCN(multiple-channel-network,一种多频道网络的产品形态,是一种新的网络经济运作模式)。央视新闻"谢谢你为湖北拼单"公益直播中,某央视主播连线某网红主播直播带货给全国人民留下了深刻的印象。从互联网企业到传统媒体,这些企业通过产业资源整合实现了范围经济效应和间接网络效应,构建了良性的文化产业生态,为企业带来了持续、稳定的经济收入,也为超级 IP 和人气网红的诞生提供了"温床"。

(二)商业资金涌入,支持 IP 与网红经济

完美影视投资 2.5 亿—3 亿元拍摄《香蜜沉沉烬如霜》,《三生三世十里桃花》还有《花千骨》;2016 年年初某网红获得"真格基金""罗辑思维"等共计1280 万元资金。IP 产业和网红经济逐渐获得了资本市场的青睐,也显示出 IP 产业和网红经济正在步入资本化的时代。一方面,资本的涌入是由于 IP 产业、网红经济的规模和影响力不断扩大;另一方面也是由于大多数投资方并不是相关领域的专家,投资前需要尽可能降低风险。"用户"在流量经济时代成为产业链条中大家最容易共识和判断的价值硬通货①。因此聚集了大量"用户"也就是流量的产业自然就吸引了商业资金的涌入,在 IP 产业甚至形成了类似期货的变现形式。有了资金的支持,IP 的创作、转换、衍生、变现,以及网红的规模化、专业化、产业化运营就具有了基础保障。

(三)人工智能和网络技术升级,变革 IP 与网红经济

互联网越来越低的门槛让其泛在性成为可能。截至 2019 年 6 月,我国网民

---

① 尹鸿、王旭东、陈洪伟、冯斯亮:《IP 转换兴起的原因、现状及未来发展趋势》,《当代电影》2015 年第 9 期。

规模达到了 8.54 亿人,其中手机网民规模达 8.47 亿人,网民使用手机上网的比例高达 99.1%。[①] 从数据可以看出,移动互联网用户规模增长已经接近极限,流量规模红利即将消失。这种饱和让越来越多的市场新进者选择"私域流量"来提高目标用户的到达率和转化率,比如打造品牌社区、电商直播带货、塑造网红品牌、创作超级 IP 等。5G 时代的来临更进一步提高了互联网的普及度,而其高速率、高容量、低时延、低能耗的特点让视频语言成为社会交流的主要表达形式[②],催生了新时代依靠短视频和直播的网红群体;也促进了用户原创内容(User Generated Content,UGC)的活跃,让 IP 无界。

2019 年 AI+零售市场规模达到 6.5 亿元,预计 2022 年市场规模将达到 26.7 亿元。[③] 足以见得,无论是传统 IP 运营还是网红经济的经营同样都需要以大数据和云计算作为支撑的人工智能。比如,通过 AI 对消费者和产品进行识别分析,让目标和用户画像更清晰,从而让内容触达更精准。再如在电商直播时使用智能客服,引导用户下单,让主播可以专心于直播内容上。

(四)媒介生态进化,丰富 IP 与网红经济

媒体在传统 IP 产业链和网红经济的运营中占有重要的地位。媒体行业正处于激烈的时代变革之中,新媒体诞生和传统媒体新生为 IP 产业和网红经济运营中的传播环节提供了更多的渠道选择。比如在视频网站播放的网络文学改编型流量剧,依托移动媒体短视频社交平台或电商直播平台的新型网红。也正是因为渠道的丰富,为了获得更高的流量红利,无论是 IP 还是网红在传播内容时一般都不会仅仅选择一个媒体平台。

(五)消费群体变迁,催生 IP 与网红经济

媒体在进化,消费者也在更迭成长。以"90 后"为代表的新型消费群体正在成为 IP 文化和网红经济的主要目标消费者。这部分人群是互联网"原住民",社交圈层分布于互联网上,社交关系建立于兴趣点上,表达方式具有风

---

① CNNIC:《第 44 次中国互联网络发展状况统计报告》,中国网信网,2019 年 8 月 30 日。
② 喻国明:《5G 时代的传播发展:拐点、挑战、机遇与使命》,《传媒观察》2019 年第 7 期。
③ 艾瑞咨询:《中国 AI+零售行业发展研究报告》,互联网数据咨询网,2020 年 6 月 12 日。

格化和符号化的亚文化特点。因此相较于传统广告,新型消费者更看重意见领袖的意见(比如网红、虚拟IP)。而IP和网红也就是这样通过社交关系实现变现的。

(六)政策支持,助力IP与网红经济

任何行业的发展都离不开国家政策的支持,早在2009年,我国第一部文化产业专项规划——《文化产业振兴规划》就由国务院常务会议审议通过,标志着我国将文化产业的发展放到了国家战略的高度。此后一系列保障文化产业发展的政策文件陆续出台,让我国的文艺事业迎来了大发展、大飞跃时期。在文化产业规模扩大的同时,国家也注重从法律层面上的管理规范与产权保护,以知识产权(IP)为核心竞争力的时代来临。很多企业通过对文化IP产业的投资响应国家号召,获得政策层支持和资金扶持。随着电商直播带货在2020年新冠肺炎疫情期间对经济的强力带动,国家和地方政府均看到了电商直播的市场前景。同年2月,商务部出台了《关于进一步做好疫情防控期间农产品产销对接工作的通知》,鼓励电商企业为直播带货等渠道提供流量支持。①

二、IP

(一)IP的内涵和变迁

传统上我们将IP视为知识产权的英文——Intellectual Property的缩写,主要指的是版权,重点强调的记录与保护。其最初形态是大陆法国家中就产生的无体财产权,后来由于与财产权有很大的差异,因此被分离了出来,改称知识产权。实际上西方国家并没有将知识产权表述为IP的习惯,"IP"一词完全是我们国家创造的,而现在我们所提的IP早已不仅仅局限于知识产权。国内有学者认为应该在前面加上限定——具有高专注度、大影响力并且可以被再生产、再创

---

① 新榜研究院:《2020直播生态研究报告》,互联网数据咨询网,https://www.yixieshi.com/140794.html,2020年5月20日。

造的创意性知识产权。① 因为它巨大的影响力,有时候也会把这样的特殊 IP 称为超级 IP。

随着互联网的发展 IP 又出现了新的变式——流行 IP。与传统 IP 诸如《西游记》《白毛女》相对比,流行 IP 是网生代的产物,形式丰富,包含游戏、影视、歌曲等。因此,它在内容创作、价值流动和传播营销等产业链环节都带有互联网的特点。比如《十万个冷笑话》抓住了新时代用户碎片化的信息消费习惯、期待压力释放的内心需求,利用网络吐槽文化为切入点积累了大量的粉丝。

(二)IP 产业链与开发经营

对于 IP 的产业链,前人研究都习惯将其分为上、中、下游三个阶段。

上游指的是原创 IP 的开发阶段,是整个产业链的基础源头,多呈现为初级产品,形态一般包括:文学作品、漫画、原创音乐等。上游阶段的盈利模式有限,多为内容收费,变现能力与 IP 的内容质量和用户数量沉淀成正比。要想进一步扩大影响力、挖掘 IP 的商业价值还需要和产业链的中下游合作。处于上游阶段的企业要做好优质 IP 的创作、开发,及时发现潜力 IP,集中资源重点培养,并适时与中下游做好对接,从而实现产业延伸。

IP 产业链中游产品形态要丰富很多,包括:电影、游戏、广播剧、舞台剧等。中游的大部分产品是购买了上游的 IP 并在其内容上进行再创作,在形式上进行转换。但中游同样可以生产一些原创 IP,比如腾讯旗下的多人竞技游戏《王者荣耀》,游戏先火然后才催生了一些同人条漫、动画片等的创作。相比使用上游成功 IP,中游创作 IP 缺乏粉丝基础,往往面临更高的市场风险,在宣传费用上也会更高,市场的进入期也会更长。但比较上游来说,中游的变现能力要强很多,无数票房榜首和游戏公司都在用数据向我们说明这一点。由于中游的传播渠道更多,销售渠道更广,处于产业链中游的企业要具有一定的管理意识,注意渠道的选择与整合和产品的更替与可持续,从而实现 IP 价值的进一步开发。

IP 产业链的下游是变现能力最强也是运营难度最高的环节。主要产品形

---

① 王奕杨、朱伟明、肖心玮:《基于"网红 IP"的时尚电商营销模式研究》,《经营与管理》2017年第 9 期。

态包括：主题娱乐场所、衍生周边、形象广告等。是对中上游 IP 进行的深加工，此时的创作主要不在内容范畴而是在形式呈现、载体设计上投入更多。也正是因为下游产业在原创内容上的薄弱，使其过度依赖中上游产业链的 IP。因此，诸如米老鼠这样深入人心的优质 IP 匮乏以及没有和中上游很好对接，让我国的 IP 文化产业链下游缺乏像迪士尼一样的超级品牌。这也是一种遗憾，因为超级 IP 和品牌都是国家文化软实力的一部分。

（三）目前 IP 产业存在的问题与困境

1. 经济驱动下，IP 出现营销大于创作的倒置

抢注、买断 IP 的现象层出不穷，甚至有人戏称"搞"IP 就像在炒期货，"IP 期货"因此得名。确实市场上有的 IP 已经拥有了可观的流量，而有的很有潜力，如果能越早拿下来开发，就占据了优势。但值得注意的是，这个优势在于营销过程，而不在于 IP 内容创作。这样的结果就会导致越来越多的劣质 IP 虚假造势抬高身价，一旦这些 IP 衍生的文化产品流向市场，将会对开发者和消费者均造成经济和精神上的伤害。而在这样的背景下的 IP 产业大繁荣就是一种假象，当泡沫破灭会造成很多企业的巨大损失。

2. 流量为王，IP 的深层文化价值被忽视

IP 产业链运营的基础就是"内容+流量"，优势的内容才能吸引到更多的粉丝，创造可观的流量数据，而流量直接影响到了 IP 的变现能力。存在一些 IP 创作者、运营商为了创作更多的作品、获得更高的流量，从而攫取更多的利益，不惜各种抄袭，速成没有"营养"价值的 IP。比如，那些千篇一律的"无脑"网剧。遵循市场需求无可厚非，但是叫座也要叫好。当 IP 深层次的文化价值缺失的时候，它只能是一个赚钱的工具，而不能成为流传的经典。

3. 追求短期利益，很多 IP 的长期价值被破坏

好的 IP 产品往往能够持续的创作内容，比如《哈利·波特》系列、漫威系列等。但是由于一些优质 IP 的市场潜力很早就展现了出来，因此早早就吸引了商业资源介入开发。而不合理的 IP 开发活动会影响到这些优质 IP 的继续创作，产生内容创作中断或者"烂尾"的严重后果。因此，当企业发现 IP 尚有创作空间时，不能因为追求短期的经济利益而过度开发，应该边开发边保护，让 IP 的长

期价值得以显现。

4. IP 内容同质化, 产权保护存在难度

IP 作为文化产品, 是智力劳动的产物。因此, 当创作者的思维出现了严重的同质化的时候也会表现在他们的作品中, 而且此时很难说明谁是原创者, 谁又是模仿者。明确抄袭原委这就变成了一个主观性比较强的问题。当 IP 内容同质化比较严重的时候, 不但会让消费者产生审美疲劳, 同时对知识产权的保护也非常不利。很多没有解决的知识产权纠纷就是在这样的背景下出现的。因此明确侵权标准, 纠查侵权关系, 加大保护力度, 才能为更多优质 IP 的涌现创造环境。

三、网红与网红经济

（一）网红的发展

网红在诞生后随着媒介环境和消费环境一起变迁、发展。腾讯研究院通过梳理自 1996 年以来被关注的"网络红人", 抽取了 100 个"网红"样本进行观察发现, 我国"网红"的发展阶段遵循了"7 年跃进"的规律, 经历了四轮进化: 以网络写手为代表的一次元时代、以图片、话题炒作为代表的二次元时代、以网络段子手为代表的三次元时代, 再到电商模特等多元化的四次元时代。此外, 互联网技术的发展让信息的传递形式从文字、图片, 演化到现在的文字图片与视频音频共存, 网红的发展阶段还可以按照使用媒介的不同来划分。在没有短视频和直播平台的时候, 一代网红的走红依靠的是在社交网络发布的文字、图片内容, 比如一些知名小说家、博客主。随着互联网技术的进一步发展, 直播出现了。在 2016 年, 网红进入了流量经济的新时代。二代网红在流量经济的主导下, 不必依托于其他商业组织, 就能通过打赏、平台雇佣等方式变现。网红品牌概念也是这一时期出现的, 比如三只松鼠、完美日记等。与传统品牌相比网红品牌更加注重营销内容的创作、营销渠道的选择、粉丝流量的积累。此时销售量已经不仅是营销活动的唯一评价指标, 流量数据、粉丝反馈、社会效益等, 也是网红品牌必须要考虑的。网红的发展史并没有到此结束, 随着网红经济的规模化、内容垂直化和产业化,整合了全部内容形式、媒介渠道和流量资源的第三代网红正在孕育,这就是IP网红。IP网红更加重视品牌口碑的建立,在运营变现上也显得更加专业化,同时生命周期也更长。最后,当网红经济热潮散去、泡沫沉淀,网红的发展必然会有新的阶段——"知识网红"时代。

(二)网红经济的运营模式

随着"口红一哥2019年赚将近2亿元"登上微博热搜,越来越多人对网红经济的运营模式感到好奇,并感叹网红的个人影响力,实际上这些网红早已不是一个人。随着新生网红不断涌现,行业内的竞争压力越来越大,网红个人运营显得力不从心,无法独立持续创作出抢占广大群众注意力的优质信息产品,完成从内容曝光到流量转化。于是专业的网红孵化公司——MCN(Multi-Channel Network,一种多频道网络的产品形态,是一种新的网红经济运作模式)出现了。《2019年MCN机构价值白皮书》显示,截至2019年12月下旬,全网各平台MCN机构已经突破10万家。网红的内容生产形式逐渐从UGC(User Generated Content,用户原创内容)转向了PGC(Professional Generated Content,专业生产内容,用来泛指内容个性化、视角多元化、传播民主化、社会关系虚拟化),专业的MCN会根据网红自身的特点,从广告、电商、直播等方向,完成有针对性的内容创作、个人包装、作品传播到最后商业变现的整个运营流程。

网红也有很多类型:颜值类、内容类、达人类以及虚拟IP类等,不同类型网红的运营模式也有差异。总的模式包括四大类:"网红+平台打赏"、"网红+社交电商"、"网红+商业活动"以及"网红+娱乐演艺"。"网红+平台打赏"模式是网红经济传统的变现模式,网红凭借自身的魅力入驻平台并依靠粉丝的虚拟礼物打赏或提供付费服务、收取平台佣金等方式盈利。"网红+社交电商"的模式下网红可以通过将自己中心化的社交圈层中的私域流量引导至指定网店,或是推销店家指定的产品,实现流量的商业变现。高级一点的网红还会在电商平台自己开店,创建网红品牌,比如我们熟悉的"东方美食生活家"。"网红+商业活动"的模式下,网红利用自己高人气的优势出席商业营销活动,接受商家邀请为品牌或产品代言。"网红+娱乐演艺"的模式即网红经过时间沉淀,在人气保持高位且相对稳定以后,向明星转型,参加影视剧的拍摄或出席电视综艺节目,比如网红参加《奔跑吧兄弟》。总的来说,网红自身是需要个性化的,大多成功的网红,他们的"发家"模式是没有办法复制的。但是网红经济的运营模式是有规律的、具有一定的可复刻性,这也是网红造星兴起、MCN 涌现的原因之一。

(三)目前网红经济存在的问题与困境

1. 电商直播参与方多,消费者维权困难

网红直播带货的"翻车事件"时有发生,比如淘宝直播网红的"不粘锅"事件。面对良莠不齐的电商直播,消费者在购买到货后,经常发现收到的是残次品、劣质品或者货不对版等情况。由于在电商直播带货中,店家、平台、主播等多方都有参与,因此,在维权时很容易出现推诿的情况。然而现在的法律规范在电商直播领域还不够完善,特别对于责任划分。如果要保证电商直播的长远发展,必须明确责任划分,让消费者找得到责任人,解决得了实际问题。比如,调查清楚电商直播不同环节存在的问题,店家销售问题产品负主要责任,平台和主播未尽审核义务,或存在虚假宣传的行为,负次要责任。至于责任占比的问题结合具体情况分析。

2. 网红生命周期较短

快节奏的现代生活中,消费者在互联网上接收到的信息量是非常庞大的,兴趣点的转移也很快。因此,层出不穷、千变万化的网红很难长久留住粉丝。他们的更迭转型、竞争淘汰是一种常态。因此,商业组织需要和网红建立合作关系时,往往会先考察他的粉丝量,他处于上升期还是下降期,生命周期走到尽头的网红很难获得合作机会。作为网红本人和 MCN 延长网红生命周期是一项重要的、贯穿始终的工作。建立品牌思维和 IP 化运营可以有效地帮助网红延长生命周期,扩大影响力,获得更好的商业资源。

3. 网红同质化严重

很多模仿网红的短视频在平台上很火爆,画面里拍摄者将网红的神态、语言、动作模仿得惟妙惟肖。这里面实际折射出的是网红同质化的问题。首先最为直观的是颜值主播外表的相似程度高,"网红脸"的说法就是在说明这个问题。"美的千篇一律"无可厚非,但是如何用精神气质传递出内在的差异性就是颜值主播需要考虑的问题。其次是内容类主播,内容质量是内容主播的生存之

本,然而很多主播因为各种原因省去了对内容的精心策划与编排,导致缺乏新颖性和社会价值的"白水"作品越来越多。给消费者带来审美疲劳的同时,也在很大程度上对自身网红事业的可持续发展造成了负面影响。

4. 网络匿名性让危险隐藏其中

互联网的匿名性也是互联网自由的根基。但是匿名性也让网红经济存在很多危险。比如有些平台审核不规范,导致一些网红没有经过严格的真实信息登记与审核,出现问题时很难追究责任。还有一些普通平台用户(粉丝)的信息资料不完善,甚至没有经过实名认证,出现一些社会问题。比如新闻上经常有报道未成年人将家长的血汗钱打赏网红。解决网络匿名性带来的危险需要网络监管部门和平台的共同努力,部门监管平台,平台审核用户,形成严格的实名信息认证体系,保障网红经济建立在透明安全的环境中。

5. 部分网红为求利益,直播内容无下限

低俗、庸俗、媚俗内容的存在一直是网络管理难以根治的问题。只要有市场需求就会有这样的内容被持续生产出来。有些网红也正是看到了有利可图,就去生产创作一些"精神鸦片"。这些内容不但会造成不好的社会风气,还会对未成年人的价值观造成扭曲。净化网红经济生态迫在眉睫:网监部门加大监管力度、平台严格审核程序、MCN 科学管理旗下网红、网红强化道德法律意识、消费者树立正确的价值观和审美观。

四、IP 与网红的辩证关系

无论是传统 IP 还是新兴网红都属于以"内容+流量"为核心的文化产业。随着产业内的融合,IP 与网红逐渐出现交集,且联系越发密切。

(一)IP 学习网红的变现方式

在传统概念中,网红是真实存在的个人。但随着网络文学、影视产业、动漫产业的发展,以及其受众群的扩大与成长。一些超级 IP 与网红的界限变得越来越模糊,IP 与传统网红的特征具有极高的相似性,比如大粉丝量、强感染力、高辨识度等。正是这些特征,超级 IP 也具有了网红同样的变现能力,可以复刻网红的变现方式,"虚拟 IP 类网红"逐渐得到了各界的肯定。比如虚拟偶像歌姬洛天依开直播、初音未来开网店,以及根据同名小说改编的 IP 动画《魔道祖师》系列形象出现在了"可爱多"牌冰淇淋的外包装上……目前成功的虚拟 IP 类网红往往已经完成了产业链从上游到下游的整体价值流动,是经过了深入开发的、有大量粉丝积累的、有具体形象的、运营模式成熟的超级 IP。随着 AR(增强现实)和 VR(虚拟现实)技术的发展虚拟 IP 网红还会有更大的商业价值空间,也会有越来越多的 IP 变成网红。

(二)网红需要 IP 化实现品牌运营

由网红 ID 向网红 IP 的转变是适应市场发展的必然趋势。当网红运营模式被发现具有可复刻性时,大量网红被工厂化地制造出来。网红间形象、内容的同质化越来越严重,每个网红个体都随时可能被替代。在这样的背景下,网红经济对商业盈利的重视度高过了以人为本的优质内容创作。要想长期获得"粉丝黏度",就需要网红科学运营管理以粉丝为导向,兼顾非粉丝的理性受众,持续输出优质内容进而形成 IP 效应。网红 IP 保留了网红经济的变现模式和能力,也具备 IP 生命周期较长的特点。

网红个人往往不具有 IP 化的能力,需要资本和平台支持,这就需要专业团队的介入。PGC 可以有效地开发垂直领域的内容,挖掘网红的个性,让传播更有针对性。从而解决传统 UGC 因创作能力有限而造成的内容同质化,将网红的形象、声音甚至是口头禅整合塑造成超级 IP,并通过统一口径的传播加深社会群体对 IP 的印象。MCN 整合渠道平台共创网红 IP,已成为必然发展趋势,MCN 的经纪业务将成为主流。

(三)网红与 IP 实现完美融合

当网红和 IP 的联系进一步发展,二者间就不只是相似的关系,也不仅仅是在商业模式上的相互渗透,而是达到了一种完美的融合。目前来看这种融合还是非常困难,而且真正做到既是知名网红又是优秀 IP 的,还非常少。前面提到的 IP 化的网红也仅仅是在运营模式中学习了 IP 的整合营销、个性定位。要实现网红和 IP 的完美融合不能仅停留在模式上,而要深入到本质中。即网红需要具备 IP 的文化含量、知识产权般的智力投入和不可复刻性。IP 则需要网红的人性、互动性、情感性。

我国知名网红"东方美食生活家"就是一个网红与 IP 完美融合的典型案例。她的每一个内容创作均投入了大量的时间和精力,比如她在拍摄《蜀绣》时,和蜀绣大师学习几个月,然后认真斟酌每个镜头表达,完成拍摄后又投入了大量时间剪辑。因此,"东方美食生活家"的视频具有了一定的产权价值,而其本人的外表、名字、声音都成为具有影响力和辨识度的 IP。无疑打造这样一个网红 IP 的存在需要巨大的投入,一旦成功其回报也是极为丰厚的,这一点从"东方美食生活家"的自有品牌的销售量和盈利额上就可以看出来。

五、IP 文化与网红经济的未来展望

IP 文化与网红经济的交融在未来还将进一步深化,从行业企业到整个文化 IP 产业链将形成生态闭环。时下 IP 和网红经济的运营中存在的问题也会在未来得到进一步的解决。可预测到的趋势有以下几个方面。

(一)完全依赖现有粉丝的 IP 和网红将被淘汰

网红经济的持续性发展不能仅仅依赖粉丝这一有限群体的消费,需要用持续优质的内容和产品吸引更多的理性消费者,只有这样才能创造持续不断的消费需求[1],扩大目标消费者,实现商业利益的最大化。

(二)流量红利走到尽头,内容为王,重视满足受众群体的精神需求

粉丝流量是具有上限的,当一个 IP 或网红的粉丝达到上限,这种规模红利就会消失,必须重新以人为本从自身的内容创作和产品开发上打造溢价。叫好叫座的优质 IP、知识网红会越来越多。

---

① 崔旺旺:《从 ID 到 IP 化网红的市场发展研究——基于短视频新媒体分析》,《市场周刊》2018 年第 9 期。

（三）IP 和网红的品牌价值将高于产品价值

随着 IP 产业和网红经济多维度评价体系的建立,流量不再是唯一的评价指标,应该理性看待媒介和流量渠道在品牌建设中的地位,重视消费者反馈和口碑传播。

（四）跨界资源整合提升核心竞争力和品牌影响力

目前文化 IP 产业链中资本与实体,上中下游间的衔接还有待完善,未来会有更多产业和文化 IP 产业发生融合,比如互联网企业加快收购潜力 IP、积极布局直播业,传统行业会大量涌入等,合理整合这些资源有利于 IP 文化和网红经济的发展和影响力的提升。

（五）全平台运营,线上线下联动

即使是在现在,IP 和网红们也不会满足于一个平台的内容输出。未来整合多个平台,获得更多的粉丝,形成一个相对完整的传播生态是一种趋势。此外,线上的信息内容服务平台、电商平台必然和线下的商业活动、品牌营销、展览展会产生联合互动,以追求更高的到达率和转化率,实现互利共赢。IP 和网红经济的运营也必将服从这种趋势,在全平台、线上线下均进行布局。

（六）IP 和网红内容创作将会经历系列化和净化

就像电视剧环环相扣,引人入胜,短期的内容在未来无法更好地留住粉丝,所以 IP 和网红在内容创作时会倾向于系列化,就像《指环王》三部曲,网红的"下个视频为大家试吃/测评"。此外,由于互联网隐秘、自由的特性使根生于互联网的 IP 和网红在内容创作中难免带有一些影响不太好的元素,比如一些粗鄙网络用语的使用。未来,由于互联网法律的完善、监管的严格化以及网民素质的提高,这些不好的内容会被过滤掉。

（七）网红主播身份多元化,生产内容丰富化

未来会有更多的公域流量进入网红经济中,比如明星、主持人、政府官员等。

他们的参与会进一步让网红经济的规模和影响力扩大。此外,由于创作主体变得多元,创作目的也会多样化,不仅仅是商业性质的内容,文化类、科教类、公益类等,内容会越来越丰富。在最大限度上满足消费者的精神需求。

可以预见未来 IP 和网红经济将会进一步融合,并形成纵深的发展态势。粉丝流量、作品数量不再是评价的唯一标准,以质带量才是新趋势。而且无论是IP 产业还是网红经济都会面向国际化,作为国家文化软实力的体现,带着国家文化价值品牌"走出去"。

IP 及网红经济营销模式
可持续发展的路径研究

刘新静　吴月姣*

移动互联网的兴盛发展,社交媒体平台的崛起,给人们带来了一个信息大爆炸的时代。在注意力匮乏的当下,IP 及网红在粉丝群体中具有极高的关注度,随着社交媒体和电商平台的打通,注意力变现具有了更多可能,IP 及网红经济也因此成为当下经济发展的主流趋势。本文旨在探究 IP 及网红经济对营销模式转型升级的影响,并对未来如何实现可持续发展提出相关建议。

一、IP 与网红经济的营销模式

IP 和网红在特定的人群中都具有极高的关注度,社交媒体和电商平台的打通,大大释放了他们粉丝的购买力,粉丝转变为他们自带的消费人群。这种高流量与商业结合,产生了巨大的商业价值,也因此催生了两种新的经济模式,"IP 经济"与"网红经济"。这两大经济模式繁荣发展的背后,是时代的变迁,概括来说主要有两方面的原因:其一,是消费对象和消费心理的改变。"90 后"是当下互联网上的消费主力军,相比于性价比,他们更注重品质、情怀和价值观的传递,"圈层化"日益明显。其二,是传播媒介的变迁推动着营销模式的改变。从电视到电脑,再到手机,从 2G、3G、4G 再到 5G,设备的移动化加上流量的爆发,使微信、微博、抖音、快手这类的社交、短视频平台得到迅猛发展,不断推动着这两种营销模式的产业化运作。在这两种营销模式下,无论是 IP 还是网红,粉丝都是

---

*　吴月姣:华东理工大学艺术设计与传媒学院。

他们具有存在价值的基础,而内容价值则决定了他们在当下是否具有核心竞争力。

从受众的角度来看,"IP经济"与"网红经济"都可以归为一种经济模式,即"粉丝经济"模式,利用人群效应进行销售从而实现盈利。但具体到营销方式上,"IP经济"与"网红经济"又有一些区别。

IP的形式具有多样性,简单划分可以将其归为两类,分别是内容IP与个人IP。产业联动是内容IP最常用的一种营销方式。借助IP的经典元素,通过跨品类、跨品牌的方式,去打造多元化的IP产品,吸引大量粉丝的注意力,让粉丝对相关产品产生需求,从而实现营销变现。对IP本身来说,产业联动能有效地帮它在粉丝心中刷存在感。[1] 而对于合作品牌来说,它能借助IP元素,从情感方面吸引一大批目标人群的注意,并逐渐地将这种注意从IP转移到品牌或产品上面,实现品牌传播与销量增长的目的。[2]

个人IP发展到一定程度就会变成网络红人,网红如果能把自己往IP方向打造,商业价值便会得到更大的提升。所以个人IP与网红间有着很多的联系,他们多为各个垂直细分领域中的关键意见领袖(KOL),能灵活地运用短视频、直播等途径,向目标人群进行精准营销,因此两者在营销模式上也有许多共同点。

一般来说,网红以及个人IP的营销模式有这几种类型,第一种是红人电商的模式,通过直播带货或者打造网红店铺,给消费者推荐优质好货,有时还会结合限时秒杀、抽奖等活动,勾起消费者冲动消费的欲望,不断创造销售神话,淘宝主播就是这种营销模式的典型代表。第二种是以种草、推荐的形式进行广告营销,主要利用的是网红以及个人IP的传播、话题优势。个人IP以及网红在小红书、微博、哔哩哔哩等社交媒体平台,通过图文、视频的方式,巧妙地进行广告宣传,帮助消费者了解不同的产品,获取相关领域的专业知识,从而找到自己心仪的品牌,作出合适的选择。这种营销方式能很好地协助用户在信息爆炸的时代作出判断,同时还能满足用户的个性化需求。对于企业来说,则能有效地帮助品

---

① 张亮:《一本书玩转IP〈新媒体下的新商业法则〉》,中华工商联合出版社2017年版,第14页。

② 袁国宝、黄博、刘力硕:《超级IP运营攻略》,人民邮电出版社2018年版,第144页。

牌方去宣传产品,提升大众对于企业品牌的认知度和关注度,从而提升竞争力。这些营销模式突破了传统的运营方式,成功地帮助品牌方用更低的成本取得更好的营销效果,市场对 IP 和网红的需求不断加大,"IP 经济"与"网红经济"也因此如火如荼地发展起来。

二、相比于传统电商营销模式,
IP 与网红营销模式的优势

在传统电商时代,消费者常常是通过平台搜索,综合比较之后再作出最合适的选择,所以品牌之间的竞争主要比拼的是排名和流量。品牌方经常采用搜索引擎优化(SEO)的方式,来获取更多的用户流量,提升转化率。然而,随着电商行业的火热发展,店家间的竞争日趋激烈,电商红利也趋近饱和,传统电商营销模式遭遇"瓶颈"。而此时移动互联网的发展带来了许多新的宣传渠道去争夺流量,比如微信、微博、抖音以及各大直播平台,它们推动着信息传播的去中心化浪潮,也让传统电商加速向新媒体电商转变。IP 与网红作为新媒体电商中常用的营销手段,能精准地对目标用户进行营销,在新时代下具有更多的可能性和存在价值。因此,下文通过与传统电商营销模式进行对比,来探究 IP 与网红营销模式的优势所在。

(一)针对粉丝群体实现超精准营销

传统电商平台的运营模式是一种中心化平台式的搜索交易模式,以淘宝、天猫为典型代表。① 在这类电商平台中,商品种类丰富且同质化现象严重,所以消费者在主动搜索时,往往是通过比价确定最终购买对象,消费者对品牌的敏感度和黏性不高,店家也缺少对目标消费群体的精准营销策略。而利用网红和 IP 进行营销时,他们作为社交化媒体平台上的内容制造者,每一个人都是一个中心,被粉丝所簇拥,又在一定程度上影响着自己的粉丝群体,所以他们的营销推广具有明确的目标用户群。而直播平台的不断完善,又给网红和 IP 提供了一种点对点的超精准推广方式,这两方面结合起来就能帮助他们针对粉丝群体实现超精

---

① 李世化:《网红经济 3.0》,中国商业出版社 2017 年版,第 48 页。

准营销。① 网红与IP相当于在商家和客户间架起一座沟通桥梁,相比于传统电商的营销模式,它们更"接地气",与粉丝群体间的这种情感联系能很好地缓解传统电商交易的不信任感,所以能在短时间内抓住大量目标用户的眼球,精准地实现流量变现。

以2020年新冠肺炎疫情后的经济复苏策略为例,来更深入理解IP与网红的"粉丝效应"所具有的超精准营销效果。2020年新冠肺炎疫情的暴发,严重冲击了疫情重灾区湖北的发展,省内许多特产严重滞销。为了帮助湖北省摆脱这次疫情的影响,尽早实现经济复苏,央视名嘴携手网红大咖,共同开展了一次公益直播,来为湖北特产带货。央视名嘴一直以来凭借幽默的主持风格,圈粉无数,而作为直播带货一哥,背后有着一大批忠诚的粉丝,心甘情愿地"买买买"。这两人的神仙组合深受网友的喜爱和关注。在直播现场,两人的互动惊喜不断,粉丝不仅被他们的人格魅力所吸引,还注意到了湖北的各种美味,再加上这次活动的公益性质,网友的参与热情也更加高涨,整场直播战绩喜人,为协助湖北渡过难关作出了极大的贡献。

央视名嘴和淘宝主播就是典型的个人IP或者说是网红,他们本身自带流量与变现渠道。同样利用IP实现精准营销变现的还有乐事,2020年夏季,乐事首度联名三大国潮品牌——周黑鸭、大白兔、五芳斋,推出中国味系列薯片,成功吸引一大批年轻人为其买单。对于乐事来说,它的目标用户是年轻群体,这次的联名便巧妙地抓住当下年轻人对国潮的热爱,同时吸引住这四大品牌的年轻消费者,满足他们的情怀和审美,还颠覆了他们对于乐事薯片传统口味的印象。乐事薯片的年轻化营销,以人为核心,借助IP的粉丝效应,与年轻人"玩"在一起,不仅帮助品牌实现了年轻化,还取得了极佳的经济效益。

(二)借助互动营销增强"家人效应"

传统电商提供的内容和用户的互动是单向的,店家无法与用户及时沟通,这就导致了传统电商营销效率的低下。② 而IP和网红提供的内容与粉丝的互动

---

① 李世化:《网红经济3.0》,中国商业出版社2017年版,第75页。
② 李萌:《新媒体背景下传统电商的机遇与挑战》,《特区经济》2020年第7期。

是双向的,他们能够利用新媒体平台,及时与粉丝沟通互动,实现信息的病毒式传播,不断地聚拢粉丝,增强与粉丝间的"家人效应"。

互联网时代下,人们都渴望在网络环境中寻求自身的存在感、参与感和归属感,IP 和网红的互动营销便能很好地满足人们的这种精神需求,也是其营销模式的优势所在。IP、网红与粉丝互动的方式有很多,他们可以借助自媒体平台开展、宣传各类活动,以图文分享或视频直播等形式,引发粉丝的点赞、关注、评论以及分享。粉丝在融入活动的过程中,能更深刻地感知自身的存在,提升对活动的参与度,从而不断拉近与 IP、网红之间的心理距离,产生极佳的聚合效应。在这样的粉丝圈中,互动不单单是指 IP、网红与粉丝间的沟通交流,还包含了粉丝与粉丝之间的相互联系。就像哔哩哔哩网站上聚集了一大批热爱通过弹幕互动交流的用户群体,这样的社交平台能让他们产生更浓的归属感,也能帮助 IP 和网红去巩固粉丝间的"家人效应",营造出更好的沟通氛围。

以美妆领域的网红营销为例,很多美妆博主都会采用购物分享的形式,向粉丝推荐各种好用、性价比高的美妆产品。这种分享的方式很像日常生活中朋友间的互相推荐,相比于传统的广告营销,会让用户感觉更真实、更平易近人。同时网红直播试妆的过程,也能让粉丝更直观清晰地看出各款产品之间的效果差异,实时的互动反馈让消费者的参与感更强,产品的功能、效果在这种营销模式下极易通过粉丝口口相传,实现扩散,从而引爆销量。① 这种互动的营销效果既是传统电商所无法媲美的,也是 IP 与网红营销模式的优势所在。

(三)网红营销模式再造生产流程,投资回报率高

对于传统电商平台来说,它们掌握着巨大流量的分配权,平台下各家店铺为了争夺客源,获取更多消费者的关注,往往需要给平台方支付巨额的流量成本费。与此同时,由于各店铺缺少固定且明确的目标用户,所以销售量很难保障,难免会存在不小的库存压力,增添运营成本。相比之下,IP 和网红营销模式的前两个优势,超精准营销以及粉丝间的"家人效应",能用最低的成本带来最高的流量,同时这两种营销模式能够将营销前置,精准把握客户需求,避免库存积

---

① 王士华:《盘点市场营销新模式 TOP10》,《中国化妆品》2020 年第 4 期。

压等问题,因此能获得更好的投资回报率。

从成本运营的角度来分析,IP与网红营销具有两低两高的特点,分别是指流量成本低、运营成本低、转化率高和利润高。首先,流量成本低。IP与网红自带大批忠诚的粉丝,在互联网时代下,粉丝即流量,他们能够凭借自身的魅力在各个平台上获取大量关注,用最低的成本去实现信息的病毒式传播。其次,运营成本低。由于IP、网红与粉丝间的互动频率很高,所以他们相比于传统的电商更加了解自己的目标用户,可以根据粉丝的需求,利用预售等形式将营销前置,再造产品的生产流程,精准地打造爆款产品,减少商家的库存压力,从而降低运营成本。① 再次,转化率高。商品转化率高的根本在于产品的高性价比,IP及网红经济下精准化的营销策略更能把握住用户心中所谓的高性价比。加上近距离、实时的互动方式,以及粉丝群体对IP、网红情感上的依赖和信任,都会大大提升用户的成交率。最后,利润空间大。在这两种营销模式下,流量和运营成本都能得到很好的压缩控制,同时产品的高转化率也能加快销售速度,促进现金流动。② 并且经过IP和网红叠加价值后的产品,它们还包含着更多的社会属性,或是一种情怀,一种心理上的信任与依赖,这都会提升产品本身的价值,增大利润空间。这"两低两高"的特点,让IP和网红营销模式的投资回报率远远优于传统电商,具有更多商业变现的可能性。

三、IP及网红营销模式存在的问题

IP与网红是眼球经济和注意力经济时代下的产物,社会的更迭发展,以及它们所具有的巨大商业价值,都帮它们赢得更多资本的助力,从而推动了IP与网红经济的崛起。尽管IP与网红营销模式具有诸多优势,但它们作为"快消品文化符号",其营销模式也暴露出诸多问题,IP与网红的价值可持续性和深度都有待考量,具体来说主要有以下这三方面的问题。

---

① 以太资本:《网红经济学》,人民邮电出版社2016年版,第119页。
② 以太资本:《网红经济学》,人民邮电出版社2016年版,第152页。

（一）IP 及网红的市场竞争激烈，生命周期短

IP 与网红的火热，吸引着大量资本涌入这两个市场，产生了许多 IP 和网红孵化机构，来批量化的生产运营 IP 或打造网红。同时，自媒体平台的发展，让普通人都可以成为信息的传播者，哪怕背后没有资本的支持，也能凭借优质的内容生产，分配大众的注意力。在这个注意力变现的大"蛋糕"面前，参与者越来越多，竞争也变得愈加激烈。

许多行业都存在二八定律，即 20% 的人掌握着行业里 80% 的财富，这一社会现象在互联网上表现得尤为明显。虽然近几年 IP 和网红的数量都在急速增长，但真正能达到众所周知程度的超级 IP 和超级网红却屈指可数，很多 IP 和网红都只是昙花一现，商业变现能力很低。从人数来看，IP 圈和网红圈呈现正金字塔结构，超级 IP 和网红只占据金字塔尖端这一小部分。然而从收入的角度来看，则表现为倒金字塔结构，少数的超级 IP 和网红创造出主要的商业价值，两极分化极其严重。

以直播电商为例，2020 年的"618"电商大促，是新冠肺炎疫情后为实现经济复苏而组织的一大消费狂欢节，也是比较各个电商网红综合能力的一次大考。从鞭牛士联手 WeMedia、凤凰网时尚、凤凰网娱乐、新腕儿联合发布的《6 月直播电商主播 GMV 月榜 TOP50》榜单中可以看出，哪怕是直播电商行业的前五十名网红主播，他们的销量差距依然惊人。头部主播，他们的月销售额是榜单最后一名的几十倍，更别提榜单之外的中小主播。这些处于头部的电商网红拥有大量的商业资源，在流量和品牌方面极具优势，所以处于中低部的主播很难与他们竞争，带货能力和流量都不太稳定，这也导致了电商行业发展的极端失衡。不仅如此，处于头部的电商网红们竞争也非常激烈，相比于 5 月榜单上的排名，"口红一哥"从第二名下滑至第三名，而"带货一哥"更是从第 25 名跌至第 47 名，电商网红每一天都在经历着"站位洗牌"，生存压力巨大。

（二）粉丝黏性不高，难以保证持久的关注度

移动互联网带来了一个信息大爆炸的时代，人们可以充分利用碎片化的时间去丰富自己的生活。然而与此同时，人们的时间和注意力也变得"碎片化"，

很多人都无法长时间的集中注意于一件事物,在这样的背景下,注意力的价值尤为凸显。其实IP和网红营销模式就是一种"碎片化"营销方式,即利用粉丝对IP和网红的关注度,在碎片化的时间里向他们传达信息,将粉丝的注意力不断转化为即时性的购买力,从而实现商业变现。

然而,粉丝注意力的"碎片化",加上IP和网红圈内激烈的竞争,又极其容易导致粉丝的"移情别恋",IP与网红曝光率一旦降低,掉粉现象便非常严重。很多时候网友对于一些网红或者IP的关注,只是好奇心驱使,带着一种围观的心态,事情热度一过,他们便不会再持续关注,彼此间的情感联系极不稳固。比如说,"带货一哥"凭借他"中国第一代网红"的知名度去转行做直播,首秀三小时便刷新了抖音直播带货的最佳纪录。尽管"带货一哥"的首次直播战绩非常优秀,但几个月后他的带货数据和观看量依然不可避免地出现了下滑。

除去粉丝本身的原因,导致粉丝黏性降低的另一重要因素在于,IP、网红缺少持续输出差异化内容的能力,内容的随意性就会导致粉丝的不稳定性。粉丝对IP、网红形成关注,更多时候是对独特的IP内容或者是网红本身所传达出的价值观的认可,然而在"短平快"的新媒体时代下,IP与网红运作模式的可复制性很强,使他们之间的差异化越来越小,哪怕是当初凭借持续性内容输出而走红的网红,近些年也依然面临着创作"瓶颈"。对于IP和网红来说,如何保证粉丝持久的黏性是他们眼下面临的最重要的挑战。

(三)市场缺少有效的监管,侵犯粉丝权益

在资本的助推之下,IP与网红经济迅速崛起,越来越多的参与者来争夺这两大市场的经济红利,然而市场监管的力度却并没有随之跟上,导致营销乱象丛生。网红带货时存在夸大、虚假宣传产品,产品质量参差不齐的问题,严重侵犯了消费者权益。这一方面是因为网红本身缺少专业产品鉴别能力,对货源质量把控的不到位;另一方面是网红过于追逐利益,以次充好、虚假宣传,目光短浅的以牺牲粉丝利益为代价,来获取更大的盈利空间。不仅如此,很多商家也会被网红的虚假数据所坑骗。为了接到更多的卖货业务来赚取宣传费,网红会通过买粉丝、评论造假等方式来证明自身的影响力,数据造假、流量注水已经成为网红带货行业里的"潜规则"。

IP 市场也同样存在诸多问题,在泛娱乐的时代背景下,基于 IP 打造的衍生品缺少深入的挖掘与再创造,商家存在"割"粉丝"韭菜"的心理,推出的衍生品有很多是制作粗糙、急功近利的次品。除此之外,IP 市场的版权纠纷案也频频出现,一方面是由于版权方对 IP 的经营授权不当,另一方面是网络上的低成本抄袭、侵权现象屡禁不止。总的来说,IP 与网红市场的发展都还不够成熟,需要更多的规范与引导。这两大经济模式蓬勃发展的背后离不开粉丝的情感支持,倘若 IP 与网红无视粉丝的权益,过分以利益为中心,必然会引起粉丝的反感,破坏 IP 与网红营销生态圈。

四、IP 及网红经济实现可持续发展的路径方向

(一)缓解 IP、网红圈中的"马太效应",延长生命周期

IP、网红圈中的"马太效应"很容易导致 IP 与网红营销生态的头尾失衡,当商业资源过度倾向于超级 IP 和头部网红时,必定会导致商家与 IP、网红间的双向选择余地越来越小,中小型企业无法支付巨额合作费来获取用户关注,中低部的 IP 和网红也因缺少盈利空间而逐渐淘汰,最终将会遏制这两种经济模式的可持续发展。

所以,IP 与网红营销模式想要长久发挥它们的带货优势,就必须去平衡行业内的发展,缓解 IP、网红圈中的"马太效应"。对于社交媒体平台来说,可以在一定范围内给中低部的网红和 IP 一些流量保护,增加他们的曝光概率,避免行业内的过度竞争,但归根结底,决定 IP 和网红生命周期长短的根源在于他们本身,平台方的保护只能在一定程度上去缓解"马太效应",却无法真正去避免这一现象。因此,IP 和网红需要去汇集各路资源、改变思维方式,争取成为超级 IP 和网红 IP,变成二八定律中那 20%的存在。以中低部的网红以及个人 IP 为例,对于他们来说想要在现有的模式下快速"超车",难度很高,相反他们可以去探索新的带货模式,打破生存的底层逻辑。网红直播带货之所以能颠覆传统电商,就在于它让原先"人—货"的挑选模式转变为"人—货—场",能让消费者更直观地了解、获取性价比高的产品,这背后的核心是提升消费者的线上购物体验。当

下带货模式已经从店铺直播、秒杀向产地直播、砍价、博彩、C2M 等模式转变。同时 5G 时代的到来,又会更进一步地提升消费者的线上消费场景体验,网红以及个人 IP 需要抓住机遇去探索最适合自己的带货模式,利用科技的进步去更好地满足消费者的线上购物需求,借助差异化来破解行业中的"马太效应"。

(二)抓住有效渠道,提升粉丝黏性,引爆粉丝

IP 与网红经济的核心是粉丝变现,粉丝的规模决定了两者的影响力。现如今,行业内的竞争已经从争夺流量,转向争夺粉丝的黏性。为了保持与粉丝间的强联系,IP 与网红需要抓住各种有效渠道,来提升粉丝的忠诚度,从而不断释放巨大的商业价值。

首先,IP 与网红需要持续性地输出垂直领域内的优质内容,这是吸引粉丝注意力最有效也是最基础的手段。频繁地更新内容,能够增加曝光率,在潜移默化中变关注者为粉丝。数量积累到一定程度,就会实现粉丝的"自传播",用户基数越大,"自传播"效果就越好,IP 与网红的影响力也越强。[①] 而选择输出垂直领域内的内容,一方面是为了针对特定的目标群体取得更精准的营销效果,另一方面是能更好地保障优质内容输出的稳定性。盲目横向扩张,想要面面俱到,反而意味着目标受众不明显,内容挖掘不深入,导致"掉粉"。

其次,提升与粉丝间的双向互动指数,做好人格化营销。IP 与网红的生命周期比拼的是彼此间的互动度和亲密度,互动频率的增加能充分调动粉丝的情感,增强粉丝的黏性。同时,IP 与网红又能从粉丝的互动反馈中得到有效信息,实时根据粉丝需求调整营销内容,达到最佳营销效果。[②] 在互动过程中粉丝不断积累起来的信任感和依赖感,则能有效引爆社群经济。

最后,要作出差异化,给自己"贴标签"。在信息大爆炸的时代,有个性、独特的标签才能吸引用户分散的注意力,在激烈的市场竞争中脱颖而出。个人 IP 与网红需要寻找符合自身气质、便于记忆的个人标签,传达出自己独特的价值观,从精神层面上保证粉丝情感的稳定性。内容类 IP 也需要在确保开发模式与

---

① 翁晋阳、张国贵:《引爆超级粉丝》,人民邮电出版社 2016 年版。
② 耿倪帅、解学芳:《注意力经济时代网红营销模式的发展》,《青年记者》2020 年第 14 期。

IP 内容契合的同时,强调差异化策略,打造特色 IP。

(三)加强监管力度,保障消费者的权益

IP 与网红营销作为一种新兴的营销模式,发展时间较短,行业内也缺少相关的管理规范。为了保障这两种经济模式的稳定发展,应当从多方面去加强监管力度,针对目前存在的营销乱象,寻找对应的解决措施,保护 IP 与网红营销生态圈。

首先,应当从网络平台方入手,加强网络监管。一方面需要重视内容审核,杜绝平台上出现违背社会核心价值观、侵犯消费者权益的内容。另一方面需要完善网民监督、举报机制。由于 IP 与网红营销主要以线上为主,导致消费者被骗时,很难去维权。所以平台方应当提供给消费者一个维权、监督的通道,来补充平台方的监督管理。

其次,应当注重对 IP 和网红的管理。比如,可以增设职业素养考试、培训等门槛,去提升个人 IP 和网红的职业道德。为了推动电商主播职业化,2020 年 5 月浙江义乌就有第一批电商主播"持证上岗"。职业能力证书的存在既能让 IP 和网红的带货更专业、更规范,又能让消费者购物更放心,同时也利于行业内部的可持续发展。除此之外,还需要加大对于网红和 IP 不良营销行为的惩罚措施。广告法就指出代言人需要对代言产品负责,网红、个人 IP 也同样如此,应当把控好营销产品的质量问题。

最后,是加强对商家的教育。IP 和网红营销模式带给了商家更好的宣传营销效果,但真正决定消费者对品牌认可度和忠诚度的是产品本身。产品的质量是一切的根本,借助 IP 和网红只是为了让更多人能够接触到品牌下的优质产品,从而扩大市场上的影响力。

五、IP 及网红经济营销模式可持续发展的思考

营销模式转型升级的背后是时代的变迁,互联网的出现让消费模式逐渐从线下转移到线上,电商营销颠覆了过去基于传统媒体的营销模式。而移动互联网的发展又在此基础上带来了去中心化的浪潮,IP 及网红营销模式应运而生。

　　IP和网红让用户获取的成本更加低廉,营销的精准性更高,这种"接地气"的营销模式带动了各行各业的经济发展。在互联网不断更迭的背景下,IP及网红营销想要实现可持续发展,必然需要对现有的营销模式进行转型升级。加强市场的监管力度,提升粉丝的"聚集效应",保障行业的生态发展,未来IP及网红必将凭借更专业的能力,爆发出更蓬勃的生命力。

网红经济研究

王 建 杨 旭*

网红经济的衍生和发展是时代发展的产物。2016 年各种新潮的手机 APP 网络直播软件平台掀起了网红经济的高潮,网络直播成为丰富生活中的一部分。随着内容和平台的多元化以及行业的规范化等,网红人数及粉丝规模均大幅增长,网红经济由此发展。2020 年是网红经济爆发元年,"网红"受到人们的广泛关注,"网红"的社会认同度也在进一步提升。受新冠肺炎疫情影响,各种直播购物市场热度再度升温,网红营销推广模式已成为大众最喜欢的模式,网红经济迎来了空前的发展机遇。随着网红经济产业的不断发展完善,各种变现方式也层出不穷。本文主要从网红经济的发展历程、新媒体平台井喷助力网红经济、网红变现方式多元化以及 MCN 机构优化网红经济商业模式等几个方面进行阐述,对网红经济进行研究。

一、网红经济的阶段性发展

"网红"这个名词其实在 10 年前就有平台提出过,最初的网络红人可能只是文字和图文的表述时代,大多数人还是靠着本身的艺术才华才能在网络世界一展身手,并且形成自己个性吸睛点的文化属性,因为当时的平台并不多,网络

---

  * 王建:杭州汇赋文化传媒有限公司副总经理,策划总监,模因策划创始人。
杨旭:杭州汇赋文化传媒有限公司总经理,高级运营商。

红人与粉丝间形成了强关系,甚至形成一种信仰,一种跟随。

(一)网红经济第一阶段发展

2016 年出现了各种新潮的手机 APP 网络直播软件,这种模式被新一代的年轻人所接受,因为网络生活已经成为我们生活中的一部分,特别是年青一代,而网红成为丰富生活中的一项产物,这也导致了网红成为网络 IP 后,变现能力十分强大,形象代言、广告宣传、品牌走秀等,甚至进军演艺圈进行发展。一时之间网红经济被推到了一个新的高潮,无论是短期内集聚的大批量粉丝,还是月赚百万元的薪酬,让网络经济迅速地膨胀起来,并被更多人追捧和模仿,网红经济的市场泡沫被迅速放大,越来越多的人加入其中。

直播平台的快速发展,网红也从单纯个性文化,出现了搞怪作秀、唱歌 RAP、跳舞、美食、段子手等出名形式,看似网红的素质相对降低了,但是从市场经济来看,2018 年网红经济超过了 1000 亿元,这表明了网络红人已经顺利过渡为网红经济体,已经不仅仅是一种社会现象了,也成为一种虚拟经济的盈利手段,为此也出现了越来越多的网络公司,用于主推和包装自己公司的网红,随着抖音、快手等平台的出现,平台授权的 MCN 机构,公会的出现,从过去松散的结构形成具有系统性,符合平台规则,被设计的一种产业链,在这样的模式下助推了网络经济的迅速发展。

随着文化圈的日渐多元化,对审美和审丑有了全新的定义,由此带来了网红的春天,人们会从身边的圈层或者网络交互过程中,由于一些需求或者一些特定的事件关注了一些播主,而这些播主也从需求中找到自己被粉丝关注的元素,从而靠拢这些条件迅速积攒粉丝并且发展网红经济,这里面也有一些网络推手、媒体宣传的工具来助力网红的成名,各个平台都有通过广告付费的形式引流粉丝,线上有一些网红的热度已经冲击到了演艺圈,通过媒体公司的公关,迅速扩大了自己的名气和粉丝量,而线下也出现了网红奶茶、网红餐厅、网红打卡地,一个网红甚至可以带动一个景区,带动一个商业体,网红经济的力量是不容小觑的。

（二）网红经济的上升期

2018 年 6 月 19 日,艾瑞咨询①与新浪微博②联合发布了《2018 中国网红经济发展洞察报告》,该报告指出:2018 年,国内网红经济基础继续扩大,网红人数及粉丝规模均大幅增长,粉丝规模在 10 万人以上的网络红人数量持续增长,较 2017 年增长 51%。其中粉丝规模超过 100 万人的头部网红增长达到了 23%。淘宝直播平台带货超过 1000 亿元同比增速近 400%。2018 年淘宝直播人数增加 180%,粉丝超过百万的主播超 1200 人,月收入超过百万元的主播超 100 人,全年成交额破亿的达 81 人。网红粉丝数量的增长是网红数量增长的重要因素。截至 2018 年 4 月,中国网红粉丝总人数达到 5.88 亿人,同比增长 25%,呈不断增长的势头。

随着网红群体与粉丝规模的双双壮大,网红经济市场规模以及变现能力也随之增强,为网红经济产业链的发展及完善提供了强大的动力。

性别方面,2018 年男性网红数量不断提升,在网红整体人群中占比达到 49.9%,已经几乎与女性网红数量持平。

地域方面,网红地域分布广泛,虽然过半数依旧集中在一、二线城市,但同时三、四线及以下城市以及港澳台、海外地区也有大量分布。

此外,网红的年龄段分布进一步扩散,学历也不断攀升。据统计,"80 后"网红群体已占总群体的 54%,"90 后"网红群体的占比紧随其后,占 31.8%。同时,网红群体的整体学历水平也在逐渐攀升,拥有本科及以上学历的网红群体占比达 77.6%,其中硕士及以上学历占比更是达到了 13%。由此可见,网红现象已经不再专属于青少年群体,而是正在向全年龄段蔓延开来,同时高学历的网红也在推动内容制作水平的提升以及加速内容产出的专业化、多样化。

随着网红群体的不断扩大,其产出内容的领域也在不断更新壮大。虽然,在网红产出的内容领域中,传统的文娱领域的占比依旧在主导位置,其中泛娱乐类领域数量最多,总占比也达到了 29.7%。但是一些新兴领域也在不断增长,网

① 艾瑞咨询:国内权威的专注于互联网研究的第三方机构,致力于大数据平台建设,为研究洞察和企业服务提供分析基础。

② 新浪微博:新浪公司旗下基于用户关系的社交媒体平台。

红从早期只专注于娱乐内容延伸到文化知识科普、信息分享和评论,再到现在的美食、电商等亟待挖掘的新兴垂直领域,其增长的主要动力来自粉丝对相应垂直领域的关注度上升,与用户日常生活的关联性度高,如运动和美食是人们每天不可缺少的两环,以及市场对于网络营销手段的认可,由此这些新兴领域也将成为孕育新生代网红的新鲜土壤。

二、新媒体平台井喷助力网红经济

2019年网红经济迎来爆发,"网红"频频"出圈",受到人们的广泛关注,"网红"的社会认同度也在进一步提升。"双十一"直播购物市场热度再度升温,"双十一"当天通过手机淘宝App观看直播用户达4133万,同比增长131%,网红营销推广模式已成为大众最喜欢的模式。

2019年也被称为电商直播元年,2019年上半年,各大直播平台积极探索"直播+"模式,布局内容生态。

截至2019年6月,由我国CNNIC①发布的第44次《中国互联网络发展状况统计报告》显示:我国网络直播用户规模达4.33亿,较2018年年底增长3646万,占网民整体的50.7%。随着中国经济的发展以及5G商用加速的背景下,作为互联网时代下的产物,中国的网红经济在发展中迎来了爆发点,同时也反映了中国经济发展所带来的强大活力以及中国市场的巨大潜力。

2020年新冠肺炎疫情突如其来。在"宅着就是做贡献"的日子里,更是给线上产业链带来了空前的发展机遇。线上消费需求大增,网红经济规模加速发展,网红概念股表现强劲。预计在后疫情时代,疫情防控成为新常态、5G技术迅速普及、线上带货将助力扶贫攻坚,网红经济有望实现更为迅速的发展,并为不同年龄段以及不同层次的消费者所接受,由此打开一个更为广阔的营销市场空间。不仅如此,网红经济的流量变现将成为移动互联网领域发展最具活力的推进器,对于整个新兴行业而言,它也代表内容电商平台、MCN及网红的共同诉求。未

---

① CNNIC:中国互联网络信息中心(China Internet Network Information Center,CNNIC)是经国家主管部门批准,于1997年6月3日组建的管理和服务机构。

来,网红经济会逐步趋于理性化,最终的落脚点和促使成交的关键,将回归到商品本身。

三、网红变现方式逐步多元化

(一)基于互联网发展的网红流量学和网红经济学

从经济学角度来看,网红经济是一种诞生于互联网时代下的经济现象。其主要表现为网络红人在社交媒体上通过"内容"来聚集流量和保持热度,对庞大的粉丝群体进行营销,将粉丝对他们的关注度转化为购买力,以此达到流量的变现。

(二)精准 转化率 泛流量 转化方式

互联网的属性,打破了空间在场的显示界限,自然的场景通过线上的互联互动,激发了人对于欲望满足渠道新的要求,更多的、更立体的信息随着人在互联网上感官交互,捕捉人欲望的碎片,将人和互联网连接,读取人的微小的律动,形成数据累计和叠加进行编码放大,形成行为数据,满足并唤醒人们新的欲求,并通过交互继续完善,驯化乃至操控着人类因欲望而不断打散、洗牌、重组的数据结构,我们认为这就是互联网 ID 行为大数据。

技术在每一个历史文化转型的时期都有特殊的意义,当今环境下社会性和功能性发挥能效,大数据掌握着空间、组织、结构、社群等社会属性,同时指向认知、感受、知识、智慧、消费。这不只是技术的乌托邦,而是交互的变化,新交互改变着人类交谈的方式、群聚的方式,重组着社会活动的顺序、消费的顺序、资本流动的顺序,通过网红文化传播重塑着新一代用户的价值观,以网红 KOL 形成意见领袖,影响着人类情感的信念、自我意识和福祉的扩展。

中商产业研究院[①]在 2020 年特推出《2020 年中国网红经济市场前景及投资研究报告》,普及了网红经济定义、商业模式。变现方式等环节需要的大数据支

---

① 中商产业研究院:是中国领先的产业咨询服务机构。

持,形成网红经济驱动因素数据、网红经济发展数据、典型网红经济案例分析网红个体的客户画像数据,然后进一步用 AIDMA 百年营销理念,从关注、兴趣、欲望、记忆、行动出发,对客户行为数据归类,并且满足行为逻辑,形成网红直播的指导性建议,因此直播平台有了一套基于用户个性化推荐算法。

如何从巨大的内容池中为用户匹配出感兴趣的内容,主要依据三个要素:用户画像、内容区域、用户视角。

用户画像:从很多角度给用户画像,比如年龄、性别、历史浏览等。

内容区域:利用技术对内容进行分类,设定区域范围。

用户视角:根据用户的行为去猜测用户的感受。

(三)平台流量战的白热化

互联网媒体用户快速增长,不同品牌用户画像特色鲜明。

由快手大数据研究院发布的《2019 快手内容报告》显示:抖音、快手、小红书和哔哩哔哩网站是当下最炙手可热的新媒体应用,从用户规模来看,抖音和快手用户群体庞大,2018 年日活用户分别达 3.2 亿人和 2.5 亿人,小红书定位相对高端(一、二线用户占比超 70%),日活用户为 1000 万+,哔哩哔哩网站是针对"Z 世代"的文化社区,日活用户 3760 万。各平台用户年轻化特征明显,30 岁以下用户占比均超过 65%。

四大新媒体平台底层逻辑和商业模式各不同,但美妆均为广告投放前五的行业。从内容看,抖音和快手以"短视频+直播"为主,小红书以"图文+短视频"为主,哔哩哔哩网站以"视频+直播"为主。从流量分发看,抖音以平台主导为主,快手、小红书、哔哩哔哩网站以"社交+兴趣"为主,盈利模式包含广告、直播抽成、游戏、电商等。

而伴随互联网技术的发展以及用户对新奇事物的不断渴求,粉丝也逐渐把注意力从真实存在的人转移到了虚拟创造的"人"和形象上,而这些新的形象,也在逐渐崛起为新一代的虚拟网红,如一禅小和尚、小爱同学、洛天依等。对比于现实中的网红,虚拟网红以其特有的新颖性、趣味性和可塑性而使自身传播速度和知名度大幅提升,也赋予了其强大的营销能力,博得了广大广告主的青睐。

同时传统平台流量增长放缓,新媒体活跃用户强势反超。据报告统计,2018

年1月—2019年2月,以抖音和快手为代表的短视频APP日活和月活用户强势增长,抖音已经超越微博、京东等传统流量平台,日活和月活用户仅次于淘宝。在大部分行业缩减预算的背景下,以抖音、快手为代表的短视频营销预算同比增长却高达200%,2019年快手商业化营收(广告收入)目标上调50%至150亿元。短视频保持着高速增长的态势以及愈加清晰的产业结构,虽然现阶段的短视频仍处于因各类平台大量涌现而造成的平台同质化竞争的阵痛期,但平台根据自身不同的定位,积极迎合相应"口味"的观众来逐渐集聚粉丝量,并以此为依托形成了以广告为主的商业变现模式。

对比于传统的传播方式,短视频具有传播速度快、社交能力强以及生产成本低的特点而受到了网红群体和广大观众的青睐,因此短视频成为大量网红输出内容的核心平台。

(四)争夺客户时间

随着网红经济的发展,网红变现的方式也趋于多元化,其中广告代言、电商带货、直播平台打赏以及演艺代言培训等变现方式都取得了可观的效益。不同的内容形式均出现了从一两种主要变现手段向其他方式扩展的趋势,如视频作者现在可以在直播平台开设直播间,轮播曾经的作品,并通过直播及相关渠道获取收入。其次,商家与网红的合作更加体现"共同体"的状态,在模式的选择上更加注重改善粉丝端的用户体验,从前后端提升合作效果,形成长期高效的合作共赢关系。

由智研咨询①发布的《2018—2024年中国网红经济行业市场深度调查及投资前景分析研究报告》显示:自2014年以来,泛娱乐直播行业一直处于快速增长的模式。2017年,国内泛娱乐直播市场规模达到453.2亿元,增长63.6%。在2020年泛娱乐直播市场规模将达到1120.9亿元,同比增长25.4%。

越来越多的网红涌入直播行业,直播及其衍生出的收入方式如打赏以及与平台之间的签约费也为网红带来可观的收入。据统计,直播、签约费及粉丝打赏

---

① 智研咨询:是国内权威的市场调查、行业分析专家,主要服务有市场调查报告、行业分析报告、投资发展报告等。

所带来的收入占比已经达到38.4%。

而随着网红经济产业的不断发展完善,各式变现方式也层出不穷,电商作为传统变现手段之一,在2017年的表现仍旧十分亮眼。据统计,截至2018年4月,网红电商商品交易总额(Gross Merchandise Volume,GMV)年度增长量高达62%。在各细分领域之中,服饰类作为龙头,其GMV占总规模超过70%。

在知识科普领域方面,其下垂直领域通过电商的收入表现也十分令人瞩目。母婴育儿在2017年GMV占整体知识科普领域收入的55%。而其他领域虽然占比不及母婴类,但仍保持了高速的年增长率,其中数码类、教育类和健康医疗类GMV增速均超过了500%,分别达到759%、661.7%及509%。

在广告方面,各大广告主越来越倾向借助网红的"名人"效应来推销自身品牌或产品。据统计,从2019年开始与广告主签约的网红人数占比达到57.53%,而这也将成为网红的重要的收入来源之一。更值得关注的是,愿意与网红合作的广告主已经从传统的服饰、美妆等行业扩展至地方特产、汽车、家电等领域,而且广告主也在不断提高与网红合作的预算。

四、MCN机构使网红经济商业模式逐步优化

经过各行各业,特别是开展网红经济新业态行业共同的探索和协作,网红经济产业各环节的角色定位及功能逐渐清晰并不断优化,形成日趋完善的网红经济产业链。在产业链中,MCN机构为众多网红提供更多、更广的平台以及优质内容的制作,同时也为广告主带来了更加灵活、高效的投放方式,进而带动了全产业链的发展。

通过MCN机构,网红经济整体商业模式可以得到有效的优化。MCN机构在确定广告主及自身需求后,对已有资源进行分配,向供应端下达订单需求,或向服务端购买所需要的服务(如一键分发、创意构思等),并将任务发放至签约网红,之后再通过自身流量渠道分发作品,并从网红与平台的合作分成、广告主提供的广告费以及粉丝的相关消费中获得收入。而相应地,网红除了能从MCN机构处获得分成,也可以直接从平台及粉丝端获得收入。

在国内,MCN机构产业链不断完善,机构与网红之间相互依存、互惠互利。

对于网红而言,最为关键的支撑是 MCN 机构为其进行内容制作和流量曝光。就 MCN 机构而言,培养优质网红可使其自身收获更多的广告及电商资源并且具备更高的议价能力,这也给网红自身带来更优质的商业变现机会和选择,延长网红的"生命周期",以此提升了网红与机构之间的合作紧密度。

作为网红产业链条中的核心角色,MCN 机构近年的发展速度十分迅猛。与美国的 MCN 机构不同,MCN 机构在进入中国后迅速进行了本土化,并在 2016 年迎来了爆发式的增长,这时以广告宣传等为主要收入形式。2017 年行业整体规模继续快速发展,产业链初具雏形,形成了多领域、多平台的经营模式。此时电商也逐步赶上广告,成为 MCN 机构另一项主要收入来源。

预计在未来,随着头部 MCN 机构开发优质 IP 能力的增强,流量收割能力随之提升,行业壁垒将开始出现,行业内的"二八效应"也将日益加剧,拥有头部网红及优秀 IP 的机构将有更大的议价权和更大比例的营业收入。而内容 IP 化所带来的收入也将与电商和广告一起成为 MCN 机构未来收入的"三驾马车"。

对于老牌 MCN 机构而言,大型的、进入市场时间较早的机构通过时间和体量上的优势汇集了大批早期网红,并有针对性地继续巩固自己特有的优势,如垂直领域型 MCN 机构,旗下相应领域网红数量可达数百人,带来的互动能力更是能达到上亿级别,大量的红人聚集所产生的流量护城河正在逐步形成。

对于新兴 MCN 机构而言,由于入行时间短,公司资源不足,导致议价能力低,因此多数处于盈亏平衡点以下。但通过加强自主研发、避免恶性竞争、孵化自有现象级 IP,仍可带来大量关注度,发展前景依然可期。

2019 年作为 MCN 机构大幅成长的一年,整个行业也获得了大量的投资。众多投资机构也纷纷加大投入,网罗业内优秀资源、提高自己在行业内的占有率。其中不乏互联网巨头如腾讯、知名投资机构如广发信德,可见 MCN 机构的发展和盈利能力已经获得了广泛的认可。同时产业链中的上下游机构也对 MCN 机构进行了投资,从而加强 MCN 机构之间的合作,为自身企业争取更大的利益。

随着整体市场的不断扩大,未来 MCN 机构也将保持快速的发展,然而在快速发展的同时,如何避免大量相似机构的恶性竞争,从众多竞争者中脱颖而出,将是摆在每一个 MCN 机构面前的重大挑战。相较于跨行业拓展业务,更多的

MCN机构倾向于对自身所处领域进行深挖。对于MCN机构而言,根据自身签约网红所长,明确自身特有基因,不断巩固自身优势将成为未来发展的大趋势。在多样化的发展之中开发出适合自身运营模式的变现渠道,可以在避免行业内的恶性竞争的同时促进行业良性循环。

不仅如此,各大互联网平台也纷纷与MCN机构进行合作。在合作中,平台对机构进行扶植与帮助并提供更多的流量以及更高效的宣传渠道,机构自身便更专注于内容的产出,内容质量的提升。而机构提供的高质量内容也会为平台带来了更多的用户,以此形成良性循环。由艾瑞咨询与新浪微博联合发布的《2018中国网红经济发展洞察报告》指出:截至2018年,与微博合作的MCN机构数量达到1917家,较2017年增长269%。合作覆盖领域达53个。

在MCN与其他第三方服务机构的合作中,第三方机构通过提供专业的人才挖掘、网红培训、产品宣发以及供应链管理等MCN机构自身可能并不擅长的服务来提升自身的品牌价值与知名度。而MCN机构也可以从中获得更专业的帮助,减少不必要的开支。

伴随网红经济的逐步专业化以及MCN机构产业的完善化,网红与MCN机构签约成为专职网红的一种新趋势。

头部网红对MCN机构的青睐,彰显了MCN机构所带来的全方位的帮助在网红竞争中的重要性,相比2020年,2021年头部网红与MCN机构签约占比仍有所提升,达到93%。签约MCN机构的网红人数逐渐增加,意味着越来越多的用户会把网红当成自己的正式职业和工作,职业网红的人数将不断增加。而MCN机构也在为网红带来诸多裨益的同时,通过更精准的流量引导以及更多元的分发渠道,将更有效、更丰富的商业变现方式赋予网红。

当然,随着技术的升级和发展,不同的内容领域衍生出了众多的平台,这也导致了平台单一、内容单一的网红无法跟上行业发展和市场需求的节奏。在符合自身条件,便于发挥自身优势及内容的多个平台同时上传作品,以此吸引拥有不同使用习惯和兴趣爱好的粉丝成为如今网红提升自身知名度及吸引流量的新方式。

网红经济创新竞争力评价研究

于 炜 高 洁*

随着移动互联网和电商展业的发展,网红经济兴起并不断发展。本书从多个方面分析了网红经济创新竞争力的来源,包括变现能力、MCN 提供的竞争力、社会效益、自然因素、国际因素、国内因素等。通过竞争力评价模型对京津冀、长三角、粤港澳、川渝地区的网红经济竞争力进行了评估,对网红经济竞争力的发展进行了分析。

一、网红经济创新竞争力来源

随着移动互联网和电商展业的发展,网红经济兴起并不断发展,网络红人通过社交平台吸引大量粉丝,依靠对消费者心理的把握、对流行趋势的了解以及背后团队的运营,将粉丝流量转化为购买力,创造了巨大的商业价值以及形成强有力的竞争力。

(一)网红经济创新竞争力内因几要素

1. 变现能力

(1)平台盈利

平台盈利主要有两部分,一部分是平台激励,主播在平台发布视频内容或者进行直播,观众流量较多的优质主播可以获得平台给予的奖励;另一部分是主播通过直播吸引观众为自己刷礼物,获得的礼物与平台按一定比例分成,从而获得

---

* 高洁:华东理工大学艺术设计与传媒学院。

收益。

（2）广告收益

广告商请网红主播投放广告,网红通过发布相关内容视频介绍产品进行推广,广告商支付给网红推广费用。

（3）直播带货

网红与品牌商合作,拿到较低的价格或其他优惠,在直播间介绍产品让观众进行秒杀,直播的形式可以使观众更好地感受产品,主播展示商品也使商品的信息更加直观,主播与用户可以进行交流,增加用户对店铺的信任感,提升了商品信息的可信度,同时往往具有较大的优惠力度,抽奖活动,直播红包等也更增加了对观众的吸引力,优秀的大主播可以在很短的时间内达到巨额销量。并且逐渐形成跨界主播的潮流,很多明星、企业高管等加入直播,使直播带货具有了更大的声量和曝光度。

（4）个人品牌

网红具有一定流量之后,具有一定的影响力,可以成立自己的品牌或者网店,在自己的视频内容中进行推广,吸引粉丝购买。

（5）签约薪水

与网红经纪公司等机构签约的主播,接受公司的培养,收益与公司分成,公司会付给主播薪水作为主播收益的一部分。

2. MCN 提供的竞争力

（1）丰富的网红资源

根据克劳锐指数研究院数据,中国的 MCN 机构数量在巨幅增长,2019 年年底,数量已经超过20000家,而 2018 年只有 5000 家,增长了300%,超过2015—2018 年数量总和。MCN 市场的总体规模已经达到百亿级规模,而 2015 年只有不到 10 亿,可见其增长速度之快。MCN 机构会签约已经拥有一定粉丝和流量的 KOL,与 KOL 进行分成,也会签约没有粉丝基础的素人进行包装培养,之后获得回报,因此 MCN 机构拥有非常多且优质的网红资源。

（2）强大的数据分析能力

随着信息技术的发展,市面上已经有了很多数据分析的产品,比如飞瓜数据、CCsight 等,可以分析抖音、快手、微博、微信、小红书等平台的数据,比如 KOL

的粉丝量、粉丝增长情况、视频点击率、点赞量、评论数、用户画像等,有了数据的支持,可以发现并追踪有潜力的 KOL。很多 MCN 机构有自建的数据工具,用来抓取时事热点,根据热点内容创作视频,还可以分析账号运营情况,用户画像等,从而更好地运营账号,筛选更适合的用户群体,提高广告转化率。

(3)产业链支撑

MCN 是网红经济产业链的中游,负责上游 KOL 的孵化,开发创意内容、孵化 IP,并进行内容推广,下游负责对接平台资源,商业运营,持续创新,见图 2-1。

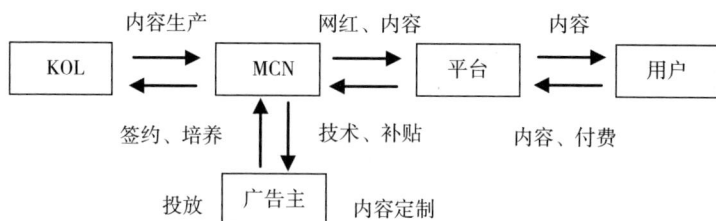

图 2-1　MCN 产业链

(4)内容运营能力

MCN 组织架构中,内容策划部门、内容运营部门和商务部门是 MCN 公司的核心配置。遵循一个有效的内容运营公式:内容运营=有效的管理制度+精雕细琢的内容+适时准确的投放+团队复盘后创新。第一步是内容生产环节,研究用户需求,定位目标用户,之后根据需求分析确定生产内容,通过图片、视频、音频、文字等内容载体,投放在各大平台上,比如抖音、快手、小红书等。不同平台有不同的定位、商业模式、分发规则等,MCN 机构会根据不同平台的特点采取不同的运营策略。适时准确的投放之后,基于数据分析进行复盘,及时调整策略,达到最好的流量效果。

3. 社会效益

(1)解决部分就业问题

网红经济能够为第三产业提供巨大推力,催生新职业,创造更多的就业机会,推动了产业结构的转型。

(2)带动公益事业发展

有一大批网红的走红是由于扶贫、好人好事、助力公益事业等非常具有社会正能量的事情,网红依靠自身的影响力,可以向粉丝群体传达正确的价值观,宣扬正能量,带动公益事业。

(3)恢复国民消费信心

2020 年新冠肺炎疫情的暴发给消费者心理带来一定的恐慌,线下消费受到严重影响,而线上消费渠道尽显优势,疫情后线上消费行为大幅增长,帮助消费者消除恐慌,恢复消费秩序,也是疫情期间减少人与人接触的最恰当的消费方式。2020 年的"618",是疫情发生后的第一个大促活动,根据克劳瑞《618 直播带货数据报告》显示,京东 6 月 1—18 日,累计下单金额 2692 亿元,天猫"618"消费季的累计下单金额为 6982 亿元,"618"开始 2 分钟,京东直播带货额破 1 亿元。6 月 16 日的京东和快手品质购物专场,一些明星达人在快手带货京东商品,单日直播带货 14.2 亿元;6 月 1 日全天,淘宝直播成交金额超 51 亿元,截至 6 月 17 日 7 点,淘宝直播引导成交金额同比增长超过 250%,13 个直播间成交过亿,多品牌开播一小时成交额超越 2019 年全天。

(二)竞争力外因几要素

1. 自然因素

因为新冠肺炎疫情的影响,传统销售方式受到冲击,很多实体店遇到销售困境,因此不少商家选择线上销售。通过打造网红,利用网红的影响力宣传及销售商品,推动了网红经济的发展。居家成为生活中的一个重要场景,直播带货、线上购物越来越被大众接受和追捧,直播参与者更加丰富,不仅有平台 KOL,明星、企业 CEO 等参与直播带货也成为常态,使直播带货更具可信度和吸引力,更有虚拟主播加入直播带货,洛天依 2020 年 6 月 3 日登陆淘宝直播天猫全明星直播间,初音未来在 2020 年 6 月 8 日入驻淘宝,成为"淘宝人生次元大使",一禅小和尚在快手直播带货。直播场景也更加丰富,出现了综艺与直播带货结合的新形式,是以直播带货为主的新形态串屏直播,2020 年 6 月 7 日晚在湖南卫视播出的《出手吧,兄弟!》,观众在观看直播的同时,可以直接下单购买产品或通过扫描二维码购买产品,直播总带货额达 1.02 亿元。①

---

① 克劳瑞:《618 直播带货数据报告》,2020 年 6 月 3 日。

艾瑞 UserTracker 数据监测显示,2020 年 4 月到"618",电子商务独立设备数的增速整体呈现增加的状态,尤其是"618"增幅最大,可以看出疫情后"618"活动对消费水平的带动作用。而京东也体现出了其在"618"的主场优势,大部分时间京东的增速都在平均水平之上。

疫情期间,很多线下活动转为线上,比如各种上门服务、食品在线购买、上班族在线远程办公,开学的学校采用上网课的形式,以及各种线上娱乐活动等。网络经济在人与人保持安全距离的前提下保障了人们的基本生活,避免了社会恐慌,疫情期间,线上消费发挥了巨大作用,展现了其巨大的价值,因此实现了从线上与线下消费并行的状态到线上消费为核心的转变。

线上消费在疫情期间发挥的巨大作用帮助国民恢复消费信心,52.5% 的用户认为线上消费已恢复正常水平,50% 的用户认为线下消费恢复正常水平,而 34.8% 的用户线上消费较疫情前有所增加,同时 35.5% 的用户在疫情期间线下消费有所下降,对比中可以看出线上消费在疫情给人们带来恐慌的时候帮助用户渡过这一时期,为重拾消费信心,维护市场稳定发挥巨大作用。因此获得了用户的认可,从艾瑞咨询调研的用户对电商平台疫情期间作用评价数据可以看出,大多数人认为电商平台的"作用很大",少数人认为"解决了部分问题"。在对电商平台在疫情期间的功能判断方面,其最主要的功能是保障民生物资,同时也在保障医疗物资方面战绩卓越,另外也对保障娱乐消费起到了一定的作用。而消费者在电商平台购买的居家生活相关日用品以及防疫相关物资成为线上消费的主要内容。①

2. 国际因素

世界格局的转变,中美贸易摩擦,疫情的影响等因素使全球经济受到巨大冲击,大量海外供应链断裂,在这样的形势下,我国对于疫情的控制以及对美国的干预打压的积极应对,使我国的疫情率先得到控制,经济也在迅速恢复,在经济的恢复过程中,网络经济和网红经济发挥了巨大的作用。

平台经济是经济发展的新动能,2019 年全球的平台经济仍在继续增长,见

---

① 艾瑞股份:《2020 年后疫情时代零售消费洞察报告:电商新生态助力经济复苏》,2020 年 7 月 15 日。

（单位：万亿美元）

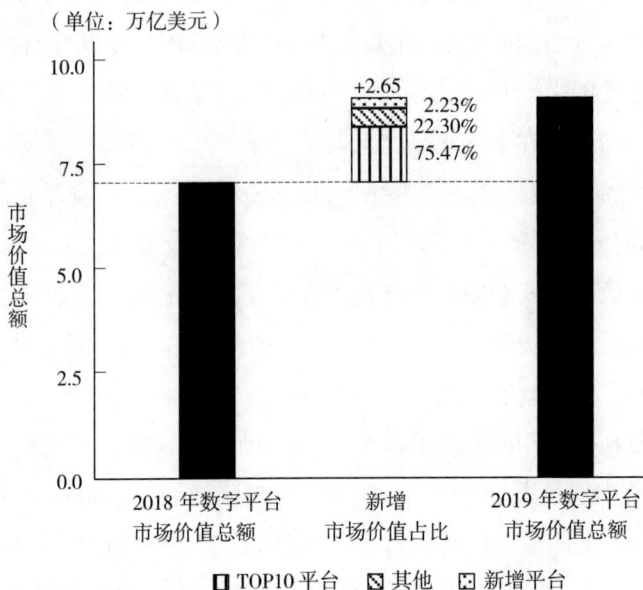

图 2-2　2018—2019 年全球数字平台市场价值总额

图 2-2。头部平台仍强势发展，新平台也在成长，中国和美国引领全球平台经济发展。①

美国对数字平台反垄断监管由宽松转向审慎，将针对谷歌、Facebook、亚马逊、苹果四家大型数字平台开启反垄断调查，联邦和州双层执法同步推进，美国国内对数字平台反垄断仍存在较大分歧，以消费者福利为核心的反垄断单一宗旨面临挑战。

欧盟围绕数字平台的反垄断执法持续活跃，持续保持反垄断高压态势，使用"事前"手段强化监管，见表 2-1。欧洲各国监管机构将隐私保护、平台规则透明化、数据安全等更多因素纳入反垄断监管范畴，欧盟未来将延续严格竞争监管风格。

① 中国信通院：《中国信通院：2020 年平台经济与竞争政策观察》，2020 年 6 月 30 日。

表 2-1 欧盟数字市场反垄断调查及执法态势

	平台	案例要点	监管机构	焦点与分析
2019 年 3 月	谷歌	谷歌通过其广告服务"AdSense"在合同中要求客户拒绝竞争对手的搜索广告	欧委会	罚款 14.9 亿欧元。对数字市场的拒绝交易和限定交易行为予以认定
2019 年 4 月	Steam	Steam 与五大游戏经销商联合进行游戏锁区,限制消费者跨区购买廉价游戏	欧委会	开展反垄断调查。平台与游戏经销商间涉嫌纵向协议
2019 年 5 月	苹果	苹果滥用 APP Store 商店偏袒自家服务苹果 Music,对其他应用上的支付 30% 费用	欧委会	开展反垄断调查。平台双重角色与公平竞争问题;滥用在线支付市场支配地位拒绝交易或限定交易问题
2019 年 7 月	亚马逊	亚马逊利用其既提供市场服务与销售在线商品的双重角色,获取竞争对手产品敏感信息,宣传自身产品销售活动	欧委会	正式开展反垄断调查。平台双重角色与公平竞争问题;数据获取和使用问题的合法边界

中国大力推进数字平台竞争规则建设,2020 年 1 月 2 日,市场监管总局发布《〈反垄断法〉修订草案(公开征求意见稿)》,积极回应数字经济发展需求。我国在合理借鉴欧美国家成熟的做法和经验基础上,结合产业发展实际,统筹考虑国内国外两个大局,坚持包容审慎的反垄断监管态度,不断完善竞争规则,以公平竞争的市场环境促进产业持续发展创新。

2019 年 9 月,国家市场监管总局颁布了《禁止垄断协议暂行规定》《禁止滥用市场支配地位行为暂行规定》《制止滥用行政权力排除、限制竞争行为暂行规定》三部规章,进一步明确数字市场竞争规则。2019 年 8 月,国务院办公厅发布《关于促进平台经济规范健康发展的指导意见》,首次从国家层面对发展平台经济作出全方位部署。反垄断实践在探索中迈出重要步伐,多制度方案助推数字经济领域竞争规则形成。

3. 国内因素

(1)宏观:国家宏观政策

①数字经济。数字经济得到了国家政策的支持,2020 年全国"两会"报告中提到了电商网购以及在线服务等新业态在抗疫过程中发挥的重要作用,并提出

要"继续出台支持政策",全面推进"互联网+",打造数字经济的新优势。同时报告也指出要推动消费回升,要支持各种生活服务业恢复发展,比如餐饮、旅游等,提出"推动线上线下融合"。同时要拓展农村消费,支持农村电商,鼓励快递进农村,"多举措"来扩大消费,适应群众的多元化需求。

"两会"报告中重点支持"两新一重"建设,"两新一重"建设其中包括"发展新一代信息网络,拓展 5G 应用""激发新消费需求"等。这些政策的发布无疑为网红经济的进一步发展提供了有力的支持,信息网络的进一步发展,为消费者更顺畅地在线上进行各种活动提供便利与保障,势必会促进线上经济的发展,这便增强了网红经济的竞争力。

政府联合企业,在"618"前后通过创新的形式促进消费,比如"大促+消费券+直播"这样的新形式通过超高的转化效果,明显起到了拉动消费的作用,在 2020 年疫情前后,经常参与电商直播的人数比例从 31.4% 增加到了 36.2%,增加了 4.8%,与此相对,很少参加过电商直播的人数比例疫情前是 40.6%,疫情后是 36.2%,减少了 4.4%。与此同时,从未参加过电商直播但是有兴趣尝试的用户比例增加,没有兴趣尝试的用户比例下降。经常参与消费券使用的人数比例也明显增加,从 42.5% 增长为 47.3%,用户对于直播的参与以及对消费券使用的情况及态度的转变明显,可以看出"大促+消费券+直播"这样的形式具有极强的竞争力。①

②双循环。2020 年 5 月 14 日召开的中共中央政治局常委会中,首次提出了"构建国内国际双循环相互促进的新发展格局",5 月 23 日,习近平强调,"逐步形成以国内大循环为主体、国内国际双循环相互促进的新发展格局,培育新形势下我国参与国际合作和竞争新优势"。

强调国内大循环,并不意味着闭门造车,而应该是挖掘我国的内需潜力,从而更好地形成国内国际的联通,更充分地利用国内国际的市场与资源,逐步形成发展新格局,实现可持续发展。要实现国内经济循环,满足国内需求至关重要,习近平指出,"加快构建完整的内需体系,大力推进科技创新及其他各方面创

---

① 艾瑞股份:《2020 年后疫情时代零售消费洞察报告:电商新生态助力经济复苏》,2020 年 7 月 15 日。

新,加快推进数字经济、智能制造……"

我国2020年上半年,电子商务服务业投资增长了32%。国内大循环的新格局,势必带来国内的消费升级,新的购物模式——直播电商将会持续发展,居民消费也形成了关注小家电、小食品、化妆品等新趋势。新技术的发展也将会催生新的"数字消费",随着居民收入水平的上升,消费升级的需求也越来越迫切,在新技术的推动下,将会有"新产品、新服务、新模式、新业态",不管是对个人、企业还是政府,"数字消费"相关的需求都是重要的新的消费需求或发展重点。发展数字经济可以为中国经济打造自己的"长板",具体需要发展的领域包括5G、互联网应用、人工智能等。在互联网应用方面还包括电商直播、网络支付、短视频等。[1]

(2)各地区网红经济营商环境(政策)

选择京津冀地区[2]、长三角地区[3]、粤港澳地区[4]以及川渝地区[5]作为网红经济竞争力评价对象,总体来看,国家政策、法律法规对各地网红经济发展持鼓励态度。

①京津冀。《北京市促进新消费引领品质新生活行动方案》,推动实体商业推广直播卖货等新模式;石家庄出台《新媒体电商直播示范城市行动方案(2020—2022年)》,打造全国领先的新媒体电商直播示范城市。

②江浙沪。《上海市促进在线新经济发展行动方案》,打造成具有国际影响力、国内领先的在线新经济发展高地;义乌、金华等地推出直播电商发展行动计划,鼓励开展直播电商、社交电商、社群电商、"小程序"电商等智能营销新业态;

---

① 安信证券:《国内"大循环"新格局,如何引领中国经济乘风破浪》,2020年8月5日。

② 京津冀地区城市群包括北京、天津两大直辖市,河北省的张家口、承德、秦皇岛、唐山、沧州、衡水、廊坊、保定、石家庄、邢台、邯郸等11个地级市和定州、辛集2个省直管市以及河南省的安阳市。

③ 长江三角洲地区城市群包括:上海,江苏省的南京、无锡、常州、苏州、南通、盐城、扬州、镇江、泰州,浙江省的杭州、宁波、嘉兴、湖州、绍兴、金华、舟山、台州,安徽省的合肥、芜湖、马鞍山、铜陵、安庆、滁州、池州、宣城等26市。

④ 粤港澳大湾区由香港、澳门两个特别行政区和广东省广州、深圳、珠海、佛山、惠州、东莞、中山、江门、肇庆9个珠三角城市组成。

⑤ 川渝地区城市群是以成都、重庆两市为中心,包括自贡市、泸州市、德阳市、绵阳市、遂宁市、内江市、乐山市、南充市、眉山市、宜宾市、广安市、雅安市、资阳市四川的14个地级市和渝西经济走廊等县市。

杭州:江干区、余杭区、滨江区、拱墅区等推出直播人才扶持政策,明确主播最高可享"国家级领军人才"政策。

③粤港澳。广州:越秀区、从化区、花都区等纷纷出台直播电商相关扶持政策,建设"直播电商之都";深圳:制定《深圳市关于进一步激发消费活力促进消费增长的若干措施》,发展网红直播消费,推动直播电商赋能优势产业、专业市场和特色商圈。

④川渝。四川:《品质川货直播电商网络流量新高地行动计划》出台首个省级直播行业发展计划,打造为全国知名区域直播电商网络流量中心;重庆:《重庆市加快发展直播带货行动计划》,打造成直播应用之都、创新之都。

二、竞争力评价

(一)评价模型

对于中国省域经济竞争力的评价问题,被评价的地区是京津冀地区、长三角地区、粤港澳地区以及川渝地区,设被评价地区的集合为 $O = \{O_1, O_2, \cdots, O_n\}$,评价指标的集合为 $X = \{X_1, X_2, \cdots, X_m\}$,指标权重的集合为 $\Omega = \{\omega_1, \omega_2, \cdots, \omega_m, \}$, X_{ij} 表示被评价地区 $O_i(i = 1, 2, \cdots, n)$ 在网红经济竞争力评价指标 $X_j(j = 1, 2, \cdots, m)$ 下的观测值,因各评价指标的指标类型和量纲通常并不相同,需要对 X_{ij} 进行指标类型一致化和无量纲化处理。不失一般性,通常 m、n > 3,这个权重系数通常是人为主观给出的,主要通过集结相关领域专家的判断来确定。

(二)评价指标

网红经济竞争力评价指标包括网红生产机构 MCN 数量指数、网络热度指数、直播指数、产业发展指数。

2020 年 7 月由 21 世纪经济报道、21 财经客户端联合知乎和快公司共同发布的《中国潮经济·2020 网红城市百强榜单》中,根据网红指数为全国前100 强网红城市进行排名,详细指数包括网络热度指数、直播指数、潮生活指数、产业发展指数、印象指数 5 个维度,设置 18 个二级指标。报告显示尽管随着互联网经济的发展,不同城市因地域造成的差距在缩小,但经济发达的城市网红指数仍然有领先的优势,北京、上海、广州、深圳、杭州位居百强前五。京津冀地区上榜的城市包括北京、天津、石家庄、廊坊、保定、唐山、邯郸,长三角地区上榜的城市包括上海、杭州、南京、苏州、合肥、无锡、宁波、常州、绍兴、金华、南通、嘉兴、扬州、芜湖、台州、湖州、镇江、盐城、泰州,粤港澳地区包括广州、深圳、东莞、珠海、佛山、中山、惠州、江门、肇庆,川渝地区包括成都、重庆、绵阳、宜宾。

被评价地区的集合为 O = {京津冀地区,长三角地区,粤港澳地区,川渝地区},O_1 =京津冀地区,O_2 =长三角地区,O_3 =粤港澳地区,O_4 =川渝地区,评价指标的集合为 X = {网络热度指数,直播指数,产业发展指数,网红生产机构 MCN 数量指数},X_1 =网络热度指数,X_2 =直播指数,X_3 =产业发展指数,X_4 =网红生产机构 MCN 数量指数,指标权重的集合为 Ω = {0.3,0.3,0.2,0.2}。X_{11} 表示京津冀地区在网红经济竞争力评价指标"网络热度指数"下的观测值,其余 X_{ij} 值以此类推。

(三)竞争力评价

1. 京津冀地区

京津冀地区(北京、天津、石家庄、廊坊、保定、唐山、邯郸)各城市网络热度指数总和为:95.20+80.13+74.87+59.03+47.13+59.95+64.74=481.05,所以京津冀地区网络热度指数 X_{11} =481.05;

各城市直播指数总和为:100.00 + 77.82 + 72.03 + 60.60 + 64.42 + 62.78 + 58.19 = 495.84,所以京津冀地区直播指数 X_{12} =495.84;

各城市产业发展指数总和为:98.04 + 77.62 + 49.85 + 40.02 + 33.73 + 48.16+31.97 = 379.39,所以京津冀地区产业发展指数 X_{13} =379.39;

各城市网红生产机构 MCN 数量指数总和:17.8 + 1.33 + 3.67 + 2.66 = 25.46%,所以京津冀地区网红生产机构 MCN 数量指数 X_{14} =25.46%。

2. 长三角地区

长三角地区(上海、杭州、南京、苏州、合肥、无锡、宁波、常州、绍兴、金华、南通、嘉兴、扬州、芜湖、台州、湖州、镇江、盐城、泰州)各城市网络热度指数总和为:94. 03+88. 64+83. 07+81. 37+77. 46+72. 67+76. 32+68. 57+62. 41+65. 44+68. 17+69. 22+65. 10+62. 24+63. 59+60. 98+56. 89+66. 34+57. 99 = 1340. 5,所以长三角地区网络热度指数 X_{21} = 1340. 5;

各城市直播指数总和为:94. 49 + 92. 87 + 79. 39 + 80. 43 + 76. 47 + 69. 52 + 75. 08+68. 10+61. 40+73. 06+64. 83+65. 07+58. 47+63. 00+62. 75+60. 12+53. 22+61. 90+57. 40 = 1317. 57,长三角地区直播指数 X_{22} = 1317. 57;

各城市产业发展指数总和为:90. 28 + 92. 48 + 75. 79 + 66. 36 + 72. 65 + 66. 91+55. 10+67. 82+68. 48+66. 03+65. 79+64. 32+46. 23+50. 72+70. 32+52. 32+42. 86+40. 93+35. 93 = 1191. 32,所以长三角地区产业发展指数 X_{23} = 1191. 32;

各城市网红生产机构 MCN 数量指数总和为:8. 82 + 4. 66 + 7. 65 + 1. 33 = 22. 46%,所以长三角地区网红生产机构 MCN 数量指数 X_{24} = 22. 46%。

3. 粤港澳地区

粤港澳地区(广州、深圳、东莞、珠海、佛山、中山、惠州、江门、肇庆)各城市网络热度指数总和为:88. 97 + 90. 91 + 70. 94 + 63. 52 + 69. 34 + 60. 63 + 68. 97 + 55. 65+55. 90=624. 83,所以粤港澳地区网络热度指数 X_{31} = 624. 83;

各城市直播指数总和为:94. 87 + 91. 88 + 72. 71 + 65. 11 + 73. 51 + 65. 19 + 67. 59+54. 91+53. 17=638. 94,粤港澳地区直播指数 X_{32} = 638. 94;

各城市产业发展指数总和为:91. 46 + 91. 43 + 62. 92 + 47. 87 + 44. 98 + 56. 28+49. 76+49. 18+58. 28 = 552. 16,所以长三角地区产业发展指数 X_{33} = 552. 16;

各城市网红生产机构 MCN 数量指数总和为:13. 81+0. 17 = 13. 98%,所以粤港澳地区网红生产机构 MCN 数量指数 X_{34} = 13. 98%。

4. 川渝地区

川渝地区(成都、重庆、绵阳、宜宾)各城市网络热度指数总和为:93. 68+89. 03+62. 80+67. 71=313. 22,所以川渝地区网络热度指数 X_{41} = 313. 22;

各城市直播指数总和为:89. 74+83. 88+60. 72+52. 92=287. 26,川渝地区直播指数 X_{42} = 287. 26;

各城市产业发展指数总和为:76. 20+69. 92+37. 66+31. 56=215. 34,所以长三角地区产业发展指数 X_{43} = 215. 34;

各城市网红生产机构 MCN 数量指数总和为:$3.49+2.16=5.65\%$,所以川渝地区网红生产机构 MCN 数量指数 $X_{44}=5.65\%$。

5. 数据处理

数据无量纲化主要解决数据的不可比性,采用极值化方法来对数据做无量纲化处理,通过变量取值的最大值和最小值将原始数据转换为界于某一特定范围的数据,从而消除量纲和数量级的影响。由于极值化方法在变量无量纲化过程中仅仅对该变量的最大值和最小值这两个极端值有关,而与其他取值无关。公式为:

$$x_i = \frac{x_i}{max - min} = \frac{x_i}{R}$$

$$x_{ij} = \begin{vmatrix} 481.05 & 495.84 & 379.39 & 0.2546 \\ 1340.50 & 1317.57 & 1191.32 & 0.2246 \\ 624.83 & 638.94 & 552.16 & 0.1398 \\ 313.22 & 287.26 & 215.34 & 0.0565 \end{vmatrix},$$

极值化处理后 $x_{ij}' = \begin{vmatrix} 0.4683 & 0.4813 & 0.3887 & 1.2852 \\ 1.3049 & 1.2788 & 1.2206 & 1.1338 \\ 0.6082 & 0.6201 & 0.5657 & 0.7057 \\ 0.3049 & 0.2788 & 0.2206 & 0.2852 \end{vmatrix}$

各指标权重为 $\Omega = \{0.3, 0.3, 0.2, 0.2\}$

京津冀地区综合竞争力指数 $S1 = 0.4683 \times 0.3 + 0.4813 \times 0.3 + 0.3887 \times 0.2 + 1.2852 \times 0.2 = 0.6197$;

同理,长三角地区综合竞争力指数 $S2 = 1.2460$;

粤港澳地区综合竞争力指数 $S3 = 0.6228$;

川渝地区综合竞争力指数 $S4 = 0.2763$。

三、竞争力结果

根据数据处理结果得出京津冀地区综合竞争力指数 $S1 = 0.6197$,长三角地区综合竞争力指数 $S2 = 1.2460$,粤港澳地区综合竞争力指数 $S3 = 0.6228$,

川渝地区综合竞争力指数 S4 = 0. 2763。可以看出,长三角地区网红经济竞争力明显强于其他几个地区,京津冀地区和粤港澳地区网红经济竞争力差距不大,粤港澳地区可能略强于京津冀地区,川渝地区相比其他几个地区竞争力较弱。

中国互联网企业综合实力研究报告(2020年)显示①,中国互联网前百家企业中,京津冀、长三角、珠三角地区所占的企业数量超过总数的八成,京津冀地区和长三角地区各占39家和30家,显著高于其他地区,这也是长三角地区和京津冀地区网红经济竞争力高的原因之一,而珠三角占13家。根据统计,长三角2019年常住人口数为22714万人,而珠三角常住人口为10431万人,长三角明显高于珠三角地区,2019年长三角地区GDP总量为20.4万亿元,占全国的8.7%,远超其他地区。长三角地区在产业发展、经济增长以及居民消费等方面领先全国,是经济增长的主要区域,长三角的快递业务非常发达并且增长迅速,尤其是电子商务发展先行地——浙江,快递业务发展尤为突出,为网红经济的发展提供了巨大支持与保障。②

四、竞争力展望

长三角地区发展受政策支持。2018年11月5日,习近平总书记宣布,"支持长江三角洲区域一体化发展并上升为国家战略,着力落实新发展理念,构建现代化经济体系,推进更高起点的深化改革和更高层次的对外开放,同'一带一路'建设、京津冀协同发展、长江经济带发展、粤港澳大湾区建设相互配合,完善中国改革开放空间布局"③。2019年国务院印发的《长江三角洲区域一体化发展规划纲要》指出"进一步发挥上海龙头带动作用,苏浙皖各扬所长"。长三角地区科技创新优势非常明显,地理位置优越,交通发达便捷,"承东启西、连南接北",营商环境优良,可高效地对外开放合作。长三角地区科创产业发达,新技

---

① 中国互联网协会:《中国互联网企业综合实力研究报告》,2020年11月3日。
② 章艳华:《长三角地区物流产业发展竞争力比较——基于江、浙、皖、沪的实证》,《商业经济研究》2019年第10期。
③ 中共中央国务院:《长江三角洲区域一体化发展规划纲要》,2019年12月1日。

术与传统产业融合,比如大数据、云计算、物联网、人工智能等,在电子信息等领域具有国际竞争力。江苏制造业发达、科教资源丰富、开放程度高,浙江数字经济领先、生态环境优美、民营经济发达,安徽创新活跃强劲、制造特色鲜明、生态资源良好、内陆腹地广阔,发挥各地优势,提升长三角地区整体发展水平,也必将带动地区网红经济的发展。2020 年 5 月 18 日,由粤港澳大湾区发展论坛组委会支持,在深圳举办了"网红直播经济论坛暨企业网红孵化俱乐部启动仪式"。网红经济在大湾区的发展被看好,作为国家战略的粤港澳大湾区推进网红经济的发展可能对全国在内的区域经济发展起到推动作用,粤港澳大湾区在互联网经济、电子商务等方面一直走在全国前列,作为国家战略的大湾区,粤港澳本身的开放性、创新性和人员的包容性也具有极强的竞争力。从直播平台大数据发布的数据来看,见图 2-3,京津冀地区 MCN 机构总商业估值在全国遥遥领先,其中以北京最为突出,MCN 机构数量和商业总估值在全国均排名第一,产生巨大的网红经济竞争力。川渝地区也拥有来自四川的洋葱视频,洋葱视频是抖音头部 MCN 机构之一,还有 MCN 成都瘾食文化传媒有限公司,以美食和搞笑视频著称,旗下红人一堆,其中有的还是公司的股东之一。川渝地

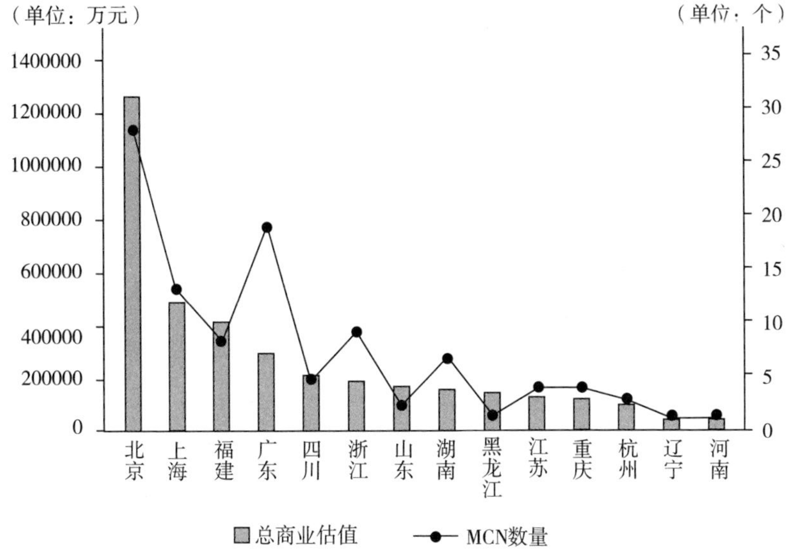

图 2-3　MCN 机构商业估值

资料来源:虎嗅:《2020 抖音 MCN 机构地图:揭秘中国网红江湖权力中心》,2020 年 4 月 2 日。

区重庆市在《2020年十大网红夜经济城市》中抖音话题浏览量仅次于西安,排名第二,成都也是著名的网红城市,在榜中排名第三,具有极高的话题度,成都和重庆独特的地势、民俗饮食文化等,拥有其独特的竞争力。

　　总体来看,在未来的发展中,网红经济将持续扩张,竞争力仍有上升空间,在科技创新、信息网络的不断发展下,网红经济发展势头正猛,可能会越来越成为消费者必不可少的一个选择。在这个流量为王的时代,流量变现是非常具有潜力的一个发展领域。

IP 语境下产品包装的品牌
功能与网红经济的思考

于　炜　潘雨婷*

　　随着设计全球化趋势的不断发展,包装所蕴含的功能也在不断发生演变革新,本文前瞻包装 IP 文化的未来趋势,以期对包装设计的 IP 文化发展进行创新性的探索与研究。本文首先通过对包装、品牌与 IP 的概念、发展、现状与前沿趋势等方面的解析研讨,将 IP 按照其属性维度进行初步分类,通过具体案例探讨基于 IP 理念的包装设计开发的多种可能。同时,辩证地解析了包装、品牌、IP 三者间的辩证关系和有机联系,研究三者相互结合的成功经验,探讨在新时代情境下,如何从内涵和范式创新上辩证地理解包装、品牌及 IP 的有机关系,并在此基础上基于 IP 文化语境来提升打造包装品牌功能,促进品牌的可持续发展。

　　古代人们常以"禾秆盖珍珠"及"买椟还珠"等典故来比喻本末倒置,取舍不当,但在融媒体时期,随着互联网的发展,依靠直播平台而走红的网红大批涌现,粉丝文化成为一种可以流量变现的参与性文化。① 包装不再如传统意义上对产品仅仅起包裹、保护的作用,而兼备了更复杂更重要的功能;品牌则成了产品定位、战略、设计、营销、传播、渠道等综合实力的展现,成为企业、机构乃至地区或国家树立形象、争取信任的核心手段;IP 的概念也从原本单一的权利人对其创作的智力劳动成果所享有的财产权利——知识产权,演化为一种文化产品之间的连接融合,成为有着高辨识度、自带流量、强变现穿透能力、长变现周期的文化

---

　　*　潘雨婷:华东理工大学艺术设计与传媒学院。
　　①　陈彦:《2019 中国文化 IP 产业观察》,《2019 中国文化 IP 发展高峰论坛》,2019 年。

符号现象,这样的文化符号现象称为"文化IP"。

本文着重就IP语境下的产品包装的品牌功能与网红经济之间的联系进行思考与探讨:包装与IP本身即为品牌战略的重要组成部分,对品牌具有极大的影响作用,成功的包装结合高辨识、有个性、有温度的文化IP,能引起消费者共鸣,帮助消费者更好地理解品牌,促进品牌文化的可持续发展,为IP积累新的价值,进而推动包装的再优化。反之,不恰当的包装即便结合优秀的IP,或优秀的包装结合不恰当的IP,都无法对品牌起到有效的促进作用,甚至会损害品牌形象。在网红经济迅速发展的新时代背景下,如何在内涵和范式上辩证地理解包装、品牌及IP的有机关系,并在此基础上立足于文化IP的语境下来提升产品包装的品牌功能,正是本文重点思考所在。

一、简析包装、品牌与 IP 语境

包装,是综合运用自然科学和美学知识,为了保护商品,促进商业销售的手段。其中包括色彩、造型、文字、材料、图形等视觉要素。产品包装作为品牌的载体与表现形式,宣传渠道,随着包装所承载的使命越来越重要。包装在现今的主流发展正朝着绿色、多元方向发展,并向系统性、功能性、文化性及其服务化、智能化等特征发展。其中,与IP结合的包装也是一个全新趋势。

品牌,是消费者对产品的一种认知体验,它不仅包括使用者对产品诸如质量、外观、价格等本体属性的真实感觉,更是消费者对产品的历史、理念、服务等企业文化的一种心理认同,品牌是消费者对产品和企业理性与感性的综合理解。[1] 随着市场营销学的诞生,当下品牌被赋予了新的市场经济功能与文化传播使命,被赋予了更多的内涵与表达形式,得到了前所未有的高度重视。而不同于许多欧美国家已然奠定了较成熟的品牌文化基础,即便"品牌"的概念越发被我国的学者、企业所重视,但我国的品牌建设由于竞争大、起步晚、创新意识薄弱、版权意识不强、文化差异、可持续性弱等多种复杂原因,鲜少有具备强竞争力的跨文化的品牌。在消费升级时代中,消费者需求早已从单一的功能需求转移

---

① 李子明:《互联网时代背景下黄石矿冶文化品牌设计与推广》,《设计》2017年第3期。

为追求精神文化上的多重需求,企业开始重视除了产品功能以外的驱动力,追求品牌"温度",追求消费者对于品牌的信赖。本文将从意义、符号、价值三个维度探讨产品包装的品牌功能。

IP,则是从品牌的范畴中演化而来的一种新生的文化符号现象:它是一种或几种意识形态的物化成果,是能传达某种或多种价值,与消费者脑海中的某精神状态连线,触发特定情绪,引发共鸣且具有强变现能力与流量的文化符号。它由品牌提炼而来,既是品牌文化建设的最新发展,源于品牌又高于品牌,又是对品牌价值的补充与丰富。

对于 IP 的范式认知,按其维度划分,作为讨论的背景语境,可以归纳如下(见图 2-4)。

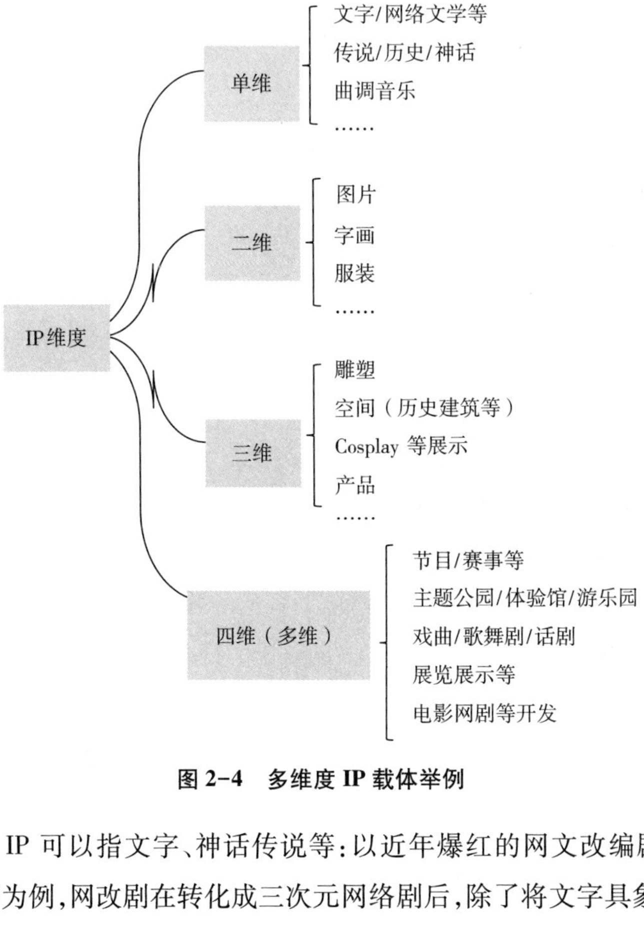

```
                    ┌── 文字/网络文学等
            单维 ────┤   传说/历史/神话
                    │   曲调音乐
                    └── ......

                    ┌── 图片
            二维 ────┤   字画
                    │   服装
IP维度 ─────┤        └── ......

                    ┌── 雕塑
            三维 ────┤   空间（历史建筑等）
                    │   Cosplay 等展示
                    │   产品
                    └── ......

                    ┌── 节目/赛事等
            四维     │   主题公园/体验馆/游乐园
            （多维）─┤   戏曲/歌舞剧/话剧
                    │   展览展示等
                    └── 电影网剧等开发
```

图 2-4 多维度 IP 载体举例

单维的 IP 可以指文字、神话传说等:以近年爆红的网文改编剧《陈情令》《庆余年》等为例,网改剧在转化成三次元网络剧后,除了将文字具象化,还成就了一套完整的全产业链开发模式:付费解锁全剧,提前观剧等新型收费方式,结合完整的周边,如音乐、演唱会、见面会、珍藏 DVD 等多维度联动,多引擎驱动的以网文为中心的产业链。

二维 IP 的表现形式可以是图画、标识、字体、表情包、服装等。相较单维的 IP 开发,二维 IP 的开发时间更久远,领域更广泛。以可口可乐公司文化 IP 的跨界营销为例,近 10 年来,通过高频率与时尚圈的不同品牌联名,可口可乐始终保持高活跃度,更趋向于通过广大的粉丝基础和市场影响力来"破壁",打破人们对可口可乐被禁锢在碳酸饮料瓶上的"快消品""食品"刻板印象,来扩大自己纵向的、跨界的市场疆域,将自己从一个"饮料巨头"上升为一种象征着快时尚面向年轻群体的"超级"文化符号。

三维 IP 的表现形式更为立体,具体可以以影视作品或是公司、人物形象、吉祥物、动画系列等形式呈现:产品本身也可以成为品牌象征性的"名片"。例如赫赫有名的漫威系列,或是 Xbox、Switch 等游戏机,又或是阿莱西公司广为人知的开瓶器和外星人榨汁机,再或是日本极具人气的熊本县吉祥物熊本熊等,以产品助推品牌的发展。

四维 IP,则是指在流媒体、融媒体的不断发展下,使多媒性质的 IP 有机呈现:例如主题乐园、动漫节、展览、赛事,甚至 VR 体验馆等,增加了体验者更多感官上的互动。这些多维的感官互动,拓展了品牌形象的艺术感知面,迎合了艺术对意象美的诉求,实现了品牌设计的多维度体验,给消费者带来了一种静态和动态相结合的品牌形象,刺激了消费者的购买欲望。[①] 这也是多维交互和服务设计的系统体现。

当下,品牌借助时空中的公有文化遗产,也就是亿万人在不同时空中生活积累筛选下来的结晶——公有文化遗产以期打造品牌文化 IP。互联网 IP 有一部分是社会的共有财产,因为他经历了时间与人类社会的筛选与检验,属于已经经过不同规模的"试错"之后得到的共有社会资源,相较重新创造一种流行趋势而言更为安全的"参考答案",本身就有一定的商业基础。因此,不少的企业或品牌方将 IP 融合到包装中,以期用最直观的方式吸引消费者的眼球,利用 IP 本身

---

① 李莉雅、熊强:《电子商务品牌设计研究》,《包装工程》2014 年第 4 期。

带给消费者已有深刻的如同"洗脑般的"印象,来加深品牌与消费者的联系,扩大触点,将 IP 结合进包装,充分发挥包装的品牌功能,可以说是在包装的基础上再次推波助澜,对品牌发展起推进作用。

二、产品包装的品牌功能

从名词上讲,包装是品牌的物化硬件载体,品牌是包装的虚化软件意象;从动词上讲,包装是品牌的塑造手段或实现路径,品牌则是包装的气质沉淀、文化积累和精神凝聚;在文化 IP 迅速发展的大背景下,包装在法理上和文化上,对品牌起到了无可替代的画龙点睛乃至黑洞虹吸效应。

(一)品牌定位功能

包装在如今肩负的使命早已经超过其原有的保护功能或意义。包装是品牌给消费者的一张"名片",是品牌的视觉展现形式与载体。包装的存在能够更直观地给消费者视觉冲击,就像服装对人起到的包装与展示作用,包装一定上能反映出品牌内核的价值观、品牌定位,反映出品牌的受众等。许多品牌的包装上强调了产品的理念,诸如绿色可持续,这也吸引了诸多环保人士。在一定程度上,产品包装反映了成本,也映射除了品牌的品质。不难看出,一次性连锁快销品例如肯德基、麦当劳用统一的低成本纸袋,包装上也很少的装饰而是更多强调其品牌信息加深消费者对品牌符号的印象,高档奢侈品的包装也是以简洁的品牌符号和商标为主,但包装更加精致,材料更奢华,而类似于街头甜品店,为了吸引消费者的注意,时常会有精美别致,样式复杂,图案美观的包装,故而说包装也反映了品牌产品本身的具体信息,是消费者对品牌定位的直观第一印象。

(二)传播宣传功能

包装是品牌的传播渠道。包装之于品牌如同舞美之于话剧:即便消费者购买的并非包装本身,但在一定程度上都会影响消费者的体验,影响他们的评价甚至决定,人们通过包装给他们的视觉冲击力形成对品牌的一个形象,即便没有立刻作出购买的决定,但在再次看到产品包装后,依旧能产生对品牌的联想。

（三）交互互动功能

泛"90后"群体的消费力量不断升级,在消费主义日趋发展的背景下,传统的"以产品为中心"逐渐被"以消费者为中心"所取代。包装中的"交互"即指消费者与包装接触中产生的互动行为。当前交互理念在包装设计领域的应用一般体现在与其他相关学科的交叉以有效促进用户与包装之间的信息交流,如从使用者情感体验出发结合现代数字信息技术的增强现实类包装设计等。① 具有"互动性"的产品包装,是能够提升产品的消费者使用体验的。趣味性的包装可以被视为品牌给消费者的礼物,对提升用户对产品和品牌的用户体验有正向作用。

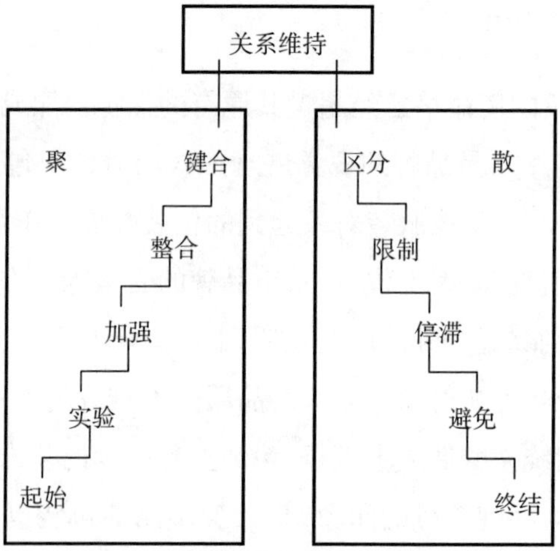

图2-5 克纳普关系模型

以马克·克纳普(Mark L.Knapp)提出的人际交互关系模型②,见图2-5,同样适用于消费者—产品的人机交互关系:消费者在与产品初次接触过程中,直接获取信息的常见主要来源通常是来自产品包装,消费者对产品的"被商品包装吸引—观察包装—近距离观察包装信息与商品细节—作出购买决定—拆开包

---

① 张华、全心怡:《基于交互理念的药品安全包装设计》,《湖南包装》2013年第14期。
② 牟怡:《传播的进化:人工智能将如何重塑人类的交流》,清华大学出版社2017年版,第26页。

装,接触产品—使用产品—深入了解、区别重点功能—发现弊端—产生厌倦感—减少使用频率—抛弃产品"使用过程与克纳普关系模型的"起始—实验—加强—整合—键合—关系维持—区分—限制—停滞—避免—终结"流程基本契合。产品包装在关系的聚合阶段起到了直接且重要的作用。具有互动性的包装不仅能对聚合阶段产生直接的影响作用,帮助使用者关注并提取产品信息,更迅速地引导使用者作出购买决定,增加消费者对产品的聚合阶段以及关系维持阶段。

(四)品牌共情功能

包装是品牌的核心价值的外在体现形式,一定程度上能反映出品牌的价值观,设计者在设计产品包装的时候或多或少都会考虑到与品牌的契合性;同时,美国著名心理学教授唐纳德·A.诺曼曾在《设计心理学 3:情感设计》一书中说过:"对我来说,设计是重要的,但是我选取哪种设计则由场合、情境,尤其是我的心情决定。这说明在设计同一件产品时,不同的消费者对于情感因素的体验和界定是不一样的,他们会根据自己的思维活动和社会环境来判断设计的产品能够给他们带来亲切感还是排斥感。"①精心设计的包装给消费者群体展示出品牌方甚至是设计师个人的价值传达,这也是吸引消费者购买情绪的重要因素。

(五)品牌增值功能

包装消费者和品牌之间存在很多的触点,重视设计方面情感的表达,能更好地实现设计思想的传达,让人们在使用作品的同时感受到生活的情趣,提高产品的应用价值。② 情感是人与人沟通的枢纽,产品包装的情感传达也是品牌与使用者间的沟通桥梁,通过将所蕴含的价值观与情感传递给消费者,将产品包装转化为新的消费痛点,实现产品乃至品牌的增值。

---

① [美]唐纳德·A.诺曼:《设计心理学 3:情感设计》,何笑梅、欧秋杏译,中信出版社 2012 年版。

② 牟峰、褚俊洁:《基于用户体验体系的产品设计研究》,《包装工程》2008 年第 3 期。

三、辩证看待 IP 语境

互联网 IP 俨然是流行的趋势,随着"泛娱乐生态化"的大势逐渐形成,无论是国内外都无比看好互联网 IP 的发展,将之视为未来必然的发展趋势,从全球来看,2018 年全球 IP 市场增长约 1806 亿美元,比 2009 年的 1510 亿美元增加了 20%。① 企业设计产品包装时,在追求文化 IP 本身的优势以及带来的巨大效益的同时,也需要注意到由 IP 发展所带来的"双刃剑"的背面。

(一)粉丝经济的弊端

成功的 IP 必定会带来大批量的粉丝,甚至在积累之后粉丝的黏性也会非常高,形成 IP 的"粉丝经济",例如小米的"米粉"和苹果的"果粉"。这会带来非常高效与丰厚的经济社会效益,这也是企业趋之若鹜的原因所在,但同样,粉丝经济的缺点也十分明显:通过某种方式激发购买者的内在情绪,以与体验标的形成共鸣,情感的驱动占了很大的比重,这也象征了很多消费者并不完全出于理性而作出决定,部分甚至是盲目的、疯狂的。如果过分依赖粉丝经济但无法将 IP 的内核不断完善发展,在过度刺激粉丝之后,也必然遭到粉丝效应的反噬。再者,有铁杆粉丝的同时也会对应的出现"黑粉",这在一定程度上会影响 IP 的口碑,也会由于"粉丝"的过度狂热引起恶性的争执骂战。在 IP 不断发展的过程中,必然会和粉丝效应挂钩,但也要循序渐进注意粉丝效应的反噬。

(二)过度追逐商业价值

人的"价值"本能尤其是企业的逐利性质使 IP 与商业必然是紧密结合的,而开发 IP 的成本和盈利等因素也成了至关重要、不可忽略的要素。因此许多 IP 开发商不愿意触碰"吃力不讨好"的"雷区"——许多文化传承元素、非遗元素等的重现往往需要花费大量人力、物力却很难吸引消费者的注意,许多小众市

---

① 创琦设计:《IP 形象正在逐渐成为一个企业的标配,为企业品牌推波助澜》,2019 年 5 月,https://baijiahao.baidu.com/s? id=1633753603106716249&wfr=spider&for=pc。

场由于传承成本过高而渐渐消失在大众视线中。大部分 IP 的开发聚集在开发成本不高而潜在的经济效益大的题材与形式上,而将受众小、高成本的题材打造成大众接受度高,又具有经济效益的 IP 既需要大量的人力、物力,也需要对这类题材的深度挖掘和转化的水平,这无疑是极其苛刻的要求。

(三)市场的趋同

一个 IP 的开发成功必定会引发市场的跟风行为,由于激烈的市场竞争,在一个 IP 绽放升级的同时,各种同类型的 IP 极有可能效仿以期复制前人的成功之路。这种走捷径的行为无可厚非,但同样也导致了原生品牌在理应沉淀价值,消化粉丝效应转换成良性的商业成果,IP 新内容开发的过程中受到干扰,积累的口碑与消费者的情感被快速地过度消费,潜在的开发市场被迅速瓜分,既不利于 IP 的可持续健康发展,也造成了此类市场的过分饱和,消费者对此类 IP 的审美疲劳。

无论如何,即便 IP 的开发或许具有以上等隐患,但它依旧具有极强的包容性,广泛而灵活的载体表现形式,延展性极强的多维发展空间,开发成本灵活,渠道多样等无可比拟的优势。由此,本书依旧相信依托文化 IP 语境发展的趋势依旧是必然的、主流的、前途光明的。

四、IP 语境下产品包装的品牌战略与未来发展

新时代,基于 IP 语境下包装设计的品牌战略,应该在理念的更新上对包装、品牌和 IP 从内涵上进行前瞻思考,从设计观上进行理念突破,从方法论上进行范式创新。基于此,本文通过现实发展态势的现象解析和学理上的综合思考,认为今后包装设计的品牌功能在理念上应当更加清晰准确地传达品牌价值观,体现品牌"温度",结合或是打造有态度的 IP,适当"放缓步伐",沉下心来挖掘除了经济价值以外的文化元素,将绿色精神贯穿于设计到生产的各个环节与阶段,使生产最大限度地节约自然资源,保护生态环境,而不以牺牲生态为代价来换取对财富的创造应是设计师与企业的责任和义务。在范式展开上应该更增强用户的体验,更注重传达与传播的功能,积极、可持续地创新改革,探寻适合企业、社会、地域文化、民族个性鲜明的发展之路。

网红的跨文化传播功能及
提升国家形象研究

于　炜　施天宇*

随着互联网的发展,社交媒体的更新,"网红"现象作为当今时代独特的标志,不再是"哗众取宠"的代名词或是营销直播的商业模式,已然成为更有内涵,更具价值的文化现象。在自媒体发达的今天,优秀"网红"及其演绎的优秀内容,更是成为跨文化传播的新媒介,不仅提升了国民的中华民族文化认同感与文化自信心,也为中国文化走向世界独辟蹊径,成为提升国家形象影响力的新生力量。

一、从网红现象的内涵和外延思考其正负价值

(一)网红现象的内涵与外延解析

随着以微信、微博、短视频等为媒介的自媒体时代的来临,尤其以2020年后疫情时代为转折点,"网络红人"这类群体迅速发展。如今的网红大致分为以下几类:"带货类网红""文娱类网红""怪咖类网红""名人类网红"等。无论哪一类网红,其内涵实质是狭义上从这个要素来确指的、具有一定网络影响力和号召力的所谓自带流量(拥有规模不等粉丝群体与明星效应)的网络演绎直播人员。广义上讲,网红不仅仅局限于人,当然还包括在网络世界具有一定影响力或追捧度或信任感或忠诚度或变现力的标志性事件与符号性物品。

---

*　施天宇:华东理工大学艺术设计与传媒学院。

随着网红现象的兴起，其内涵外延也在不断丰富和扩展改变。首先，是网红不再只是网络的附庸，而是线上、线下双向推动者。网红与粉丝之间不再是见面隔着屏幕，交流只靠弹幕，网红也会定期活跃于各种线下活动，比如粉丝见面会、综艺类节目、各类晚会活动等。在某种意义上，网红也是"明星"，因此需要在线下与粉丝互动，让粉丝觉得网红不仅仅是"流量"，更是真实价值的存在。

其次，网红与粉丝之间的互动也是虚实结合，网红通过自媒体平台与粉丝进行互动，粉丝会用点赞的方式来支持自己喜爱的网红，这是一种虚拟的互动方式，但是网红与粉丝之间少不了现实意义的互动，比如网红向粉丝推荐某一商品，某一 APP，粉丝去购买，去使用，这就形成了现实意义上的互动，这种互动也是"网红经济"发展的基础。

最后是网红现象所涵盖的领域越发广泛，网红不再是一个标签，一个代名词，而是一个涵盖了经济、政治、社会、文化等不同领域的多元现象，包括网红人物、网红产品、网红事件等，其中具有美好外在形象、丰富故事内容和积极精神价值的优秀者，甚至最终成为具有 IP 属性的长盛不衰的网红。

在这个"人人追求网红、人与物皆成网红"的时代，网红现象受自身内在品质和外在相关领域助推，同时为特定领域服务，这是网红现象未来可持续发展的动力和方向。

（二）网红现象的正负价值思考

网红现象已渐渐融入我们生活，走进每个寻常百姓家。就整体而言，网红现象能给社会带来正向价值，但是如果缺乏法制监督、科学管控、精准治理，也会带来负面影响。

1. 网红现象带来正向价值

网红不仅代表着一类人群，更是体现出一个新兴产业类型、一种经济模式、一个全新的传播途径或效应，正在作用于经济、政治、文化等诸多领域。

在经济领域，网红经济是指依托互联网平台，以网红为核心，利用网红的网络影响力转化为盈利能力，实现经济效益的一种商业模式。网红直播带货是网红经济的一大代表，本身自带粉丝和流量的网红通过网络直播平台向其粉丝用户介绍产品并且进行试用，能让粉丝更加直观了解产品，从而达成惊人的线上销售量。比较典型的例子，"带货女王"的年成交额上亿元；"口红一哥"的最高纪录是在5分钟内卖掉15000支口红。这就是网红直播带货模式，是在以科技贯穿消费场景，让产品与体验并行的营销模式。而随着新基建设施的日益完善，网红经济产业链会迅速崛起，在将来会成为最具潜力的经济生产力之一。

在文化宣传领域，"网红"以自己特有的双向互动性优势传播模式，对社会人群尤其青少年的心理认知乃至政治态度产生直观生动影响和情景场效作用。网红在达到一定知名度后会逐渐积累粉丝量，并且发布的作品或者直播过程中的言行，都会直接或间接地产生巨大的榜样效应和心理导向。不仅如此，网红依靠的是比报纸、广播、电视等传统媒体传播信息更快的互联网，所以网红的传播效应影响非常大，在传播正确的思想政治教育和宣传引领社会正能量方面特色优势明显。因此，传播中华民族传统文化以及新时代文化是当今网红的光荣使命，无论是大众文化还是小众文化，网红通过自己的作品或者直播过程中去向观众传达，这要比仅仅在书籍报刊中去传播要更加直观，更令人印象深刻，而且传播范围更广，更容易被广大青少年所接受。

2. 网红现象产生的负面影响

网红现象在新时代拥有诸多正向价值，但是，如果缺少科学管制或相关必要的法制保障，一些乱象会不可避免地发生。病态化的网红现象会像病毒一样在网络中侵蚀人们的健康价值观。在部分人眼里，成为网红是赚钱的捷径，这些人一味追求金钱，渴望一夜成名，因此造成了网红本身素质参差不齐，甚至给社会带来了不少负能量。一些"带货类网红"不能实事求是，把货不真价不实的产品推销给网友，那是欺骗消费者，无视市场规则。一些"文娱类网红"没有真才实艺却只靠恶意抄袭他人作品去欺骗网友，导致抄袭之风肆意泛滥。更有一些"怪咖类网红"言语行为低俗，肆意恶搞而传播社会负能量。网络平台传播速度快、范围大、维度广，其中不少心智未成熟的青少年会被"乱象"所迷惑，导致误入歧途。因此要从根源整治，规范网红自身行为，提高网红的素质要求门槛。对那些存在输出负能量、宣传低俗文化、歪曲消费观、恶意抄袭等不良行为的网红进行整治甚至进行封杀。

网红作为公众人物，需要以身作则，注意自己的一言一行，不能一味追求金钱利益，更不能歪曲人们的道德观、消费观、价值观。网络是网红赖以生存的环境,如果网红不能共建和维护一个健康安全的网络环境,不仅自己会同流合污,而且会让"网红"一词成为诟病。

二、网红现象的文化功能与文化传播

现如今,网民大众的需求越来越从物质化转变为对文化、健康、教育等一系列非物质深层领域的精神性或价值观需求。而网红现象的文化功能与传播效应恰恰最能发挥其在此领域的独特优势。

(一)"网红"成为文化传播的新媒介

从古至今,文化的传播是人们通过一定媒介方式传递知识、信息、观念、情感和信仰的社会行为。中国古代,文化的传播和传达靠的是不同介质承载的诗词歌赋文献、书法绘画作品等。列国或地区之间的文化传播和学习主要是靠派遣游学、节使往来或者通过经商的方式。文化就像水一样,只有不断流动才能保持活力,而文化也是一个国家或地域的血液与精气神,只有血液的畅通无阻才能不断强盛充满活力。

在这多元文化盛行的新时代,"网红"得以迅速崛起,他们通过自己的直播或者上传网红作品产品来传达某一领域的特色文化或理念:有传播中华民族传统美食文化的、有展示中国书法文化的、有讲解中国历史文化的、有带领我们领略中国山川景点文化以及其他大众文化等。在移动互联网迅速发展时代,网红能够成为最易理解和接受的向导性文化传播新媒介新行为。比如网红以一种轻松愉快更具娱乐性的方式去传播文化,一个短视频,一个情景剧,一个"接地气"的内容足以能够完成文化的导向与传播。文化传播的方式有很多,能让观众"笑着"所接受的是网红能够做到的,也是网红的一大优势。再有,"草根"出身的网红通过自身努力获得一定知名度后便会拥有大量的粉丝群体,这些网红的奋斗历程会给在平凡生活中奋斗的平民粉丝带来亲切感以及认同感,并为这些粉丝的心灵提供了一个可以排忧解难和值得寄托的精神场所。网红现象的再度兴起代表着平民偶像和"草根"明星的崛起,打破了银屏上流量明星至高无上的现象。而此时,不管是传统文化还是大众文化,网红所传达的文化信息也更能被大众喜闻乐见快速接受。

中国是文化大国,既有源远流长的传统文化,也有清新脱俗的大众文化。网红让文化传播更加生动具体,更加灵活方便,也迎合了大众的喜好需求。

(二)文化传播使网红更具内涵

近年来,网红如雨后春笋般纷纷崭露头角,相反,"过气网红"也在不断出局,最主要的原因就是网红门槛太低了,很多网红因为一句口头禅、一个动作就大红大紫,但实际上并没有任何的才艺技能,这种网红没有内涵,找不准自身价值定位,更是不思创新,呈现的作品或风格同质化严重,很快会给人审美疲劳的感觉。其实,这些都是所有网红都值得思考的问题,现在许多网红都靠短视频来发布作品,但更要思考如何在短短几分钟抓住观众眼球,直击观众内心,还能产生一定影响。

一名优秀的网红,应该是具有较为深厚的内涵,能够通过自己上传的视频给观众带来耳目一新的感觉,甚至让人有所感悟,觉得能够学到东西,那么这样的网红就是成功的且可以拥有较长的生命周期。而这些网红最强有力的"武器"就是文化输出。网红仅仅去满足观众感官上的需求是不够的,因为感官没有归宿,它们只会一直去猎奇,发现好的会迅速转移,唯有抓住观众内心才是最有效的。文化之所以被称为文化,是它能被广泛接受,能深入人心,更是能够让人有所感悟。而此时,网红可以是文化最有力的传播者之一,网红输出的文化可以是优秀的民族传统文化,可以是社会正能量,可以是大众文化,甚至可以是自己的人生感悟。

在业内,最具有代表性的文化输出网红就是中国内地某美食短视频创作者。2019 年 8 月,该美食短视频创作者获得超级红人节最具人气博主奖、年度最具商业价值红人奖;2019 年 12 月,获得由《中国新闻周刊》主办的"年度影响力人物"年度文化传播人物奖;2020 年 1 月 1 日,入选《中国妇女报》"2019 十大女性人物";英国《泰晤士报》,将她为 2020 年全球最值得关注的 20 位人物之一。就是这样一位身穿汉服,农耕于山水乡野之中,一日三餐自给自足的"网红"得到各种殊荣,深受海内外粉丝喜爱。尽管她的短视频的视听画面需要专业的团队进行包装,但是她的核心竞争力就是文化输出,海内外观众感受到中国传统文化的魅力。她的短视频具有古朴的中国元素,在传播饮食文化同时将中国传统的耕种技巧、农具、服装展现给观众,不仅能让人感受到"采菊东篱下,悠然见南山"的田园生活,更是传播着中国的传统文化以及文化中所体现出的精神内涵。

由此可见,该美食短视频创作者的成功不是偶然,是文化传播让这位网红更具内涵,更能直击观众内心。

三、网红对国家形象和影响力传播作用的研究

(一)国家形象传播概论

国家形象是一个国家对自己的认知以及国际体系中其他行为体对它的认知的结合,既是国家"软实力"的重要组成部分之一,也是评判国家的综合实力和影响力的重要标准之一。习近平总书记曾在不同场合多次论及如何塑造和传播国家形象以及如何塑造一个负责任的大国形象、传播好中国声音、讲好中国故事、建设社会主义文化强国等。

中国是有着上下五千年历史的世界文明古国。自古以来,在不同的历史时期,中国的国家形象在世人面前几经变迁,传播方式也在发生变化。早在两千多年前的汉代,"古丝绸之路"的开辟开始了中外文化的输出与交流,中国的商队将茶叶、丝绸等商品带到沿线的国家进行交易直至遥远的欧洲,同时也将当时中国的形象一路传播至欧洲,进而传播到全世界,当时的中国在世界人民脑海里是神秘而又富饶。到了盛世唐朝,国力强盛,万国纷纷来朝,世人都想来到这富饶而又繁华的长安城一睹这盛世风采,一睹这天朝上邦。到了元代,成吉思汗的铁骑势如破竹横扫亚欧大陆以此建立了横跨欧亚两大洲的大帝国。在世人眼里,蒙古铁骑代表了中国的强悍,而"强悍"也成了这一时期中国形象的代名词。等到了明清时期,中国的经济、政治、文化、军事再次达到一个高峰,世界各国越来越多的旅行者和传教士来到中国,甚至有郎世宁这样的外国传教士在朝为官,历经三朝,用画笔记录着当时帝王的宫廷生活。到了中国近代,末期清王朝盲目自信,闭关锁国,而这一次中国的国门是被外国侵略者用枪炮轰开的。西方开始欺压中国,瓜分中国的财富。那时,西方人眼里的中国形象彻底沦为了"腐朽不

堪""低人一等""东亚病夫"。而历经辛亥革命、抗日战争、解放战争后,中国人民和革命烈士用鲜血再一次向世人证明中国人的不屈与坚毅,中国是一个团结而又强大的国家。1949 年新中国的成立结束了中国被侵略的历史,成为独立自主的国家。自此,中国在共产党的领导下走上了伟大复兴的光辉道路,中国在经济、军事、文化、科技等各个领域的突破再一次书写中国形象。党的十八大以来,在党中央的坚强领导下国家治理卓有成效,世界人民对中国国民的印象普遍是正面积极的,好感度稳定上升,中国积极构建人类命运共同体为全球治理贡献中国智慧,中国也越来越接近世界舞台的中央,彰显大国风范。

历史证明,一个国家的经济、政治、文化等诸多领域都在书写着国家形象,而国家形象的传播者既是国家本身,更是包括每一个公民,特别是历史杰出人物和先锋模范人物发挥的作用。

(二)我国国家形象传播现状

在实现中华民族伟大复兴的道路上,树立好中国形象,讲好中国故事是这条复兴之路的应有之义。

在政治领域,中国在国内一方面积极建设中国特色社会主义制度,为广大老百姓谋福利;另一方面增加政府工作透明度,严查党内外贪腐,为国家建设做保障。在世界舞台上,中国更是彰显大国形象,努力促进多边外交政策,坚持和平共处五项原则,努力建设一个持久和平与共同繁荣的和谐世界。而中国政治形象的传播,靠的是国家领导人的大国外交、靠的是外交部发言人的权威发言、靠的是中国在处理国内外事务时的求真务实、靠的是中外媒体的共同见证。

在经济领域,中国在谋求自身发展的同时,不忘世界人民共同发展。中国自加入世界贸易组织以来始终推动世界经济共同发展,亚投行建设,"一带一路"政策实施都是中国经济领域形象的彰显。中国已成为世界上最具有发展潜力的经济大国之一,人民生活已全面实现小康水平。尽管中外国际贸易摩擦时有发生,但是中国始终秉持着自由贸易和多边贸易,坚持共商共建共享原则,坚定推动构建人类命运共同体,这就是中国态度和中国形象。

在文化领域,文化输出力对于国家形象的塑造和传播有着举足轻重的作用。中国拥有着丰富而优秀的传统文化,近年来,蕴含中国文化的书籍、电影、文创等作品大力输出,成为文化传播的主要途径。在海外,更是有孔子学院教授汉语和传播中国文化,推动中外文化的交流与融合。中国国民的文化自信在不断提升,而越来越多的外国友人也喜欢上了中国文化。通过文化传播塑造国家形象将是我们始终值得探索的命题。

近年来,我国在多领域齐头并进共同打造中国形象成效显著,但是,在国家形象的传播中仍然存在一些问题。

首先,大众对于国家形象的传播观念不强。虽然我们都热爱祖国,但是很少有人真正去成为国家形象的传播者,总认为传播国家形象是政府的事,是我们力所不能及的。可是国家也是由每一个小家和每个国民组成的,国家的形象需要每一位国民去共同塑造和传播,让大众去传播能够显得更加真实质朴,更加有力。

其次,是现有的传播方式力度小,方法单一,影响范围小,特别是对外传播,经常被动受制于国外媒体,虽然大部分的外国媒体表现友好,但是不能排除部分外媒会出现颠倒黑白,歪曲事实,故意抹黑中国的国家形象。对于国内而言,仅仅通过主流媒体新闻,传统媒介宣传是不够的,需要转变形式,将国家形象融入新媒体自媒体全媒体,以一种大众更加喜闻乐见的方式去传播,往往能潜移默化、老少皆宜、事半功倍。

如今的"网红"群体异军突起,他们活跃于传播速度更快、更广的互联网平台,传播的内容能够直接或间接涉及国家形象,但是如果监管不力,把关不严,内容低俗甚至反动,会严重有损国家形象甚至威胁到我国政治文化安全。网红是网络平台极具影响力的发言人,一旦发表不良言论,就像是"病毒"以极强的传播力和破坏力去损害国家形象。因此,网红需要自我监管和部门监管双重措施去净化网络空间,引导网红去传播正能量,去弘扬国家形象。面对这些问题,我们不仅需要思考如何去传播国家形象,同时也要从国家法制和核验标准规范等方面着手,严防损害国家形象的行为。

(三)自媒体下的网红现象成为传播国家形象新途径

自媒体是用户个人通过开放性的社交平台及时发布、分享和获取信息的社交媒体。自媒体具有即时性、广泛性、多元性、自发性等特点。主要表现为用户可以随时发布信息以及浏览自媒体平台信息；公众具有广泛的参与度，并且男女老少皆宜；用户通过自媒体发布的内容呈现多元化、多样化，体现用户个性；自媒体用户大多是平民百姓，是个全民社交平台，只要有网络有设备就能参与自媒体。结合自媒体的特点，将其作为传播国家形象的新平台显示出了优势，依靠海内外大量的用户，传播多元的广泛的信息，能以一种最为低成本但传播效率十分高的方式传播国家形象。习近平总书记十分重视新媒体平台的建设运用，提出新闻舆论工作面临新的挑战，要加强传播手段创新、建设新型主流媒体、注重网络舆论引导等。在对各种网络舆情事件的宣传引导方面，不仅要注重主流媒体的舆论引导，也应注重网络意见领袖发挥的正能量作用，构建全媒体的对话互动机制、运用全媒体创新国家形象传播，满足受众细分化、多元化、个性化的社交需求。使国家形象不单单是被抽象化的指标，而是可感知的文化心理事实；不是区隔化的形象谱系，而是在多元互动中形成的认识与理解；不是由少数精英或公司设计的，而是在日常交流中形成的形象对话。[①]

近年来，自媒体中最为火热的形式——短视频，成为网红热衷的新平台、新形式。短视频虽然仅有短短的几分钟，但是足以去传播内容，同样能传播国家形象，是一种轻量化的表现方式。其中最具代表的就是网红"东方美食生活家"的短视频。"东方美食生活家"短视频的内容体现了自给自足的农耕文化以及"民以食为天"的传统饮食文化，而整个声乐画面给人以在惬意的农耕环境中，一种怡然自得的慢节奏，一种令现代人向往的田园生活。"东方美食生活家"在短视频中，无论是农作物的耕植、美食的制作，还是手工艺品的制作都体现了中国传统文化，体现了中国自古传承的农耕智慧以及中国传统手工艺的高超技术。"东方美食生活家"视频中的传统文化元素对于国人而言，极大地增强了民族文化认同感和归属感，提升文化自信；对于外国人来说，可以帮助他们打破固有思维，破除文化隔阂，重新理解中国的文化。"东方美食生活家"成为一张具有中国传统特色的国家名片，通过短视频来讲好中国故事，来传播中国形象。

在中国，类似"东方美食生活家"去传播中国文化进而提升国家形象影响力的网红还比较稀少，网红是与中外民众直接对话的网络发言人，是传播文化的新

---

① 李彦：《新时代国家形象的塑造与传播》，《人民论坛》2019 年第 17 期。

媒介。在中国形象的对外传播工作中,"网红"应当巧妙运用好自媒体平台,真实地展现当代中国全方位,多领域的发展状况,建构一个文明、朴实、富有创造力的中国形象,让国家形象传播更加立体化、全面化、系统化,让更多的人读懂中国、爱上中国。① 未来,我们也需要更多的创新型的网红致力于中国文化的输出,成为中国故事的讲述者、中国文化的传播者和中国形象的塑造者。

四、关于网红跨文化传播功能及 提升国家形象的思考

网红现象不仅在数字经济领域充满生机活力,在文化对外宣传和国家品牌形象传播方面更是提供了全新传播的形式与途径,能够极大改善和提高国家形象的国际影响力。网红现象也在不断发展和蜕变,从靠单一浅薄的靓丽外形吸粉,走向故事内容和精神价值的持久深层崇拜与凝聚,从专注自我表现缺乏内涵,走向致力于打造文化 IP,走向文化软实力的强大构建与提升。"网红"现象为我们提供了文化自觉自信的新途径,可成为新时代国家形象的亮丽名片,有利于实现中华优秀传统文化的创造性转化和创新型传播,通过网红文化传播塑造国家形象,助推中国文化走向世界的中心,中国形象深入人心。

---

① 杜心予:《自媒体短视频国际传播与国家形象建构作用探析——以李子柒作品为例》,《中国传媒科技》2020 年第 6 期。

基于用户行为的网络
在线教育平台交互设计探究

席涛 于炜 潘凯群*

在线教育由于不受新冠肺炎疫情时间和空间的限制,在 2020 年受到新冠肺炎疫情的影响得到迅速的发展。如何通过优化产品交互设计提高用户的使用体验,对提升产品质量有着重要意义。研究基于 UTUAT 模型,结合心流理论,从交互设计的视角,通过问卷调查数据,对影响因素模型和研究假设进行验证。结果表明,绩效期望和心流体验对用户持续使用行为有显著影响。内容质量、交互体验和视觉设计会间接影响用户持续使用行为。最后,本文据此研究结果提供了相应的交互设计建议。

随着网络的升级和信息化的发展,互联网教育已经成为当前教育的发展方向。基于大数据、AI 和云计算等技术,在线教育的学习体验得到极大的优化,能为不同需求的用户提供差异化服务,实现高质量的个性化教育。并且受到新冠肺炎疫情的影响,世界各地学生纷纷使用线上教育平台进行授课学习,线上教育市场增长空间被进一步打开,艾媒咨询发布《2020Q1 中国在线教育行业研究报告》(iiMedia, 2020 Q1 China Online Education Industry Research Report)显示,2019 年中国在线教育用户规模为 2. 61 亿人,2020 年将达到 3. 09 亿人,市场规模有望超过 4500 亿元。

学习作为一种主动性的行为,行动的产生和持续会受到用户对自我的认知

---

* 席涛:博士,上海交通大学信息设计研究所所长、教授。

潘凯群:上海交通大学设计学院。

和目标的影响。关于持续性使用行为的动机,许多学者在各个方面进行了一些研究。朱珂(2017)①指出,人与内容的交互性会正向影响学生的满意感,由于人与人之间的交互不足,学生的观点得不到认同,影响持续使用行为。许雪琦等(2020)②指出,用户间的交流和经验会影响用户的选择和使用意愿。马兰等(2020)③的研究显示,自我效能感会对学习参与有直接影响,学习者需要一种促进方式来更好地参与学习。然而大部分的研究基于用户对产品内容的评价,缺少用户在软件交互层面的研究视角,通过设计手段,帮助用户提高学习的体验并提高持续使用时间,是提高用户产品依赖性,增强在线教育平台竞争力的有效方式。

一、夯实理论基础

(一)UTUAT 模型(接受和使用技术的统一理论)

弗雷德·D.戴维斯(F.D.Davis)(1989)运用理性行为理论到管理信息系统,创建了技术接受模型(Technology Acceptance Model)(TAM),TAM 认为,用户使用信息系统的行为通过感知易用性和感知有用性,受到个体信念和主观态度的影响。UTUAT 模型由文卡提斯(V.Venkatesh et al.)(2003)对 TAM 模型修正后,针对影响使用者认知因素的问题而提出。UTUAT 归纳了绩效期望(Performance Expectancy)、付出期望(Effort Expectancy)和社会影响(Social Influence)对持续使用意愿的影响,同时加入性别、年龄、经验和自愿性 4 种控制变量对持续使用意愿的影响,见图 2-6。

---

① 朱珂:《网络学习空间交互性、沉浸感对学生持续使用意愿的影响研究》,《中国电化教育》2017 年第 2 期。
② 许雪琦、张娅雯:《移动学习平台用户使用意愿影响因素研究——基于移动情境和心流体验下技术接受模型》,《电化教育研究》2020 年第 41 期。
③ 马兰、苏剑萍:《心流视角下的移动读书用户持续使用行为动机因素研究》,《艺术与设计(理论)》2020 年第 20 期。

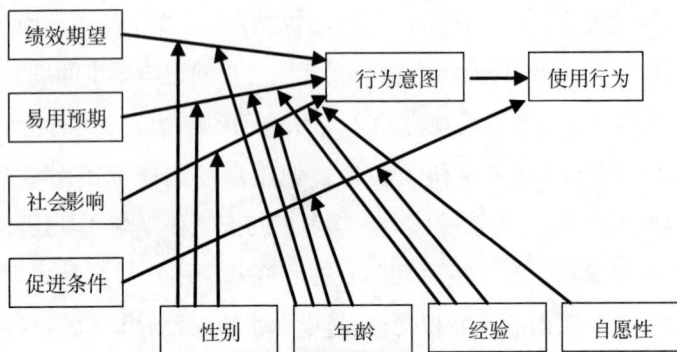

图2-6 技术接受与使用统一理论

（二）心流理论

心流理论是米哈里·齐克森米哈里（M.Csikszentmihalyi）在1975年提出的积极心理学概念，指人在将精神力完全投入自己所喜好的活动时，进入忘我的状态。在持续性投入活动中时，还会产生高度的兴奋与充实感。米哈里·齐克森米哈里在后续的研究中总结出沉浸理论的九种特征维度，并被归类为三种体验因素和事前、经验、效果三个体验阶段，见图2-7。让用户进入沉浸状态首选需要满足条件因素，即提前为用户设定明确清晰的目标，提供准确清晰的反馈，平衡技能与任务的难度。将心流理论用在校教育平台的交互设计中，能给用户带来积极的心理感受，提高学习专注度，保证学习效果。

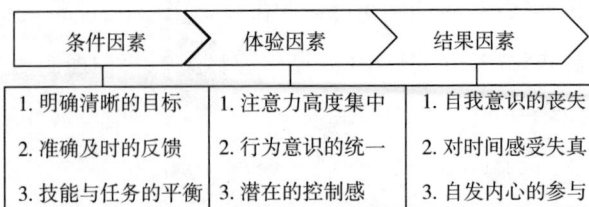

图2-7 心流理论

二、研究模型和假设

研究以UTUAT模型和心流理论为基础，结合交互设计要素，并查阅相关文献,在此基础上建立本次使用的理论模型,见图2-8。在用户使用APP进行学习时,为了研究APP视觉与交互体验对用户的使用影响,需要考虑在线教育平台的内容质量、APP的交互体验与视觉设计、用户间的社交互动以及社会影响5个因素,整合绩效期望和心流体验因素,并添加满意度评价对持续使用行为的影响。

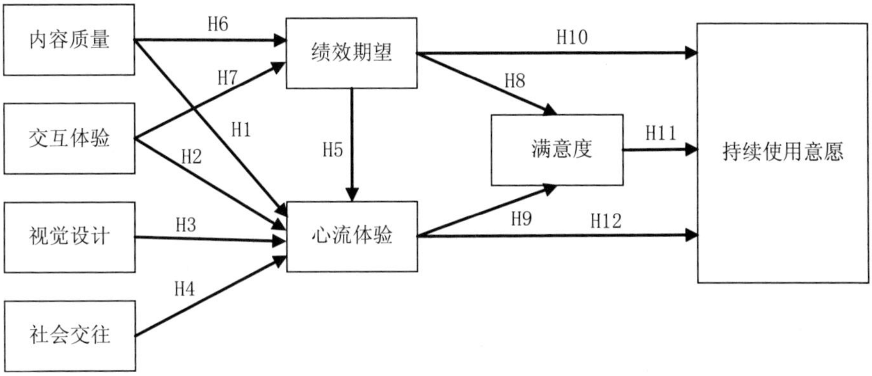

图2-8　在线教育平台APP持续使用意愿影响因素模型

确立研究模型后,本书共提出12个研究假设。

(一)心流体验的假设

用户进入心流状态时,会失去自我意识并高度参与其中。用户使用在校教育平台时,首先关注的是APP承载的信息的丰富程度及质量。在学习时,会不断发生用户与APP界面交互、用户与内容交互以及用户与教师的交互的行为。视觉上,颜色搭配与界面美术设计也会给用户带来不同的心理体验。在社交互动上,排行榜的奖励与压力也会影响用户的投入程度。基于以上条件提出以下假设。

H1:内容质量会正向影响用户的心流体验。

H2:交互体验会正向影响用户的心流体验。

H3:视觉设计会正向影响用户的心流体验。

H4:社交互动会正向影响用户的心流体验。

H5:绩效期望会正向影响用户的心流体验。

（二）绩效期望的假设

绩效期望指用户使用产品提升效率的程度。本书与以往文献不同的是,各个因素均不涉及平台本身提供的内容,而是测量 APP 承载内容的方式对用户的影响。通常 APP 提供内容的方式会对绩效期望产生影响。基于以上条件提出以下假设。

H6:内容质量会正向影响用户的绩效期望。

H7:交互体验会正向影响用户的绩效期望。

（三）满意度的假设

满意度是用户使用产品产生的主观评价,会对用户持续使用产品产生影响。本书中满意度指用户对 APP 操作使用的掌控感,开心或失望等。高评价则代表 APP 的设计符合用户的使用习惯和期望。本项提出以下假设。

H8:绩效期望会正向影响满意度。

H9:心流体验会正向影响满意度。

（四）持续使用意愿假设

持续使用意愿是指用户参加完阶段性学习后,继续使用平台 APP 学习的意愿。社会影响指用户在观察其他人的使用评价后,受到其他人影响而作出判断。持续使用意愿越强,越会深度使用产品。因此提出以下假设。

H10:绩效期望会正向影响持续使用意愿。

H11:满意度会正向影响持续使用意愿。

H12:心流体验会正向影响持续使用意愿。

三、研究方法

（一）问卷设计与数据收集

本次问卷调查的目的是了解用户在使用 APP 进行在线教育课程学习时,各个因素对持续使用行为的影响。问卷采用 Likert 量表形式,从 1 到 5 分别表示"完全不同意"到"完全同意"。问卷共分为 2 部分。第 1 部分是用户的基本信息,包括年龄、学历、性别、使用经历。第 2 部分是问卷的主体,共 8 个变量,29 个问题,各概念的具体问题和答案设计因篇幅所限从略。问卷的调查对象主要是使用过线上教育的人群,在删除无效问卷和回答时间过短的问卷,并删除可能的无效问卷后,共回收有效问卷 320 份。

(二)信度和效度分析

为了保证原始变量有较强的相关性,满足因子分析的条件,研究使用 Cronbach's α 系数对测量模型进行信度检验,当 α 值大于或等于 0.7 时,则模型的信度较好。本书各变量的 Cronbach's α 值均高于 0.7,组合信度(Composite Reliability)同样高于 0.7,表明测量模型的信度较好,见表 2-2。

测量模型的效度测验通过测量因子负荷量(factor loading)和平均方差抽取值(Average Variance Extracted,AVE),当因子负荷量高于 0.7 且 AVE 高于 0.5 时,模型的效度较好。本书各个因子的负荷量均高于 0.7,但由于篇幅原因在文中被省略了。同时 AVE 最小值高于 0.5,表明测量模型的效度较好。

表 2-2　信度与收敛效度分析

变量	问题数量	克隆巴赫系数	信度	平均方差抽取值
内容质量	3	0.83	0.84	0.63
交互体验	5	0.88	0.87	0.58
视觉设计	4	0.85	0.85	0.59
社会交往	3	0.79	0.80	0.57
绩效期望	4	0.86	0.86	0.61
心流体验	3	0.83	0.82	0.61
满意度	4	0.86	0.86	0.61
持续使用意愿	3	0.85	0.86	0.67

(三)模型结构拟合与假设检验

研究采用 Amos 24.0 对假设模型进行结构拟合度评估和假设分析。假设模型的适配度指标结果,见表2-3,可以看出各指标均符合要求,说明模型结构合理,可以进行下一步假设分析。

表2-3 模型拟合度指标

拟合指标	χ^2/df	RMSEA	CFI	GFI	NFI
推荐值	<3.00	<0.08	>0.900	>0.900	>0.900
测量值	1.29	0.03	0.982	0.909	0.927

由 Amos 分析的路径系数,见图2-9,假设 H1(内容质量会正向影响用户的心流体验)未得到支持而删除($\beta = -0.07$, $p = 0.47$),假设 H4(社交互动会正向影响用户的心流体验)未满足显著性标准($\beta = 0.11$, $p = 0.20$),其余假设均获得支持。从路径系数上看,内容质量和交互体验对 APP 的绩效期望产生显著影响,交互体验对心流体验的影响最高($\beta = 0.31$)。绩效期望和心流体验对满意度都会产生显著影响,绩效期望($\beta = 0.53$)要高于心流体验($\beta = 0.38$)的影响。满意度对持续使用意愿的影响最高($\beta = 0.41$)。

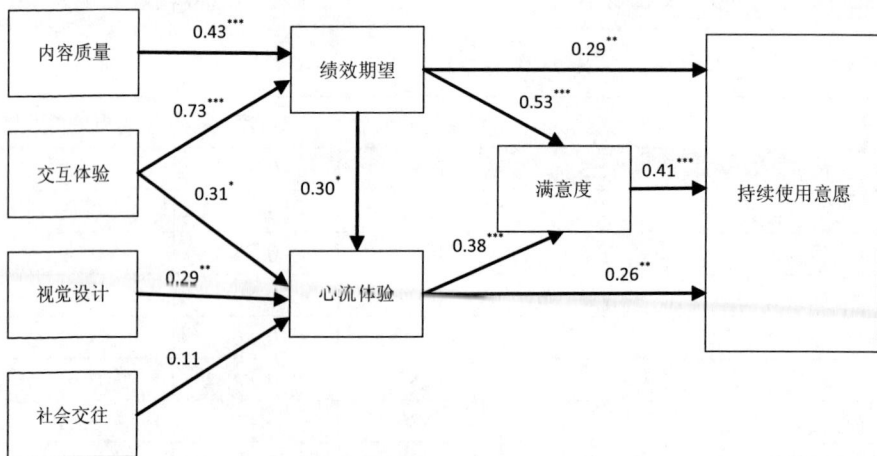

图2-9 影响因素模型及路径系数

注: *** : $p<0.001$; ** : $p<0.01$; * : $p<0.05$。

（四）研究结果综述

根据以上数据,影响在校教育平台 APP 持续使用的因素主要为内容质量、交互体验和视觉设计。其中,内容质量和交互体验会影响用户对产品的有用性感知,并影响用户的心流体验。交互体验和视觉设计直接会影响用户的心流体验。绩效期望和心流体验会提高用户对产品的满意度,三者同时促进了持续使用行为的发生。

四、基于研究结论提出设计建议

（一）研究结论

本书以 UTUAT 模型和沉浸理论为基础,从使用体验视角构建了在线教育平台持续使用意愿影响因素模型。基于实证结果的分析与统计,得出以下结论:

交互体验与视觉设计会正向影响用户的心流体验,产品与人的交互作为人与内容、人与教师之间沟通的桥梁,是产品设计的基础。所以产品的配色、界面布局、导航和情感化设计都是需要优先考虑的内容,如何为用户提供一个清晰简洁的界面,保证用户的沉浸感,是交互设计的重点。

内容质量和交互体验会正向影响用户对 APP 有用性的感知,即绩效期望。应用作为网络学习平台内容的载体,内容是否丰富以及操作是否流畅直接决定着用户对整个产品的评价,用户在学习之前对 APP 的试用将会决定对产品的第一印象,所以优化内容的排列方式和交互结构,将最有用的信息展示给用户,有助于提高用户的留存率。

绩效期望、心流体验和满意度会显著影响用户的持续使用意愿,与其他产品的持续使用行为研究的结果基本一致。根据影响路径,提高产品的绩效期望,即提高 APP 流畅的使用体验就能显著提高产品的持续使用意愿。

与设想的模型不同,社交互动并没有对心流体验产生显著影响,并且在问卷中出现了两极分化的情况,即部分人比较喜欢和其他人比较和分享自己的学习情况,在适度的竞争压力下会有更大的学习动力,但另一部分人更愿意独自学习。这或许是个人的性格因素决定的,也可能是当前的在线教育平台无法提供令人满意的社交方式。

(二)设计建议

根据产品的特点和以上研究结论,并结合交互设计相关要点,提出具体的改进建议。

1. 明确使用目标,减少信息干扰

明确的目标会直接为用户提供使用动机。福格行为模型(The Fogg Behavior Model)指出,行为的达成需要具备充分的动机、足够的能力和有效的触发因素。在教育类产品中,用户的使用动机就是完成指定内容的学习。因此,在产品设计中,通过视觉上颜色、大小的对比,将阶段性的学习任务有效地区分开,保证用户能够以足够的能力进入此阶段的学习,促使心流的产生和行为的达成。对于初次使用产品的人,需要为用户提供外在动机以此来刺激用户动机,通过APP界面可视化的内容来吸引用户进行点击使用。如对新注册用户进行平台的基本介绍,并弹出限时免费课程的窗口,诱导用户进行体验学习。

交互页面会对个体的感觉、直觉和注意力造成影响,进而影响用户的使用体验。复杂的页面会让用户难以进入沉浸状态,因此清晰简洁的层级结构和极简的UI能够给用户更明确地找到使用目标。色彩可以体现出轻重、冷暖等心理感受,能够直接对用户的使用心情产生影响。中国的K12在校教育平台大多数使用红色与橙色作为品牌色,并应用在APP的颜色设计中。红色与橙色能让用户感受到快乐与轻松的学习氛围,同时以红色和橙色标注的重点内容,在视觉上比蓝色更加显著,具有更高的视觉吸引力。

2. 及时地互动反馈,保证用户专注力

准确而及时地反馈是获得心流体验的必要条件之一,能够减少用户的认知成本,顺利完成任务。在在校教育平台产品设计中,互动反馈分为学习反馈与操作反馈。学习反馈主要集中在课堂上,用户与老师、用户与学习内容的互动。应用可以在用户学习过程中,将一节课程分为数个节点,每完成相应的节点目标就会提示并给予奖励。奖励反馈能够直接激发用户的动机并保证目标的完成。同时在课堂中,为了保证用户能够在整节课程中保持充足的注意力,老师向全部用

户提问也是一种有效的方式。问题可以产生适当的压力,帮助提高注意力。在产品设计中,全员的回答应该以可视化且匿名的方式展现给用户,帮助用户了解自己的实力,明确接下来的学习目标。

3. 建立成长社区,记录每一次的进步

埃亚尔(N.Eyal)认为,产品需要通过外部触发的方式让用户逐渐建立起使用习惯,而社会影响会对持续使用意愿造成正向影响,因此通过建立人际型触发的方式提高用户的自主使用意愿是一个有效的选择。人际触发利用社交方式,让用户相互推荐和分享,提高社会影响力。本书表明用户可能不喜欢通过竞争进行学习的方式,因此可以建立成长社区,将志同道合的用户联系到一起,形成一个共同进步的团体,以正向激励的方式进行课程的学习与进步。

以时间线的方式记录下用户的学习内容与学习时长,并根据进度给予徽章与成就是一种精神上的奖励回馈机制。人们渴望奖励的过程产生的驱动力要大于奖励本身,同时用户的绩效期望来源于能力提升的感知,将能力提升可视化,更加有助于用户了解自己在使用应用时产生的价值,促使心流的产生。

五、基于用户行为的网络在线教育平台交互设计的总结

科技的进步和突发的疫情促进了在线教育平台的发展,在激烈的竞争中,如何通过设计合理地展现和整理产品的内容和功能结构,对于产品的长期运营起到关键的作用。本书通过建立假设模型的方法,在应用层面探讨了影响用户持续使用在线平台的相关因素,并提出相应的优化建议。但研究依旧存在少许不足,研究样本量无法覆盖全部类型的使用群体,并且受到年龄、性格和情绪的影响,以及存在非自愿性学习的被试者,在结果的客观性上可能会存在偏差。未来希望能通过具体的一对一测试,使研究结果更加客观严谨。

立足长三角国际亲子战略：
用教育直播向世界打开"中国之窗"

王晓燕*

直播带货网红经济是在疫情背景下被催生出来的经济热点现象，这一现象为直播这一原本就存在的传播方式赋予了新的意义与价值潜力。如何使这一意义健康可持续发展？如何有效挖掘更深远的发展潜力？本文从分析娱乐直播、商业直播到文化直播、教育直播的发展趋势入手，以教育直播的"深海战略"、亲子产业的"蓝海战术"、浙沪联动的"红海战队"、数字生态的"绿海战场"为喻，分别阐述了教育直播的本质特点及其在亲子产业国际合作中的核心价值应用，以及浙沪联盟的长三角一体化国际亲子战略对于中国引领科教融合未来数字生态创新发展的深远意义，为人类命运共同体构建描述了幼学为始、亲子为基的未来图景，为网红经济走向未来数字经济发展搭建了一条未来可期的现实路径，希望能引起政府部门和研究同道的探讨支持。

在 2020 年新冠肺炎疫情的催生之下，中国的直播带货网红经济如火如荼，从原来的娱乐直播、企业直播到政府直播，呈现出全民化、产业化、专业化发展趋势，带来新的经济热点，但也引发了激烈的主播之争、产业之争、城市之争等混乱无序之势，还出现了假冒伪劣泛滥、刷单骗取佣金等潜规则现象，让消费者、主播和企业不同程度遭受损失，付出代价。直播带货何去何从？网红经济如何发展？除了国家相关部门和行业组织出台政策文件对直播电商行业加以规范管理并提

---

* 王晓燕：浙江全能教育研究院院长，浙江大学科学技术与产业文化研究中心亲子研究负责人。

升行业人才素养外，还需要对直播行业的未来发展趋势加以理性分析和深远预判，才能真正有力有效地推动网红经济健康和谐可持续发展。

直播产业的本质是粉丝经济、圈层经济、网红经济，总体而言，是指有一批人愿意追随直播主体而形成一定的社会圈层效应并烘托出网红主播的 IP 价值从而形成大规模即时成交的利益链。从这个产业本质的分析便可知，直播产业一定发端于大众娱乐的浅层信息粉丝圈层，当这种粉丝效应与产品销售相结合，便从娱乐直播转向商业直播，这便是当下的直播带货热现象，其特点是通过网红主播集聚大规模粉丝以低价瞬时营销获得高量产广成交效益。正是因为这种短时高频市场效应可以快速拉动产业经济，才进一步引发地方政府参与"拱火""催熟"的城市之争与区域之争，纷纷出台对于网红主播人才的重奖政策与优惠条件，比如据网络报道，杭州市余杭区推出主播最高可以享受到 B 类人才（国家领军级人才）的相关政策，"口红一哥"作为特殊人才落户上海崇明区，"带货女王"则因助农扶贫突出贡献被增补当选为云南青联常委、云南共青团宣传工作推广大使。"争人、争产业、争城市的未来"几乎成了时下直播带货行业的"黑海风暴"现象，到底是旺火还是虚火，引发网络热议，众说纷纭。

有不少有识之士已经不约而同地预见到，文化网红才是网红经济的风口趋势，也是网红主播的常态主体。当经历了娱乐狂欢、商业大战之后，直播产业必将向文化、教育、政治、社会等深度信息内涵传播领域延伸发展，才能广泛持久地吸引各个社会圈层群体参与进来，形成全民共创全网推广全球共享的可持续发展机制，而未来教育和亲子产业将为中国直播产业网红经济打开一片新的蓝海，并经由"中国之窗"向世界展现一个从长三角一体化到东西部大联动的"绿海生态"未来发展蓝图，为疫情笼罩下的全球经济低迷和国际合作纷争带来一片"看见儿童、以终为始"的新希望、新视界、新路径，这是我们对于中国教育直播网红经济发展的预期目标，也是我们希望能通过亲子战略去引领国际数字生态的努力目标，希望能得到政府、学界、企业和社会各界同道之士的批评指导和支持相助，携手合力共襄盛举。

一、教育直播：网红经济的"深海战略"

对于教育，不同圈层有不同的认知理解。在大多数家长看来，教育就是孩子好好学习考出好成绩;对一般教育企业来说,教育就是把公司的产品业务卖给家长;而对疫情下的学校来说,教育就是用网课代替面对面的课堂教学。而其实,教育是大象无形的文化产业,是坐实向虚的政治经济,抓住"育人"这个核心基点,不仅可以为直播行业注入深度黏性的灵魂内涵,还能为直播产业装上源远流长的创新引擎,把网红经济带向蕴藏丰富的"深海"市场,从而实现通过直播产业把文化、经济、社会、政治融为一体的可持续发展之道。

网红直播与教育的契合点体现在两大需求趋势:一是直播行业需要通过系统化的教育培训来提升从业人员素养以促进规范管理,二是直播行业需要专业化的教育内容来充实内涵拓宽视野以实现可持续发展。因此,网红经济发展需要直播教育来保驾护航。而就教育而言尤其疫情时代,随着直播教学、视频课程、"网红教师"开始盛行,教育行业对网络直播的需求也势不可挡,尤其是各地教育部门和学校若想要提高知名度和公信力,必然需要"开门办学"以争取社会公众的支持,因而面向社会大众的网络直播宣传将逐步打破传统的行业内循环封闭系统而走向社会化,从而真正开始建立学校、家庭、社会三位一体的协同教育体系。

正是因为教育能为直播注入灵魂,直播能为教育插上翅膀,在这双向促进之下,满足全民精神需求与物质需求相结合的教育直播将成为网红经济升级迭代的全民化大产业,并将成为终身开环教育的重要抓手与创新载体。

那么,如何抓住全民教育网红经济的大产业风口呢? 有赖于以下几方面要素:

(一)教育主播

教育主播与时尚主播的娱乐特质和商业主播的名人效应最大区别是专业化表现力,即教育主播需要通过专业内涵与外在表达结合的人格魅力来带动网红效应,但一旦"勾住人心"便是"持久客户",很容易形成由内而外的可持续发展效应,有望把网络直播行业带向全民开环教育的精神价值主导生态。

(二)粉丝圈层

网红经济的核动力是粉丝圈层,教育直播的粉丝圈层具有专属性强、黏合度高、延展性持久的特点。以父母教育直播为例，三岁孩子宝妈只会关注能教她如何轻松高效育儿的婴幼亲子专家，不会关心青春期教育主播；反之亦然。但无论哪个阶段、哪个领域，一旦教育主播赢得自己的圈层粉丝认同，便能形成高黏合度并具有持久发展的影响力，这是与时尚娱乐和商业直播的根本区别。

（三）直播平台

相比于时尚娱乐商业直播平台的大众属性，教育直播兼具专业性与公共性的双重特点，因此需要创建有利于圈层粉丝专属服务的直播平台来与公共平台联通共享，这将有效促进公域流量与私域流量之间的精准营销转化，减少或避免公众直播平台的同质化无序竞争，改善直播产业生态。

（四）区域生态

正因教育直播是以人为本、需求驱动的粉丝圈层精准营销专属服务产业，更需要彼此之间的深度了解与充分信任，因此更适于打造区域生态经济，如同家门口的好学校、朋友圈的好老师，教育主播也首先应产生于区域教育，培育出区域粉丝圈层并带动本土产业发展，打下精准营销的坚实基础再通过区域联动促进增量价值，从而形成有序共享的区域生态经济。

在教育直播网红经济的这四大要素中，教育主播是核心要素。教育主播的背景来源、内涵素养与表现能力将会带来不同的圈层粉丝并创造不同的社会生态。就外在表现力与公众影响力而言，教育主播可以从时尚主播与商业主播中优选培养，比如通过教育专业内涵的培训提升把美食主播培养成美食教育主播、把婴童用品主播转化为婴童教育主播等；就内涵专业性和圈层影响力而言，教育主播更应该来自教育行业领域，通过传媒技术和表视力训练把教师培养成教育主播，在传播教育知识和价值理念的同时带动相关产业发展。比如幼儿园教师可介绍相关教玩具，艺术教师可拍卖艺术作品，语文教师可宣传当地旅游景点，自然教师可推广当地农产品等，这一方面可增加教师自身的收入，体现从专业实力向市场价值的转化；另一方面真正做到把教育与生产劳动相结合，实现"以天地为课堂，以万物为教材"的生活大教育理念，让社会大众在网红经济中获得精神文明与物质文明的双重价值体验。

教育主播不仅有助于提升整个教育行业的社会地位与经济收益,还可大大增强教育文化对社会公众的引导作用,促进国民素养的全面提高与社会生态的良性发展,因此应该引起各级政府与教育管理部门的高度重视,把受社会推动的被动应战转为以教育价值传播引导市场经济发展的主动局面,及早创建一套专业规范的教育直播行业人才培养与考核评估管理体系,这便是通过教育直播来推动网红经济可持续发展的"深海战略"。

二、亲子产业:教育直播的"蓝海战术"

那么,教育直播的市场风口到底在哪儿呢?也就是说,谁才是那个支撑教育直播产业可持续发展的忠实粉丝与成交客户?这就要先提出一个概念:亲子产业。笔者把以儿童为用户、以家长为客户的所有产业都称为"亲子产业",儿童教育则是整个亲子产业的核心主轴。教育直播的市场用户分两大群体,一类是成人,自己买单自己应用,与其他产业并无二异。另一类用户是儿童,即 0—18 岁期间没有自主消费能力需要家长帮着成交的消费者,这就构成了这个产业的两大决定要素:既要孩子喜欢应用,又要家长愿意支付,两者缺一不可,如果孩子用户体验感不好,这个产业一定没有未来,如果家长不愿意消费,用户体验做得再好也难以成交。因此,虽然这些年来企业和资本都纷纷抢滩亲子市场,但绝大多数都处于"看上去很美但做起来很难"的叫好不叫座状态,亲子机构多如牛毛,但很难出现行业翘楚,更解决不了鱼龙混杂的产业生态问题。其中原因,在很大程度上是因为专业与市场割裂分离,了解孩子发展规律的专业工作者通常不懂市场客户心理,那些深谙市场营销之道的商业人才又很少能有专业之心,这就造成了中国亲子产业发展历程中的"剪刀差"现象,看上去亲子市场热闹非凡,实际上真正专业化系统化可持续发展的亲子产业还是一片可待深度开发的"蓝海"市场。

近二十年前,笔者曾在一本《打造孩子一生幸福的幼儿教育》专著里写过一句话:儿童市场是一条川流不息的长河,财富深深地蕴含其中,就是指从教育入手去开发儿童市场亲子产业的"深海战略",当时已经规划了从课程、教材、教具到玩具、用品、家具到影视、动漫、网络平台的全产业链计划,但因一方面体验到因专业太前沿市场未及还需大力培育，另一方面又深感当时整个社会生态环境对中国自主品牌的专业化市场健康发展极其不利，于是放下产业计划而开始深度探索从儿童到成人、从城市到乡村的社会生态治理问题，并在这一过程中逐步形成"全球治理的亲子战略"思路目标，不再把儿童只是作为一个教育主体与消费对象，而是通过以儿童为中心、以家长为主体、以亲子为主线来把教育、文化、产业融为一体去实现提升增量经济、创新社会治理、促进国际合作的亲子战略深远目标，以家国天下的中国亲子文化与产业发展来为人类命运共同体扎根建基。

正是在这样的长期研究和系统探索下，笔者将亲子产业作为大力推动教育直播市场发展的"蓝海战术"，倡导以儿童为用户、以家长为客户来开辟网红经济新天地。具体而言，通过以下几大战术来实现。

（一）培养亲子主播

当前的教育直播基本上都是把儿童作为接受知识灌输的客体对象，很少关注儿童在教育直播中的主体价值与市场潜力。为什么年轻人爱看娱乐明星而宝妈喜欢育儿节目？就是因为他们因兴趣同频而容易形成心理上的榜样投射，这便是粉丝经济形成的基础。教育直播若要获得孩子的认同喜爱，首先就要让孩子参与进来成为网红主角，教育直播若要获得家长的支持买单，也要让家长参与进来成为网红榜样，而家长和孩子一起参与的教育直播产业需要大量的亲子主播人才，有孩子、有家长，更有善于带动家长和孩子的职业亲子主播，专业化的人才培养是开辟教育直播亲子产业蓝海市场的首要战术。

（二）创新亲子教育

娱乐主播的圈粉作用在于才艺，带货主播的商业价值在于营销，那么，培养亲子主播的意义何在？在于完全打破原来老师说学生听、家长讲孩子学的传统亲子教育方式，用网红直播的方式创出全新的亲子教育形态，其中最核心的创新力在于教育理念的全人化、教育内容的通识化和教育方法的主体化，即重在培养儿童的全面发展完整人格，重在倡导以天地为课堂、以万物为教材的生活通识教育，重在强调孩子的主体地位，让孩子自主探索多元发展，这样的教育直播才会有趣有料，既让孩子爱看乐学喜欢参加，也让家长感到有效有用愿意买单。

（三）推广亲子产品

正是因为"以天地为课堂、以万物为教材,时时处处是教育"的理念主导,才能把图书、玩具、服装、食品、科技、动漫、影视、健康、运动、日用百货等百行百业的亲子产品与教育直播有机结合在一起,创出更有专业内涵和品质保障的直播带货新形态,以专业主导扭转当前直播带货低价竞争的局面,从儿童市场亲子文化源头遏制假冒伪劣现象的发生。而且,如果所有的亲子产品都能根据儿童的身心发展规律和教育价值来实现从设计、生产到销售、应用的整个环节,则还会最大限度地推动供给侧结构性改革,改善产能过剩,提升产业质量,增强创新能力。

（四）重构亲子生态

根据中华家国天下一体化的历史文化和差序格局社会结构特点,家庭亲子文化对整个社会生态文明建设都起着举足轻重的奠基启蒙作用,但这么多年的西学东渐多元文化冲击,早已打破了原来的中华家道社会基础,政府部门各自为政、学校家庭彼此割裂、同行企业相互竞争,这样的社会现状极其不利于从儿童到家庭到学校到社会的教育文化生态发展。以亲子为视角的教育直播把亲子产业网红经济的核心聚焦到以儿童为中心的主体地位,让政府、学校、企业和社会各界都看见儿童、着眼未来,真正意识到"以儿童为师、向儿童学习"的非凡价值和创造未来的无限潜力,从而形成以人为本、以文载道的家校共育多元融合亲子生态圈,以家庭共同体、亲子共同体来为人类命运共同体扎根建基,这是亲子产业作为教育直播"蓝海战术"的更深远意义。

三、浙沪联动打造国际合作的"红海战队"

习近平总书记在 2020 年 3 月 29 日至 4 月 1 日访问浙江期间,对浙江提出了"成为全面展示中国特色社会主义制度优越性的重要窗口"的新目的、新方向、新定位。2020 年 6 月 23 日,中共上海市委举行第十一届九次全体会议,围绕着"人民城市人民建、人民城市为人民"的理念,审议通过了关于建设具有世

界影响力的社会主义现代化国际大都市、谱写新时代人民城市新篇章的文件，提出坚持"让城市发展处处围绕人、时时为了人"的人本价值核心取向，做强做优城市核心功能，努力成为国内大循环的中心节点和国内国际双循环的战略链接，打造共建共治共享的社会治理共同体，让人人都有人生出彩机会，并更好代表国家参与国际合作。

浙江与上海作为长三角一体化国家战略的主力军，既要发挥各自的优势定位，又要找到共性的特长目标，才能在这一国家战略中结成各美其美、美美与共的合力。浙商遍布全球，浙江作为全国第二大玩具大省，玩具及婴童用品的出口总额在 2018 年已达千亿元以上，但 2020 年的疫情冲击却让玩具出口遭受重创，因而开始转向内销市场，进入真正的"红海"拼搏期。以玩具及婴童产业为主导的亲子产业能在疫情之后突破重围，并重新进入国际贸易的赛道吗？笔者对国际贸易没有研究，但想从亲子产业的本质视角来探讨一下浙沪联动长三角一体化亲子战略对未来中国参与国际合作与竞争的重大又迫切的意义。

（一）未来教育

如前所述，亲子产业的本质是以儿童为中心、以家长为客户，正是在这个意义上，教育才是最核心的亲子产业，如果谁能够勾住孩子的天性需求又能让家长甘心情感买单，这个产业就有可持续发展价值，乐高、巧虎等产品都在不同程度上实现了这一点，对孩子是喜欢的玩具，对家长是有用的教具，两者兼备，而这也正是未来教育的发展方向。有学者提出教育 4.0 的概念，以互联网为信息载体及传递管道，以满足学习者心智体验及促进心智发展为目标，笔者在这一基础上进一步提出"未来教育 5.0——全人幸福开环大学"的理念，通过"胎婴养虚、幼儿养性、童蒙养志、少年养志、成年养德、老年养福"的全人幸福生命工程建构全民终身学习体系、促进全球共同利益发展，这样的未来教育 5.0 便是构建人类命运共同体的核心基础与发展主轴，需要以浙江的创新精神与上海的世界大都市理念携手合力，通过教育直播、数字传播等手段推向全球化视野，引领未来国际合作发展。

（二）亲子研学

除了用未来教育 5.0 的创新理念促进浙沪联动长三角一体化国际亲子战

略,还要有具体内容可支撑教育直播网红经济发展,亲子研学是值得大力发展的教育创新产业。国家教育文旅等部门正在大力推广中小学生研学旅行项目,但笔者认为,从幼儿园开始到小学低段由家长陪同的假日亲子研学才是真正把研学旅行变成家庭生活方式的未来产业,而且不必舍近求远,只要把自己所在区域的本土文化特色探索出来,就像不同地域的"东方美食生活家"一样,通过教育直播向人分享,吸引各地的人了解"一地一品"的研学特色,再通过区域之间的联动和创建"亲子研学一卡通"的平台工具,就可以从亲子研学旅行视角去实现长三角一体化网红经济发展。

(三)创新传播

如何将未来教育的核心内涵和亲子研学的载体手段转化为让孩子喜欢、让家长接受的网红经济?需要用适合孩子天性特点的游戏体验和传播方式。麻省理工学院媒体实验室的米切尔·雷斯尼克(Mitchel Resnick)教授出版《终身幼儿园——将创造力进行到底》一书,提出"终身幼儿园"理念,认为人类过去一千年里最伟大的成就是"发明了幼儿园",人一生都应该像幼儿园那样学习,把创新进行到底,以应对不确定的未来。笔者基于长期的幼教亲子实践与儿童精神哲学研究,认为这样的"终身幼儿园"理念是非常适合儿童天性并有助于成人创新体验的,因此设计了"全能宝宝地球村"的未来共创实践项目,无论是未来教育还是亲子研学、亲子产业还是社区乡村亲子营造,都可以用"全能宝宝地球村把世界团结在一起"的理念来编成童话故事、创意想象、探究游戏和亲子共创活动,全面创新传统意义上的教学形式,教育直播也就有趣有料适合由孩子们来当主角了。比如放暑假,有社区家长自发组织孩子"练摊",孩子们参与活跃,如果能有专业内涵的老师引导和童话创意设计,这样的活动就很适合用来开展教育直播活动,成为活生生的实践课堂。

(四)国际合作

全球疫情不仅让国际贸易遭受重创,也让整个国际合作面临考验。而从中国人的视角与立场来看,全球化的进程势不可挡,构建人类命运共同体的信念坚不可摧,只是通过什么方法路径去推动实现的问题。意大利教育家蒙台梭利提

出"人类和平之秘就在幼儿教育之中"的和平教育论，认为唯有从幼儿教育开始"重建新人类"，才能从根本上解决世界和平发展问题。笔者非常认同这一观点。这里的"新人类"就是指呼唤人类灵性自我觉醒，呼唤爱与责任，开启生态文明。而儿童是人类灵性的天然载体，通过发现儿童、倾听儿童能够唤醒成人的灵性生命与德性智慧，通过儿童创造、儿童表达能够启发成人从新的视角去重构社会规则与世界秩序，"全球治理的亲子战略"即通过"儿童外交"新视角去促进国际合作的理念便建立在这一认知基础上，也是想从沪沪联动促进长三角一体化再到国际合作发展的终极目标，不仅可以让遍布全球的浙商开辟新的国际合作市场，也能从儿童参与城市建设的源头去助力上海实现"成为具有世界影响力的社会主义现代化国际大都市"的目标。

四、数字生态：中国引领的"绿海战场"

一边是全球疫情的威胁，一边是国家利益的纷争，当下的世界正面临"百年未有之大变局"；一边是中华民族的复兴，一边是世界秩序的重构，当下的中国更要面对国际风云之挑战。在这样的内外压力之下，中国如何应对这场自然与社会交织的艰巨"战争"，不仅影响中华民族自身的崛起，更影响未来世界的发展格局。大道之行也，天下为公，中国古代先贤描绘的大同世界理想和当代国家领导人所倡导的人类命运共同体意识在这个世界变局的时空点上交汇，正是到了考验中华民族上善若水的智慧和力挽狂澜的勇气与担当之时。既然"战争"难以避免，那就由中国来引领一场把未来科技用于生态文明建设的"绿色革命"吧，先在中国开辟"绿色战场"，再让世界看见这场"绿色战争"对于世界秩序重构的价值所在，从而为全球治理提供可持续发展的"中国方式"。接下来，笔者将具体地阐述一下如何运用互联网、大数据、云计算、人工智能、区块链等数字技术来实施长三角一体化亲子战略，从根源创立各美其美、美美与共的全人幸福数字生态系统，从而把"人类命运共同体"的未来图景展现出来。

（一）从幼学为始占领人工智能创新高地

面对智能化时代的国际竞争，中国的当务之急，需要抓住时机研发全球首款

WBA亲子机器人(Whole Baby Apple),占领新一代人工智能战略高地,启动全人幸福生命成长的"开端工程"。

高智能化时代出生的儿童都将是人机共生的原住民,未来社会大脑的安全和质量问题将在很大程度上取决于"三岁看大、七岁看老"的人生奠基亲子教育,即如何实现捷克大教育家夸美纽斯所说的"在五六岁以前把影响一生的全部知识种子播种下去"以最大可能地保障个体终身健康幸福与社会和谐发展,"WBA亲子机器人"便起到从婚孕产养育教开端"播种幸福"的智能化科学育儿指导作用,首先用WBA机器人解决针对父母的基本知识理念和针对孩子的基本内容方法,在此基础上引导每个家长和孩子一起参与共创,形成人机共生的"家庭教育大脑"数据库和每个孩子的成长曲线,作为未来制定个性化学习方案的依据,也作为家庭亲子文化发展的研究起点,从根本上解决"幼学为始、亲子为基"的幸福人生开端启蒙问题,从源头上占据科教融合的人工智能战略发展高地,为中国引领数字生态"绿色革命"打好起点基础。

(二)从亲子为基创建全息互联数字平台

有了人机共生的亲子机器人家庭数据库,还需要创建全球首条WBA亲子联盟链(Whole Baby Aliance),以全息互联的融合共创来把世界团结在一起,从起点构建人类命运共同体意识。

人类命运共同体并非遥不可及的远方,而是身临其境的当下,是靠我们自身由近及远去创建的价值共识、文化共融、生活共感、智慧共享、利益共赢、幸福共创生态文明系统。就纵向而言,如果没有美美与共的童年意识,便难以长出大同世界的成年观念,就横向而言,如果没有微观层面的家庭共同体、亲子共同体、社区共同体,便很难想象何以构建宏观层面的人类命运共同体。

本着这样的认知,首先要通过这条WBA亲子联盟链来把每个0—7岁儿童家庭及相关的政府部门如民政、妇联、卫健、教育、宣传等,还有与0—7岁儿童衣食住行玩学购相关的各个母孕婴童亲子企业及社会组织团结起来,创建儿童、家长、社区、学校、政府、企业、协会等所有圈层联结在一起的"幼有所育一体化"公共服务生态系统基础,从起点实现人机共生、全息互联的全民幸福数字生态,通过家国一体的社区亲子共同体去探索构建人类命运共同体生态文明新秩序的

"中国方式"，再以扎根建基的发展实效去逐步影响世界格局。

（三）从学术为用开展场景交互生态实验

中国能否成功引领这场数字生态的"绿色革命"，还需创建全球首个 WBA 亲子实验室（Whole Baby Academic），开展"全场景互通"的数据交互研究，为推动全球数字生态发展打下全息化研究基础。

家庭是社会生态的核心起点，但数字生态构建还有赖于社区、学校、产业、政府等整个社会系统的共同作用。因此，还需在高等院校或产业园区创建学术研究与社会实践紧密结合的"全场景互通"亲子互动智能化模拟实验室，从年龄、场景、内容、方法等不同维度开展人际交互数据研究，以探索针对不同年龄亲子群体和不同社会场景应用的数字生态模型，为数字产业、数字公益、数字治理的融合发展打下全息互联科学优化的全生态建构基础，再自然而然从0—7岁数字生态延伸到7—18岁乃至终身发展的全人全民全息化数字生态，以"人类命运共同体"的生态构建研究依据去引领全球发展。

（四）从生命根源植入社会大脑"幸福芯片"

人类历史上出现过三只影响重大的苹果，一只是伊甸园里亚当夏娃品尝的欲望诱惑之果，另一只是让牛顿发现万有引力的宇宙知识之果，还有一只是乔布斯苹果手机的科技创新之果，但这三只苹果都没有解决人类和平与幸福问题，笔者把中国引领的这场数字生态绿色革命，比喻为"第四只苹果战略"，旨在从生命成长根源为未来人机共生的社会大脑装上"幸福芯片"，既为中国崛起建立核心竞争力，也为世界和平找到大道至简的实施路径。

这里的"芯片"，指的是人类特有的价值精神，也即是决定人类做什么、不做什么的那个内在的"指南针"与"定心盘"。信仰、道德、理想、追求、原则、动力……一切影响人类个体发展和群体互动的核心精神要素皆在其中。这样的"幸福芯片"，从生命起源的基础上是可行的。人的生命程序如同精密的仪器，每个阶段都有其独特的发展规律，抓住这个时期的规律予以科学养护适宜浇灌，生命的"芯片"便自然而然形成，漠然无视或肆意乱为就会让"芯片"失效或受到破坏。因此，为人类社会装上"幸福芯片"是一种隐喻，是指要经由保护儿童的天性、激发生命的潜能来让人类具有一种代际传递的"幸福基因",从而使整个社会拥有让人享受幸福、创造幸福的价值精神与生态力量。为此,我们以苹果形象代表孕育生命的"爱的小屋",里面两粒苹果种子就代表生而完整具足完整的"全能宝宝",从生命之爱的根源——"全能宝宝苹果屋"植入真善美的"幸福芯片",再通过中西合璧多元融合的共创合力去构建各美其美、美美与共的"全能宝宝地球村"幸福生态,为人类命运共同体扎根建基创新导航。

从这个"幼学为始、亲子为基,看见儿童、面向未来"的起点意义上,就能更加清晰明确地理解如何通过教育直播向世界打开"中国之窗"的长三角一体化国际亲子战略唯有从人的终身发展规律去探究文化主导网红经济的"深海"导航,才能从儿童家庭开创亲子产业的"蓝海"市场,并结成合力去共同面对世界变局的"红海"战争,从而创出引领人类生态文明发展的未来"绿海"生态。而一旦创建这样"从起点播种幸福"的数字生态,将从根本上改变网红经济的格局形态,把教育直播与亲子生活的每一个信息节点都可以转化为融合共创的未来数字资产,实现人类精神价值的最大化和公平化发展,这才是我们要从儿童生命潜能入手、从亲子代际传承着眼去思考这个网红经济未来发展方向的终极意义。

KOL 直播带货现象解析

于　炜　吴晨茜

　　KOL 早已渗透进我们的生活中,他们分布在各行各业,也因类型不同而各具特点。他们一直在潜移默化地影响着我们的生活和行为习惯,因此也被人们所重视。近几年 KOL 直播带货在社会中兴起,网红主播凭借自己长期经营建立起来的权威性或者人格魅力,促成消费者转化为具有实际购买行为的消费者。实现个人信用的金融化、数字化变现。本文在研究了 KOL 和直播带货现象的基础上,分析了目前 KOL 直播带货遇到的困境:主播与电商缺乏了解;主播、平台和电商地位失衡;主播两极分化加重各方压力;高线级城市触顶,下沉市场开发困难;平台对直播内容与产品质量监管不严等。并提出:为 KOL 直播带货设立"培训期";权衡直播带货过程中主播、平台和电商的参与度等建议。以期能够为直播带货相关产业生态向稳定的、可持续的方向发展作出指导。

一、时代造就 KOL

(一)KOL 的形成和发展

　　KOL 最早在营销学领域被提了出来,英文全称是 Key Opinion Leader 指的是"关键意见领袖"。与我们传统熟知的"意见领袖"一样,"关键意见领袖"在核心信息掌握上要多于普通受众,周围有较为稳定的"粉丝"群体,能够在一定程度上影响这些"粉丝"的意志、决策甚至是行动。与"意见领袖"不同的地方在于关键意见领袖的权威度、辨识度更高,更容易得到普通受众的认可。我国对 KOL 的研究比较早,有学者认为 KOL 在价值的形成和交换中扮演不同的角色,带有不同的价值倾向,他们可能出现在消费行为的不同阶段,并且用这种价值倾向影响着其他人的消费意愿和决策。还有学者认为KOL拥有更多、更准确的产品信息,因而被相关受众群所接受或信任。KOL离我们的生活并不遥远,他们广泛分布在各行各业,从明星到官员再到"草根网红",其中将自身影响力应用在营销环境中从而实现商业变现的KOL是本文主要研究的对象。

KOL伴随人类社交文明的出现而出现,伴随社会和时代的发展而发展。在很早的人类文明史上就能找寻到KOL的影子,比如占卜吉凶的巫师、位高权重的卿相、揭竿起义的领袖、引领文坛的诗人墨客等。这些意见领袖总能在不经意间影响到社会的经济发展,就如我们知道的王羲之题字卖扇的故事。这就是KOL将自身的影响力带到了营销活动中。每个时代都有典型的KOL类型和个体,他们带有深深的时代印记和特色。从传播学角度来看,这些KOL要想自身的影响力扩散出去就必须要借助一定的传播媒介。因此,传播媒介的变迁深刻地影响到了KOL的发展。在依靠肢体表现和语言的口语传播时代,受制于传播媒介的限制,KOL影响力的扩散在时空双重维度上都十分有限。此时的KOL主要是普通受众中间的一员,比如说德高望重的乡长,"天高皇帝远"就是在这样的时代背景下的真实反映。再到后来,纸张和印刷术的出现、普及,特别是古登堡改进印刷技术以后彻底打开了文字传播、印刷传播的时代,因为印刷技术的突破让信息传播得以在时空上得到拓展,KOL的影响力扩散也在时空上有所进展。此时KOL在进行"领导"时所选取的信息媒介转向了杂志、书本、报刊等传统媒体,比如1915年陈独秀在《新青年》杂志上刊载文章,提倡科学民主、反对封建文明,拉开了新文化运动的序幕,让思想浪潮席卷了整个中国。陈独秀在新文化运动中所扮演的角色就是KOL,我们也可以看出KOL此时已经从普通受众身边的人扩展到了能通过文字影响到更远范围的文坛巨匠、政界领袖等。随后伴随技术革命,传播媒介也取得了质的突破——广播、电视相继出现,信息可以在更远距离进行传播,也可以保留更长的时间,一对多的大众传播时代开始了。此时的人们更容易接触到来自KOL的声音,也对于大众媒体缺乏抵抗能力,因此才会有"魔弹论"一说,这也充分反映出KOL在大众传播时代的影响力之大,甚至一度出现失控的风险,可以说谁把控了大众媒体就能控制舆论导向,进而影响受众行为,对现实社会进行改造。希特勒就是典型的KOL失控的例子,通过电台发表具有煽动性的危险的思想言论,希特勒拥有了自己的一大批狂热"粉丝",他们还有自己的标签——"法西斯"。总结前面不难发现大众传播时代及以前的 KOL 主要都是在生活方式、政治思想等领域影响着普通受众,在经济领域产生突破性的变革则是在网络传播时代,特别是移动互联网时代。网红经济就是在这一阶段出现的,从最早发博客微博的一代网红到现在利用电商直播平台、短视频平台直播带货的新网红。以网红为代表的 KOL 正在从"大众领袖"向"圈层领袖"转变,更重视对私域流量的培养和对垂直领域的深入开发,他们带有互联网特征,也正是互联网自由、安全、快速等特点让这个时代的 KOL 更容易在营销领域有所作为。特别是互联网的"回声室效应"①让新型直播带货的网红得以影响人们的消费行为,进而实现影响力变现。

(二)KOL 的类型与条件

KOL 分布在各行各业,他们从身份到圈层再到影响方式、输出内容等都有差异。从身份来说现在 KOL 主要有政府官员、明星、知名主持人、平台头部主播等。按照领域划分可以分为思想引导型 KOL、娱乐型 KOL、营销型 KOL。思想引导这里主要是指非营利性的价值观引导,比如公益形象大使,他们主要的目的是将某种价值观、思想理念传递给自己的受众群体,并期望通过这些精神输出影响其行为反馈。娱乐型 KOL 主要是通过个人魅力——外貌、技能等,吸引粉丝群体,在流量达到一定程度时可以通过参与商业活动、接受粉丝打赏、获取平台分成等方式变现。与娱乐型 KOL 很相似的就是营销型 KOL,他们最终都要与商业经济挂钩实现价值转化,不同的地方在于营销型 KOL 更加直接,他们不一定要有外貌、专长,他们的直接目的就是通过个人品牌的打造进而用个人品牌影响受众的消费行为,使他们愿意为情感归属买单。营销型 KOL 可能是先营销再聚流量,娱乐型只能先有流量才能有下一步的商业活动。

不同的 KOL 在细节上存在差异,但他们的成功都具有以下相同的共性:

1. 需要实力圈粉

无论是银屏上的大咖明星还是平台中的网红主播他们积累粉丝的前提都是

---

① 回声室效应:在一个"封闭系统"内,一种信息、观念或信念经由反复传播而得到加强或放大。

有一定的实力,这里的实力既可以是实在的外貌、技能,也可以是出色的口才。缺少实力的KOL很容易被淘汰,比如曾经火遍中国的某网红,他缺少一项真正能成为"实力"的成名条件,因此当热潮散去就会被遗忘,很难将短时间聚集起来的粉丝稳定下来。很多普通网红难以成为头部网红的原因就在于此,他们仅仅能做到吸粉而很难做到圈粉和固粉。

2. 需要"运气"加持

如果说KOL的成功没有一点点巧合和偶然是不可能的,很多KOL的成功是无法复制的。比如,某知名男主播正好赶上欧莱雅"BA网红化"项目。特别是对于直播带货型的新兴网红,由于直播本身就充满了很多的不确定性,发挥超常和失误都是无法预料的。这里阐述"运气"并不是希望想要成为KOL或者已经是KOL的人群去求神拜佛,而是想说也许特定类型的KOL的经营模式是可以学习的,但是中间也有很多复杂的情况需要谨慎对待,想要成功成为头部网红需要的不仅仅是实力,还需要敏锐的眼光和把握住每次机遇并处理好接踵而来的挑战,最后能够将"运气"经验化甚至是直觉化。

3. 需要经济支撑

虽说现当代很多KOL的直接目的是经济收益,但是KOL的活动也是需要经济支持的。在行业不规范的早期一些网红个人或者多频道网络(MCN)会花费大量的金钱用来收买虚假的流量或者粉丝,比如"网络水军"现象。随着各种规范越来越健全这种花钱买流量的情况得到了改善,但是还有很多环节需要经济投入。比如视频、直播中需的布景、道具,请专业拍摄后期团队所需要的费用等。因此,稳定的经济来源是保证KOL持续内容创作乃至最后商业变现的基础。

4. 需要团队和平台助力

每个成功的KOL背后都有团队的支持和平台的力量。MCN在近年来被人们知道了解。2020年1月16日,宣布"牵手""口红一哥"的上市公司——新文化股价直接一字涨停。如涵控股2020财年网站交易额(GMV)突破40亿元关口(人民币,单位下同)。正是这些用数字震撼到社会的报道让MCN站在了社会舆论的前台。MCN最早并不是源自我国,而是来自国外,MCN模式的本质是团队与多平台合作,联合专业生产内容(PGC),通过资本的支持和科学的内容创作保障优质内容的持续输出。简单理解,MCN 主要就是通过内容生产和日常运营保障核心业务,通过广告植入、电商直播、平台分红等形式获取经济支持。平台的力量在 KOL 内容传播时就会充分地凸显出来,平台给予了优质 KOL 内容充分的曝光度。大多数 MCN 会选择与多个平台合作,实现同一内容多渠道传播的扩散效果。也有 MCN 会选择在一个特定的平台签约多个该平台上的网红主播,形成合力的优势。

5. 需要差异定位

无论是娱乐型 KOL 还是营销型 KOL 都面临着巨大的竞争压力。伴随近年来快手、抖音等视频平台的普及与发展,网红数量激增,传统的流量经济思维已经不能适应新的产业环境了,于是圈层化在网红经济中开始兴盛。圈层化是社会层级化在网络环境中的映射,形成新的话语权阶层。这种运营方式一方面圈内的认同感和归属感强烈,帮助 KOL 增加粉丝黏性;另一方面也树立起了"壁垒"阻隔了圈外"异类"的介入,从而让 KOL 的私域流量得以稳固。除了圈层化,KOL 的个人人格魅力也是帮助其差异定位的重要内容,这里的"人格"不是先天性的而是指后天培养的,这就需要将 KOL 当作品牌来管理运营,通过整合营销使其辨识度得到提升。差异定位能够帮助 KOL 在竞争中保持优势,比如某知名男主播将自己定位为最懂女人的男人,从而与其他口红主播产生区别,再通过"OMG""买它"等口头禅加深受众的印象。KOL 品牌化是一个长期的渗透,而且往往需要经过 MCN 的精心策划与包装。

二、KOL 直播带货的商业逻辑

(一)KOL 为什么具有变现能力

数字时代下的 KOL 基本上都根植于互联网,有学者认为数字化的时代就是金融化的时代,数字化将金融从机构信用下沉到了个体信用,个体信用不断资本化。KOL 的变现实际上就是一种个体信用的资本化。因此网红和品牌一样需要在公众心智中树立信任,取得他们的认可,再通过品牌化的个人形象经营,通过人格魅力牢牢吸引并留住粉丝群体。等完成了初步的信任建立、粉丝积累,

KOL 就有能力成为品牌、产品或商家的信任背书,让消费者愿意买单甚至额外支付情感带来的溢价。不仅是 KOL 需要寻求商业组织的合作,很多商业组织、电商平台也会主动地选择契合自身营销需求的 KOL 进行合作,比如淘宝直播签约一些主播。这些主播凭借建立起来的权威性或者人格魅力能够在短时间内击破消费者理智购物所持有的怀疑态度或心理防线,将观看受众从被动地位带入主动角色中,增强了他们的参与感也抓住了兴趣点,让观众在主播互动和直播间氛围等因素的影响下转化为实际购买的消费者。在与 KOL 的合作中,电商实现了销量的增长,平台扩大并稳固了优质流量,而主播也实现了价值的变现。正是互相需要的关系让 KOL 的变现进展得相对顺利。

(二)KOL 与直播带货

1. 直播带货的兴起

伴随 4G 的发展、5G 的到来,直播技术门槛越来越低、传播速度越来越快,涌现了大量的主播,吸引了优质的流量也引来了电商的重视,直播带货出现在人们的生活中,并逐渐成为不可分割的一部分。2019 年更是被人们称为"直播带货的元年"。2020 年"双十一"手机淘宝 App 内观看直播的用户规模达到了4133 万,同比增长 130.5%。直播成交量更是达到了 200 亿元,其中有超过 10个亿元直播间,超过 100 个千万元直播间。2021 年直播带货总规模将接近12072 亿元。可见直播带货成为足以引起社会重视、影响人民生活的现象。直播带货看似出现的突然但是仔细观察就会发现它的本质还是"代言"行为,只不过代言人从明星大咖变成了新兴网红;媒介选择从传统媒体转为了以电商平台、短视频平台为主阵地的新媒体;带货形式从公域流量缺乏互动的大众传播转为面向私域流量互动形式丰富的直播。可以说,直播带货是明星代言生活化、网络化的变体。

另外,直播带货也是传统电商弊端显露催生新网红经济的结果。传统电商虽然解决了人们足不出户获取生活所需物品的诉求,但是传统电商也忽视了人们实体店逛街采买的体验感和真实感,特别是缺少了购物过程中与家人、朋友互动的乐趣。直播带货的出现恰恰满足了人们在消费中的互动、体验需求,与主播的交流弥补了实体消费中与朋友、家人沟通的需求。

直播带货从出现以来一直在不断进化。由于行业竞争愈演愈烈,网红主播们面临着圈层化、品牌化转型升级所带来的挑战。在垂直领域具有权威性、品牌化经营的 IP 网红逐步占据了头部主播位置。在未来伴随着媒介技术的发展、消费者心理的变迁,KOL 直播带货还会发生很多变化,从话术到控场专业程度会越来越高。直播带货的风头可能会暂时下降,但这种营销模式并不会消失,而是会成为生活不可或缺的一部分。

2. KOL 直播带货的特点

KOL 直播带货从主播类型到带货方式都不尽相同,但是从中还是能总结出以下共性。

(1)产品销售需要主播引流

以往在传统电商销售过程中需要广告将消费者带到商家页面,进而完成引流和转化。在 KOL 直播带货出现以后,主播则是充当了引流的角色。通过自身的影响力,将观众转化为潜在消费者引导他们完成接下来的消费行为,帮助商家促成产品销售。KOL 在直播带货中处于核心的地位,关乎整个营销活动的成功与否。

(2)产品供应链数字化转型升级

直播带货是一种线上线下结合,沟通产业链上下游,借助平台发力提升到达率和转化率的 O2O(Online to Offline,将线下的商务机会与互联网结合,让互联网成为线下交易的平台)模式。供应链的网络化直接造成了产业链各个环节数字化。为了实现直播营销效果的最大化,企业资源、效率,甚至难以量化的消费者习惯、反馈都必须经过大数据的处理。输出的数据还需要经过 AI 的处理和分析才能转化成可以被平台、商家和主播理解的重要信息,指导了接下来的工作环节,让直播带货更精准、更有效率,并有效地降低直播的风险和失误率,同时还可以帮助商家选择合适的主播。

(3)在直播过程中观众就是潜在消费者

在信息传播层面,直播的受众就是我们通常意义上的观众,他们在观看直播时和观看传统的媒体节目一样,具有传播链条中受众具有的特点,比如注意力的投入、期待与传播链上游的互动等。同时不可忽视的是,直播带货的最终目的是促成销售,也就是将受众转化为消费者。所以直播间的观众同时也是营销活动面向的潜在消费者,具有潜在消费者所需要的理性诉求和情感诉求。这两重身份的重叠让KOL在带货时既要输出优质的内容满足"观众",又要充分向"潜在消费者"展示商家销售的产品。如何平衡两者的关系关乎了主播当前直播的成败,甚至会影响其未来的可持续发展。

(4)KOL在直播带货时与商家、平台形成了利益共同体

在大部分的直播带货中,商家需要支付一定的费用或者将部分销售所得拿出来,再由KOL和平台进行分红。所以直播的好坏直接影响了商家、平台和KOL的最终收益。此外,直播带货成功与否还会影响KOL的人设形象、商家树立的品牌印象和平台的公信力和影响力。因此在直播带货时KOL、商家和平台形成了短期的利益共同体,一荣俱荣,一损俱损。比如,某知名男主播曾在直播间因不粘锅出现的翻车事件曾一度影响了他树立起来的形象。另一知名男主播在直播间宣称自己是某品牌牙膏的副总裁,能以22元的进货价拿到原价98元一支的牙膏,并且自己的直播间内仅以29.99元出售,55元两支还包邮。但随后被网友扒出这款牙膏远没有那么贵,而且这名男主播也不是什么副总裁。尽管该牙膏生产商在事发后才出来辟谣,声明该知名男主播只是经销商,但是对该品牌和该知名男主播本人的负面影响是不可逆的。

3. KOL直播带货的模式变迁与总结

KOL带货最早出现是伴随着自媒体社交浪潮的兴起,很多自媒体社交平台趁势培养KOL聚集流量,并于这些人合作在其输出内容中植入广告,将获得的广告费用与这些KOL进行分成。这种盈利模式也被称为"网红经济"。伴随着"网红经济"的兴盛,网红公司,即MCN应运而生。团队化的运营方式有效解决了因势单力薄而缺乏持续生产力的问题。从目标受众定位到内容创作发布再到反馈收集分析指导再创作。伴随技术的成熟很多平台陆续开放了直播功能,这种实时分享、频繁互动、贴近生活的信息输出方式受到了人们的青睐。随后在各个垂直领域出现了特色鲜明的各类主播,他们迅速地聚合了大量的优质流量。嗅到商机的平台、商家和MCN开始抢占直播市场,KOL直播带货由此出现。直播带货的形式有两种——显性营销和隐性营销,即直接的营销目的展示和软性的广告植入。显性营销需要KOL们在直播中通过口头和肢体语言并用推荐产品,带动观众购买产品,最终收益由平台、商家和KOL本人分成。软性营销往往

需要 KOL 具有一定的影响力才能吸引商家的广告植入,而植入方式一般会与 KOL 平时的内容生产相契合,比如吃播在吃东西前特意展示包装,或者美妆博主将植入产品放在桌子显眼的位置上。与显性营销区别在于隐性营销往往没有直接的产品链接,只是让产品在消费者心智中留下印象,后续的购买行为则与 KOL 没有太大的联系。由于没有直接的链接,大大复杂了整个消费行为的完成过程,为有意愿购买的观众带来的一些不便,而且凸显品牌或产品的程度把握不当,可能根本达不到营销效果甚至广告过了比直接的显性营销更容易造成观众的反感,影响到原本的内容质量。但是成功的隐性营销更适合长期的品牌建设,不易招致观众的反感,更容易保护 KOL 内容的独立性。

无论 KOL 直播带货的商业模式再怎么变迁和演化,其成功变现都需要一些基本要素和环节。首先是 KOL 培养层面的优质粉丝聚合、人设品牌经营和领域权威树立。KOL(这里指网红主播)实际上是某一圈层的"代言人"和"发声者",他们存在的基础就是拥有一批稳定的中度甚至深度的优质粉丝,进而形成私域流量,这是网红主播身份确立和商业模式变现的基本条件。MCN 在培养网红主播时都会对其外貌、性格、特长、知识储备等进行深入的研判,最终塑造一个具有一定特色的 KOL 进而成为特定商业领域的权威。其次是平台的矩阵建设保障具有转化效能的覆盖率。一般分为同一 KOL 多平台布局或者单一平台深入发展两种模式。最后是匹配合适商家完成直播带货,实现价值变现。

三、KOL 直播带货的困境与出路

(一)KOL 直播带货目前面临的困境

1. 主播与电商缺乏了解

很多时候 KOL 与电商是第一次合作,在直播过程中很可能因为彼此不熟悉,缺乏了解而导致原本设计好的直播脚本出现偏离,协作过程出现分歧。此外,主播与电商间缺乏了解也容易造成电商选择不匹配的主播和主播售卖没有使用体验过的产品,进而在直播过程中缺少说服力甚至售卖三无、劣质产品而不自知的严重后果。

2. 主播、平台和电商地位失衡

直播带货既是合作也是三方的博弈,获取最大的利益都是各方期待的结果,而且在合作过程中各方的目标往往存在差异,比如主播想要个人形象最优展示、平台想要扩大粉丝群体获取更高利润、电商想要扩大销售量,因此很容易出现分歧和冲突,导致三方不欢而散。特别值得重视的是,主播地位过高,电商受到制约的本末倒置的现象,直播带货不是个人秀场其最终目的是促成购买行为。

3. 主播两极分化加重各方压力

目前各平台直播带货的流量与销售额都集中在少数头部主播身上,头部主播的收益远超众多的普通主播。由于头部主播稀缺数量少,很大程度上限制了商家的选择。且头部主播培养成本较高,对平台来说是一种比较大的负担。此外,由于头部主播的"出场"费用较贵对商家来说也是一项不小的开支,这些额外支出最终都将由消费者买单。头部主播效应危害到了整个直播带货产业生态的良性、可持续发展。

4. 高线级城市触顶,下沉市场开发困难

根据京东发布的《2019中国消费市场研究报告》显示,低线级城市的消费总额增速快于高线级城市,特别是四、五线城市的消费总额增速"领跑"其他线级城市。说明下沉消费市场具有强大的消费潜力。在高线级城市流量红利触顶的时候,将直播带货带入底线级城市成为很多平台不约而同部署下的战略。尽管下沉市场带来的前景对电商直播行业十分诱人,但是直播部署低线级城市还存在很多困难,具体主要集中在下面两个方面。首先是直播带货在边穷地区的普及度问题。这些地区自有网红主播数量少、用户缺少通过直播购买所需物品的习惯、用户对网红主播黏性不高、供应链不够完善等,都是造成上述问题的原因。其次就是网红主播与下沉市场的匹配度问题。目前大多数的网红主播都来自一、二线城市,他们生产的内容与农村乡镇这样的地区生活不够贴近,所售卖的产品也不是一、二线城市居民所需,这种定位偏差让下沉的直播带货行业需要重新进行受众画像、产品的定位和内容策划,增加了工作量和工作难度。

5. 平台对直播内容与产品质量监管不严

在直播带货如火如荼的今天,许多因监管缺失造成的问题不断涌现。主播、平台热度、流量数据造价引诱消费者非理性购买,误导电商的合作对象选择;主

播过度、虚假宣传牟取不义之财;电商售卖存在质量问题的残次商品。带货变成了待"祸",对整个产业的持续稳定发展带来了隐患。

(二)KOL直播带货的出路探索

1. 为KOL直播带货设立"培训期"

由于有的时候主播对自己带货的行业并不了解,与商家合作也是第一次,需要一个过程来供主播增加相关领域的知识储备,提升自己在该垂直领域的专业度和权威性。综合考虑,直播带货应该采用"预约—学习—直播"的模式,即商家确定主播人选和直播时间后应该提前联系主播,预留出充足的时间并主动提供充分的资料给主播用于学习行业知识、了解商品、体验商品,从而加深双方的协调性和默契度,促成一场成功的直播。

2. 权衡直播带货过程中主播、平台和电商的参与度

电商在直播带货过程中应该处于主导地位,而不是网红主播。电商直播前与平台和主播确立合作关系时可以通过协议明确自身的地位,保障直播时产品宣传介绍被放在第一位。同时,电商也需要给予平台和主播充分的自由发挥空间和信任,在原则问题不触动的前提下,支持平台和主播用自身的专业性策划安排直播细节,有效提高直播带货的到达率和转化率。

3. 加大对潜力主播的培养力度,扩大头部主播阵容

平台和MCN不能把近乎全部的经历、资源都放在有限的头部主播身上,应该重视对潜力主播的挖掘。头部主播"疯狂带货"的变现模式是粗放和暂时的,当热潮散去拥有更多的优质主播才是平台和MCN占据市场优势的关键。

4. 推动直播带货扶贫项目,探索农村电商直播新模式

2019年中国电子商务大会上公开的数据显示,目前电商扶贫已覆盖了全国28个省(自治区、直辖市)的1016个县。直播带货、电商扶贫成了脱贫攻坚的"助推器"。继续部署在边穷地区的电商直播战略,培养低线级城市的自有网红主播,通过线下活动和线上教学等平台推广方案增加直播平台在这些地区的普及度。此外,还应该从全产业链、供应链考虑,健全完善低线级城市的仓储物流。通过互联网技术介入各个环节帮助平台和商家了解地区情况,实现精准营销。

5. 细化网红义务,明确平台责任,严查产品质量

我国一直秉持着权利与义务一致的原则,网红既然作为公众人物利用自身的影响力获取利益就应该依照《广告法》等法律法规履行其作为"代言人"需要尽到的义务。落实到具体的监管工作上可以是强制网红体验所销售的产品,保留对网红的追查权利等。从平台来说,既然肩负沟通网红和商家的联结作用就要负起责任。一方面对网红完善诚信评价机制,量化粉丝点评反馈、监管部门处罚记录,设立评分系统,将诚信评价不合格的网红主播列入限制发展或封杀名单,从而规范网红直播带货行为。另一方面平台还需要对商家资质和产品质量进行必要的审核,杜绝劣迹商家、问题产品流入平台的直播间,从源头上保障直播带货的安全性,打造平台口碑。对于商家来说也要擦亮眼睛选择优质、正能量的主播和平台合作,同时开展自查工作,防止因疏忽造成消费纠纷,并做好售后服务。

四、KOL 直播带货现象总结

KOL 离我们的生活并不遥远,他们分布在各行各业,也因类型不同而各具特点。从古早时期的人类文明发展到今天,他们一直在潜移默化地影响着我们的生活和行为习惯。特别在今天 KOL 中的网红主播在直播带货中崭露头角,凭借自己长期经营建立起来的权威性或者人格魅力,主播能够击破消费者对产品所持有的怀疑态度或心理防线,变被动为主动,增强了互动性和观众的参与感,让他们在与主播的互动过程中和直播间氛围等因素的影响下转化为具有实际购买行为的消费者。直播带货从出现以来一直在不断进化。尽管直播带货的巅峰时刻终会过去,但这种营销模式将成为生活不可或缺的一部分。要保障直播带货的产业生态向好并持续发展就必须解决:主播与电商缺乏了解;主播、平台和电商地位失衡;主播两极分化加重各方压力;高线级城市触顶,下沉市场开发困难;平台对直播内容与产品质量监管不严等问题。具体可以考虑通过以下措施:为 KOL 直播带货设立"培训期";权衡直播带货过程中主播、平台和电商的参与度;加大对潜力主播的培养力度,扩大头部主播阵容;推动直播带货扶贫项目,探索农村电商直播新模式;细化网红义务,明确平台责任,严查产品质量

等。既然 KOL 直播带货会成为生活的常态,那么更应该理性看待相关的投资,采用细水长流、琢玉成器的方式引导整个产业生态向健康的、积极的、可持续的方向发展。

网红经济的扶贫效应研究①

艾　慧　李雪琪　董国欣*

以移动互联网为载体的网红经济发展势头迅猛,成为拉动内需的重要途径,为"大众创业、万众创新"注入新的活力。作为商业行为的网红经济已展现出其多元化的勃勃生机,并有向贫困地区延伸的趋势,这对于实现全面建成小康社会无疑具有良好的推动作用。然而,网红经济助力扶贫模式在实践中仍存在不少问题,因无法形成长效机制而影响其可持续发展。主要在于:配套基础设施不完善,农民网红培养遭遇"瓶颈",完整的产业链尚未形成、网红经济助力扶贫未触及扶贫根本等原因,使商业行为难以持续地扩展为公益行为,进而孵化出贫困地区的网红经济。"网红经济+精准扶贫"需要长效机制的建立,否则可能成为昙花一现的短期行为。未来需要在拓展直播范围、完善支撑体系、注重人才队伍建设以及构建扶贫模式特色等方面下功夫。

移动互联网的兴起催生诸多新型业态,而以移动互联网为载体的网络直播、短视频将互联网消费带入新的阶段,网红经济呈现井喷状态,与传统消费相比,商品的广告宣传载体及消费模式也随之发生了本质变化。显然,网络已成为突破地域空间、培育、孵化网络红人的沃土。借助于网络的特性和力量,精准扶贫也开始尝试触网,网红经济的社会效益也逐渐显现,然而网红经济与精准扶贫仍

---

①　本文是教育部人文社会科学规划基金项目"农民工市民化利益权衡及财政补贴支付的合理化区间研究"(17YJA790001)的阶段性成果。

*　艾慧:经济学博士,上海大学马克思主义学院经济研究中心副教授。
李雪琪:上海大学马克思主义学院。
董国欣:上海大学马克思主义学院。

存在需要跨越的鸿沟,一方是信任机制建立和粉丝流量聚合的商业行为,另一方是为贫困群体代言的公益行为,目前两者的结合处于起始阶段,但已暴露出的问题说明建立互为促进的良性循环关系尚需时日,制度的理顺、公共设施的配套以及网红与贫困人口之间桥梁的建立,都需要做进一步研究。本文详细阐述网红经济的商业模式、盈利模式,在此基础上挖掘网红经济与精准扶贫之间的利益共同体关系,分析存在的问题和矛盾,建立制度框架以实现网红经济与精准扶贫实现利益互补、良性互动的关系。

一、网红经济与扶贫

(一)网红经济的商业模式

近年来,网红经济成为一种新的经济商业模式,利用互联网这个平台打破了传统的营销与销售渠道。目前,网红的行为模式主要是利用网络发布文字、图片、音频、视频等迎合公众多元、个性化的精神需求,引起了广大网民的广泛关注,得到了公众的认同,提高了自身的"吸粉"能力,从而依靠粉丝消费实现商业变现。

网红经济的商业模式是:网络红人是网红经济的基础,依托互联网技术和社交平台进行内容输出拥有一定的影响力,然后将生产内容进行优化或者向专业化方向发展,吸引粉丝的注意力,增强与粉丝的联系,得到粉丝的认同感,为后续的营销奠定基础,再通过影响粉丝某些行为或决策实现变现。[①]

1. 网红与社交平台模式

目前社交平台众多,网络上以新浪微博为主的各大社交平台上以泛娱乐为主的各种多元的网络红人在游戏、美食、宠物、时尚、教育、摄影、股票等领域长期活跃着并且都有一定的影响力和粉丝,形成百花齐放的局面。这类网红为了持续提高自身知名度,利用社交平台发布能获得大众关注的内容,具体形式多样,以此得到网友关注获得热度流量,或者利用网络直播平台进行才艺表演等,获得

---

① 梁立明:《网红经济行业研究报告》,《首席财务官》2016 年第 13 期。

粉丝的打赏付费或者在平台上赠送虚拟物资,或者利用自己的高人气接到广告获得广告费用。

2. 网红与电商模式

这类模式是当前网红普遍的营销模式。网红首先通过社交软件获得关注、吸引人气,培育粉丝忠诚度并会以软广告的方式推荐自己所用或者喜爱的商品,在有一定粉丝基础后,推广自己所开的店铺或者是再与淘宝、京东等电商平台进行合作推广产品,从中获得利益。

3. 网红与内容模式

内容网红一般是指利用短视频/音频平台专门发布针对某些特定领域的专业知识或者教授某项专业技能的内容。这种类型的网红大多数利用自媒体的形式,用微信公众号或者微博、视频音频平台,发布具有高辨识度的包含视频、故事、音乐等原创内容,让用户在获取自己感兴趣的内容之前支付费用,也借此获得粉丝对自己的认可以及潜在用户的关注。

4. 网红经济变现模式

目前网红的注意力资源变现方式逐步多元化,各种变现手段不断发展。很多网红基本是利用社交平台像微博、抖音、微信公众号、火山等与粉丝进行互动交流,企业和广告商借助网红来进行产品推销,网红一般会将广告内容进行创作能更好地介绍产品信息和突出产品的优点,吸引消费者的注意力,提高消费者的购买欲望,从而促进销售增加。网红也会因此获得广告收入。当网红的粉丝数量到一定程度后,许多网红会选择自己开店,利用社交平台作为销售入口,吸引粉丝购买自己店铺的商品而得到收入。而利用直播平台的网红可以通过直播营销获得收入或者直播才艺等形式获得打赏收入、虚拟礼物,签约费等,从中可以提高个人的商业价值。

(二)网红经济产值

1. 网红电商

根据数据显示,我国网络购物的用户在 2018 年的时候突破 6.1 亿元,因此网红电商市场的扩大呈现倍数级增加。2019 年"双十一",网红直播购物销售如黑马突然崛起,当天有不少商家参与了淘宝或者天猫"双十一"的直播活动,在这些商家中,有超过 50% 的商家通过直播获得了大幅度的销售额增加,带动通过直播参与天猫"双十一"的商家中有超过 50% 都通过直播带动了将近 200 亿元的成交额①,销售额大幅度增加,在未来电商市场不可估量。

网红带货和网红自主电商已经覆盖化妆品、食品、箱包、母婴、服装、数码、百货等消费品类,越来越多的品牌商愿意去和网红合作,甚至着力于培养属于自己的网红。例如,欧莱雅、MCN 机构等。

2018 年,淘宝直播带货超过 1000 亿元同比超增速 400%,81 位主播年收入超过 1 亿元,有超 1000 家直播机构与淘宝合作签约主播超过 1 万人。② 从网红带货营销的收入模式来看,一方面,网红可以赚取广告费,既可结合优质内容推广商品,也可线下出席活动助力推广;另一方面网红可以通过内容平台内的购买链接直接引流观看者购买产品赚取销售提成。

2. 直播打赏

依靠粉丝打赏的直播包括秀场、游戏、脱口秀、户外和二次元直播等。这类直播是互联网版本的"天桥卖艺",粉丝打赏基于对直播内容的认可。

直播打赏一般为主播、公会和平台三方分成。所谓公会,即主播经纪公司。主播分成比例各个平台规定不同;一般分成比例在 30% 左右,头部主播分成比例可高达 70%。

(三)强有力的网红经济助力扶贫

2020 年 6 月商务部电子商务司发布了《中国电子商务报告 2019》,对 2019 年中国电子商务发展情况、发展特点以及未来发展趋势进行了总结盘点。其中,针对 2019 年中国农村电子商务的发展情况及面临的问题进行专题报告回顾,见图 2-10。报告指出,2019 年,我国农村的网络零售额增长幅度大大提高,从 2014 年的零售额为 1800 亿元人民币到 2019 年零售增加为 1.7 万亿元,增加了 8.4 倍,跟之前比,同比增加了 19.1%,比当年全国网上零售额的增速高 2.6%。300 多万贫困农民通过网络零售增加了收入。

---

① 杨俊峰:《中国成为网红经济发动机》,《人民日报》(海外版)2020 年 1 月 14 日。
② 2019 年中国网红经济概况、网红主要领域、网红电商、主播打赏及网红经济发展趋势分析 http://www.chyxx.com/industry/201912/816165.html。

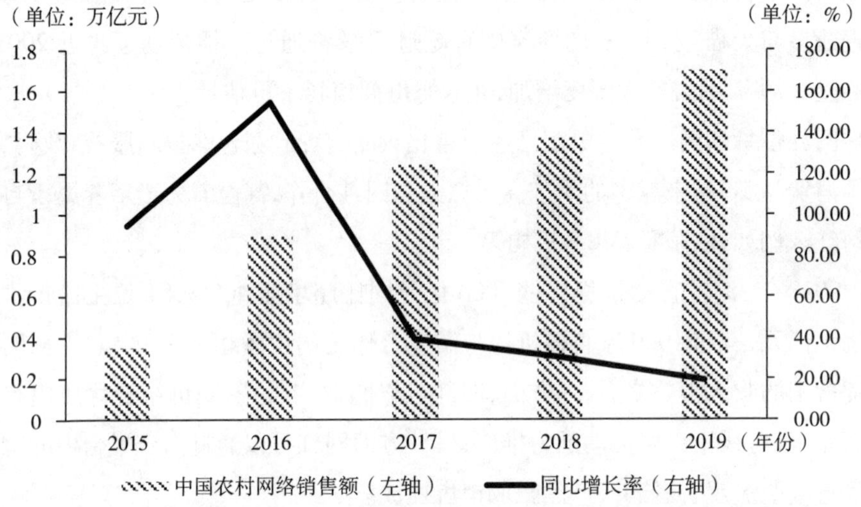

（单位：万亿元）   （单位：%）

图 2-10　2015—2019 年中国农村网络零售额

资料来源：商务部：《中国电子商务报告 2019》。

1. 网红经济下的电商扶贫模式

"直播+扶贫+产业"模式就是在移动互联网时代，利用小视频和直播节目，由网红主播向海量粉丝展示农村的生产、生活场景，将流量转化成农产品的在线交易，帮助农民脱贫致富，推动农村经济发展。在直播的过程中消费者可以看到农产品生产和加工的全过程，对农产品的了解更加全面，让消费者看得更放心，买得有信心，吃得更安心。网红带来的流量可以拓宽农产品市场，促进农产品的网络销量。电子商务平台可以为物流和售后做保障，提供了交易服务。

2018 年 9 月，在首届农民丰收节期间，阿里巴巴共做了 12 万场直播活动。直播助力销售 2.8 亿件农产品。在 2018 年"双十一"当日，有 50 个贫困县域采用淘宝直播的方式进行促销，全天共展示了 102 个农产品，上千万的网民观看了直播，全天交易额超过 1000 万元。根据淘宝数据，淘宝平台上每月有 6 万场农产品直播类目，吸引 6000 万人观看，1000 万人互动，并拉动 1.5 亿元成交额。[①]

2018 年起，某网红带货达人开始参与多场淘宝直播组织的公益活动，包括二十余场"三农"扶贫相关直播，仅一场直播就为贫困地区农产品带来了超过

---

① 叶秀敏：《电商扶贫新模式：直播+扶贫+产业》，《信息化建设》2019 年第 4 期。

3000 万元的销量。2019 年 9 月,阿里巴巴 2019 丰收节公益直播盛典中,她在直播中 2 秒售空 1.3 吨云南咖啡,引导销售国家级贫困县永胜县的软籽石榴 160 余吨。2018 年 12 月,该主播和另两位知名主播助力甘肃礼县、内蒙古科右中旗、新疆吉木乃等 9 个贫困地区的县长直播卖货,农产品总销量超过 1000 万元。县长进直播间带货的模式也被多次复制,有越来越多的乡镇干部开始兼职当主播,希望为农产品拓宽销路,也能让滞销的农产品找到出路,

电商一头连着老百姓和产业,另一头连着市场。所以特色产品走出了大山、走出了国门。在扶贫攻坚的路上走出了一条可持续发展的市场之路,让未来的发展更加稳健。

2. 网红经济下的短视频扶贫模式

2019 年是短视频网红经济产业相对集中爆发的一年,这一模式的基本内涵,是指贫困地区的用户,通过在短视频平台开立账号,拍摄上传家乡原生或加工的土特产品、自然风光或人文景点、独特的生产生活场景等,利用短视频平台给予的流量倾斜、电商导入等支持,让更多人深入全面地了解当地人们的生存发展状况与风土人情,产生贴近感,继而通过平台购买当地产品或带动当地旅游等。其重点就是授人以渔,旨在通过线上、线下培训帮助乡村发展的青年,掌握内容创作、短视频运营及短视频卖货等技能,让贫困地区的特色农副产品被更多人看到、品尝到,带动当地自我创业,做到人人创业,人人致富。改变了农村"重生产"轻"市场"的现象,也为开放农村市场提供了新的出路,增强了农业与农民抵御市场风险的能力,为应对市场变化作出相应的营销战略,拓宽产品销售渠道,为农村销售减少不必要的流通环节,让"藏在深闺人未识"的特色产品"走出去",把"土疙瘩"变成脱贫致富的"金元宝"。①

目前开展"短视频+扶贫"项目的短视频平台,主要包括快手、抖音和西瓜视频、火山小视频等。快手由于定位普通用户的生活分享,深耕三四线城市和农村地区,对农村扶贫需求更为敏感,较早启动了"短视频+扶贫"行动。

在 2018 年国际消除贫困日,字节跳动扶贫、抖音联合中共永和县委县人民政府,发起的"永和乾坤湾玩转好心情""抖音短视频创意挑战赛",引发广大网

---

① 郝涛:《以产业扶贫增强贫困地区造血功能》,《经济日报》2019 年 6 月 19 日,第 12 版。

友和游客关注。借助抖音短视频,全面展示栾川、永和等贫困县的美景、美食与人文风情,对国庆期间当地游客增长起到重要推动作用,也对文旅扶贫起到了较大的帮助。此外,字节跳动扶贫和抖音还深度参与到花垣县十八洞猕猴桃、四川古蔺脆红李等农产品的品牌打造和销售工作,让贫困地区特色农产品走向市场接受检验,建立有市场认知度的农产品品牌,将"输血"转变为"造血",十八洞猕猴桃已售出 6 万 6 千单,古蔺脆红李共售出 24 万斤。抖音带火一座城市或地区,已成独特现象;通过短视频将贫困山区的美丽风景和特色美食传播出去,已成扶贫新形式。

二、网红经济扶贫效应的经济学分析

网红经济助力扶贫,主要是网红通过拥有的注意力资源,向粉丝圈宣传贫困地区的产品以打破信息的不对称性,营造物美价廉的销售氛围,加快贫困地区商品在全国范围内流通,以此增加贫困地区脱贫渠道使之快速脱贫。长期以来,我国城乡贫富差距拉大加快了农民进城务工的速度,随着乡村振兴战略的开展,本着坚持农业农村优先发展,按照产业兴旺、生态宜居、乡风文明、治理有效、生活富裕的总要求,农村进一步深化改革,与此同时互联网已经普及全国,包括老少边穷地区,这就为农村电商及网红经济的发展创造了条件,贫困地区的产业得到进一步开发,这极大地改变了当地人的生活和生产,扩大了农村经济的发展潜力、影响范围及对劳动力的吸引力,将来可能促进进城务工人员的大规模回流,以网红扶贫带动商品流通、生产要素流通的潜在可能为解决"三农"问题提供强有力的支持和保障。同时,网红通过公益活动树立良好形象、积攒人气,借此拥有更多的注意力资源,有利于其商业活动的开展。

(一)网红经济助力扶贫的正向效应

1. 增加贫困家庭收入

贫困地区产品滞销可分为高品质但宣传效果欠佳以及普通品质无订单这两种情况。第一种情况,网红及其工作团队以直播的形式直观地向观众介绍产品的品质、特色,以产品自身具有的市场竞争力吸引消费者,从而使消费者在面临同类产品的多样化选择时倾向于购买贫困人口所提供的产品。第二种情况,在直播前期预热环节就释放出公益直播的信号,直播过程中向观众明确传递部分产品实际滞销的现状,继而号召广大社会群众凝心聚力帮助贫困人口暂渡难关。哪种情况下,贫困地区产品的网络销量都得以增加。

贫困户按照个体具备的能力可区分为同时具备一定的生产经验和文化知识基础、有一定生产能力却没有销售能力、既没有生产能力也没有销售能力这三种类型。第一种类型,可以凭借网络平台如淘宝店、微店等自主经营农产品在线销售,这种情形贫困户有可能获取更高销售价格;第二种类型,可以把产品委托给其他电商主体代做销售,没有了农产品销售的后顾之忧,贫困户的生产积极性将大幅提升继而产量增加;第三种类型,乡村振兴大背景下,政府不断优化贫困地区的基础设施与公共服务,贫困户在此契机下能分享到贫困地区电子商务发展的溢出效应。无论哪一种类型,贫困户的家庭收入都得以增加。

2. 减少贫困家庭支出

马克思主义政治经济学指出,从实物或使用价值形态上来看,社会总产品在最终用途上,不是用于生产就是用于生活,因此可分为生产资料和生活资料两大类。以下将从网红经济和贫困地区电子商务的快速发展对贫困家庭这两大类支出的减少进行分析:生产资料方面,网红经济和农村电商大幅度增加了生产性物资的供应渠道,使贫困户获取生产资料的途径更多样化,服务价格更合理化和透明化,最终贫困户生产经营成本得以降低。生活资料方面,网红文化在全国的盛行催生出包括贫困户在内的广大社会群众的网购意愿,商品的可选择性也增多,随着地方政府不断地对贫困地区基础设施的完善,特别是直达贫困地区物流体系的搭建,加上贫困地区电商代理点等的铺设,为贫困地区网购的可实现性提供了条件,最终贫困户生活购买成本得以降低。

3. 提高经营能力

一些贫困户通过目睹身边的人经营电子商务赚得的利益,或是观看平台一些网红分享成功经验,产生出谋求自身利益的动机,这样的动机驱动着他们加强与外界的交流和联系,主动去学习电子商务的经营和一些必不可少的技术,他们的加入会使已经在经营电子商务的贫困户增加危机感从而主动提高生产技术、优化营销技巧,以期维持原有市场地位。网红经济能够带来更为快捷的营销,提升产品的销售量,加快产品周转速度,使贫困户短时间积累扩大再生产所需要的资本,生产规模扩大之后将有更多的市场机会。网红经济和电子商务会吸引部分贫困户参与其中自己动手发家致富,会促使部分贫困户不断提升自身经营和发展能力,增加了贫困户脱贫致富的主动性。[①]

(二)网红经济助力扶贫模式存在的问题及原因

1. 农村内部产生网红的概率不高

培养农民网红是最直接的扶贫途径,但目前看来需要更多的资源投入。首先,农村网民数量有限。目前根据中国互联网络信息中心(China Internet Network Information Center,CNNIC)第45次调查报告显示,2020年3月,我国农村网民规模为2.55亿人,占网民整体的28.2%,城镇网民规模为6.49亿人,占网民整体的71.8%,相对于城镇网民来说,农村网民规模所占比例较小。农民身份的网红主播的人数在全部网红主播的人数比例相对较低。其次,大多数农业生产者自身条件不仅难以满足电子商务对从业人才的要求,同时很难作出高质量视频吸引眼球,成为网红的人数微乎其微。最后,农村因本地环境和薪酬待遇等问题难以引进专业人才或培训机构。

2. 农产品生产销售以及物流配送等相关基础设施建设不完善

提高农产品的市场竞争力离不开物流配送的高效率和低成本。在农村地区,仍有74.9%的村没有农村电商配送站点,无法满足农村居民"家门口收发货"的基本要求。冷链物流、农产品加工仓储、农产品宣传推广等方面电商配套设施和支撑服务体系仍有待完善,因此网红经济的渗透面还比较窄。不仅如此,因缺乏必要的质量监管和运输保障,甚至出现因产品问题,网红遭到投诉的情况,这影响了网红的信誉,对网红经济助力扶贫的持续性形成挑战。

3. 短视频的创作同质化模式化问题有待改进

短视频生产门槛低,并不意味着不需要专业性与创新表达。但由于多数个人短视频用户缺乏对信息传播规律的把握,因此许多人制作的短视频大同小异,

---

① 陈晓琴、王钊:《"互联网+"背景下农村电商扶贫实施路径探讨》,《理论导刊》2017年第5期。

同一个人拍摄的不同短视频也区别不大,加上短视频平台多采用无限推荐模式,消费者短时间内被迫看到大量相似度很高的短视频,易产生审美疲劳,影响短视频信息传播效果。另外,短视频呈现的扶贫内容有待丰富。销售特产、展示美景等,都只是"短视频+扶贫"内容的一部分,短视频通过信息传播助力扶贫实际上包含许多方面,还有待充分挖掘、不断拓展。

4. 未形成常态化机制

中国幅员辽阔,不是所有的贫困地区都有资源可以凭借利用,这样的地区网红带动不了消费,网红经济对贫困地区的扶持具有一定的局限性。有资源可利用的贫困地区,生产受自然条件制约较大,农产品价格需求缺乏弹性,受"蛛网理论"影响,存在不确定的价格周期,波动较大,农副产品利润单薄。农产品的网络消费一方面局限于网红接触推荐的产品,销售群体限于网红携带的流量,不具有全面性;另一方面局限于某一段推广的时间,不具有持续性,网红的呼吁式扶贫效应对促进消费难以形成长效机制。

5. 未助推产业规模化

产业扶贫对于贫困地区和贫困户脱贫具有根本性支撑作用这一点是毋庸置疑的。多数贫困地区都可通过科学规划和专业论证找到适合种植或生产的产品,产业链相对完整环节应是:产品的引进、开发、改良、种植、质保、加工、收购、销售、资金回收等,而网红经济助力扶贫是零散化的,侧重于增加贫困地区产品的曝光率,仅仅是对产业链当中的销售环节起到了一定的作用,对于根据资源禀赋引进资金、技术、管理等生产要素,培训合格的劳动者和经营者,打造技术链,形成产业链,提升价值链等这些关键事情上没有起到实质性的作用。

6. 尚未触及扶贫的根本

贫困问题作为一项世界性难题,其发生都有复杂的经济社会原因。网红经济助力扶贫与以下关键问题相关度较低,网红经济助力扶贫模式比较宽泛,尚未触及扶贫的根本。

环境的打造在脱贫解困中具有基础性作用。一些贫困地区交通偏远,生态脆弱,自然灾害频发,信息不通畅,教育医疗等仍存在较多问题,以上都是造成区域性连片贫困的客观原因。

外部的连接在彻底脱贫过程中也具有重要作用。地方政府能否将所掌握的如制度、组织、经济、智力等资源与外部沟通、匹配、对接,对贫困地区的后续发展具有决定性作用。

具有企业家精神,敢于冒险、勇于创新、不怕失败、善于经营的本地企业家,他们的初级形态是脱贫带头人、产业大户、创业能手,再升级可以联户发展,以村带乡,以镇带县,慢慢形成以片带面的集群效应,而这种企业家精神在贫困地区是非常缺乏的,网红经济助力扶贫除了带货之外,培养当地民众的开拓进取创新精神是根本。[①]

三、网红经济增强扶贫效应的措施建议

(一)拓展直播应用范围

1. 供给端:开展农民直播技巧培训

目前许多直播人员不是农民,而是一些专业的直播人员,他们被团队包装打造之后带货农产品。机构或公司与农产品销售方签订协议,所销售的利润有一部分被他们抽去,真正的农产品种植者却受益颇小。如果要使农民成为直播销售的获益者,还是要其本人进行直播。因此,需要对农民进行专业指导、培训。政府部门和电商平台组织承担相应的专业培训,电商巨头利用自身优势和资源搭建学习平台,派出专业人士教学。政府不但要在培训上引起重视,而且还应该在其中起到积极宣传的作用,以及把乡村的物流运输、网络通信等基础设施做好,以保证直播销售的顺利。

2. 消费端:科技助力开拓消费市场

要更进一步开拓网红经济覆盖的消费者市场。随着互联网技术和智能电子设备的普及,以及5G网络的搭建,网红经济消费市场的开拓、消费人群的拓宽都将是未来的发展趋势。因此,更需要加强网红经济对农村地区和中老年消费群体的研究,利用大数据分析等手段精准定位出这部分群体的需求,对症下药,

---

① 杨万东:《中国扶贫脱贫的实践模式、现实效果和演进方向》,《四川大学学报(哲学社会科学版)》2020年第1期。

生产符合这部分群体价值取向与消费需求的产品,从而扩大网红经济客户群体。

(二)完善支撑体系

从全产业链的视角来看,网红经济助力扶贫的方式是:借助网红流量通过社会广大公众力量的支持,使贫困地区产品、服务与劳务有渠道宣传和有门路推介,进而使贫困户收入得到保障。但是产业链各个环节都需要有力的客观条件支撑,如种植养殖方面的技术能力支撑;运输方面的交通功能支撑;营销推广方面的技术与运营能力支撑等。因此,帮助网红经济构建健全的产业链系统,才能推动该模式充分发挥出其价值。

例如,运输方面的交通功能支撑方面,贫困地区地方政府要重视营造物流行业健康发展的大环境,积极面向社会招商引资,吸纳更多物流企业到贫困地区去扎根落户,在税务减免、行业经营费用(水、电费等)等方面给予一定的政策倾斜来降低物流企业的运输成本,从而使贫困地区的物流体系得到进一步完善。物流企业也应该紧跟时代趋势,借力于大数据、云计算等技术实现数据互联互通,逐渐在贫困地区搭建好全环节、全链条的智能高效物流体系。[①]

(三)注重人才队伍建设

对于多数贫困地区来说,都应该加大对基础设施建设的投入,方式有国家专项扶贫项目资金的支持、相对发达地区的对接支援和社会非营利组织的帮助等。

贫困地区整体环境整治应该持续推进。保证贫困地区的基本生活,义务教育、基本医疗和住房安全的保障问题能够基本解决。以上贫困地区整体的改变,能够增加优秀的电子商务人才投身扶贫事业扎根农村的意愿,这种转变也能够吸引部分企业在贫困地区落户并对当地人才的系统培训起到溢出作用等。对于贫困地区急需的顶尖人才,除去企业发放薪资,当地政府也应该酌情给予补贴,缩小与经济发达地区的待遇差异。

人才引进的同时,贫困地区也要关注对本地电商从业人员的培训工作,由政

---

① 李洁:《"互联网+"时代背景下电商精准扶贫新模式探析》,《农村·农业·农民(B版)》2020年第6期。

府牵头努力解决地方职业院校基础研究"最先一公里"和电商从业人员推动市场"最后一公里"的有机衔接问题,电子商务领域的专家要了解开展培训的贫困地区实际的电商经营情况,有针对性地进行培训,进而使本地电商从业人员的专业能力切实得到提升。[1] 脱贫攻坚战役中,"人"是脱贫的主体,打赢这场仗关键在人的观念、能力和干劲,贫困户有了"自己想要站起来"的决心,方能实现稳定的脱贫与发展,所以还要强调精神、教育扶贫,培育好贫困地区人口的内生动力才能进一步激发好该地区的发展活力。

(四)构建扶贫模式特色

提升内容质量,创新输出形式。独特的内容生产能力对于网红而言至关重要,关系到其能否提升商业价值,达成流量变现的目的。整体行业环境来看,应该抵制和淘汰"三无":无价值、无意义、无影响力的内容。对作品内容的要求应符合如下三点:一是契合社会主义核心价值观,不违背法律法规;二是内容生产者和接收者都能从作品中收益;三是要充分展示出内容生产者的个性化和独特性。

延续直播或短视频对大众的吸引力,不仅要着重关注直播或短视频的内容,还应注重其输出形式。在做直播或短视频时,前期物料准备、文案策划、人员场景布置等是基础。在形式设计上要尽可能创新巧妙,未来形式的团队化、多样化将是一个趋势。农村充满着特有的乡土气息,以健康、独特的内容也会吸引关注成为网红,而这种操作方式已经有成功案例。

---

① 李洁:《"互联网+"时代背景下电商精准扶贫新模式探析》,《农村·农业·农民(B版)》2020年第6期。

Ⅲ　行业研究报告

城市 IP 与网红发展趋势研究

孔　铎　毕璐健*

"城市 IP"与"网红城市"是近年来城市文化建设、城市品牌传播、数字经济、文化消费等热切关注的交叉领域。其立足于对城市特色的传播活动,借助媒介技术更新、媒介融合的全新环境,为文化消费活动开创了全新的领域。同时也将多样性的文化趣味同经济资本、社会资本进行全新的联通。由于新冠肺炎疫情的影响,中国的"城市 IP"与"网红城市"发展暂时放缓,但这并不能改变"城市 IP"与"网红城市"崛起的趋势。在未来,思考怎样令"城市 IP"获得可持续的文化吸引力,使"网红城市"取得"长红效应",促进中国"城市 IP"与"网红城市"健康可持续发展的重要向度。

一、"城市 IP"与"网红城市"的背景与内涵

在论述展开之前,首先要对"IP"和"网红"的背景与内涵进行必要的说明。目前大多数解读将"IP"简单地解读为"Intellectual property",即知识产权。而"网红"则是在现实或者网络生活中因为种种原因受到网民关注从而走红的人。需要指出的是,这些解释虽然说不上是错误,但存在过于笼统和粗糙的问题。"知识产权"自 20 世纪 80 年代便已引入中国,而"网络红人"自 21 世纪初互联网开始在全国普及发展时,便已家喻户晓。为何二者会在 21 世纪第二个的十年

---

　　*　孔铎:山东财经大学文学与新闻传播学院讲师,博士。
　　毕璐健:山东大学新闻传播学院。

集中爆发,成为社会的普遍关注点?又如何成为数字经济、文化消费、城市营销热切关注的交叉领域?从二者诞生的社会背景中可以看出。无论是"IP",还是"网红",都是当代媒介技术环境所形成的特定生态下,在文化消费逻辑之上而形成的新模式。一方面,追求跨平台、多载体、差异化、多样性的文化体验,这并没有超出文化消费的既有逻辑。并不需要理论上的特殊创新,只是需要将"消费活动"同"虚拟商品"进行连接便能够将其基本机制解读清楚。另一方面,针对"IP"与"网红"的消费活动,其背后所折射出的媒介与用户,文化与社会,消费与文化之间的具体联系,则捕捉新经济增长点、文化引爆点不可或缺的知识参照。从媒介形态变革、新经济形态崛起和文化消费最新发展形态三个角度,可以将二者的内涵、性质和功能解释如下。

(一)从根本上看,"IP"和"网红"是媒介技术突飞猛进、媒介文化整体性更新的当代形态

"IP"和"网红"存在的前提,便是当下媒介技术长足发展,日常化、即时化、互动性和公共交往等功能在新媒体中的确立。报纸、广播、电视有能力在商品社会中塑造品牌,在大众文化消费活动中捧红明星,并为受众提供多样化的体验。但归根结底,这些传统媒体都只是有限的单向输出,频繁的情感双向互动基本不可能。究竟媒介所承载的意象和符号如何被受众接受,出现了怎样的反响与异变,则长时间存在于日常生活中,难以辨明。互联网技术的突飞猛进,将原本只可能在现实空间中展开的即时互动、日常交谈和公共讨论等活动转移到了虚拟空间。从这个角度上看,技术的发展不仅更新了媒介的形态,还通过对媒介使用方式的改变,对媒介文化进行了整体性的更新,进而改变了每一个人的生活方式。我们不仅仅在现实中生存,而且还在网络的虚拟世界中不断突破现有的时空局限,在技术的新秩序下进行信息的获取和交往交流。而"IP"和"网红",则是在这一演变中脱颖而出的新媒介文化。其核心的特色在于,借助于海量的信息传输能力和公共交流功能,营造全方位、即时性、多角度、可交流讨论,具有丰富体验价值的媒介形象,进而使媒介文化承载了前所未有的功能,获得了更加广泛的影响力。

（二）从核心逻辑上看，"IP"和"网红"都是文化消费逻辑中不断"求新"的产物

如果说媒介技术的变革为当下网络的万众参与、日常交往和海量数据传输创造了可能的话，文化消费则是"IP"和"网红"的灵魂。正是差异化的文化消费需求，将媒体技术的变革具体地引导到了文化娱乐的领域，制造出了空前的文化市场。早在 19 世纪，设计学的先驱威廉·莫里斯便感叹，新出现的工业批量化产品无法满足人们对于个性与美的需求，日常生活的器具变得丑陋且呆板。20 世纪下半叶，空前强盛的物质生产能力和日渐成熟的大众消费市场，最终不再满足于"千人一面"，而是在产品设计、生产线管理、市场营销、文化包装等多个方面，积极促进个性化产品的实现。而当时间发展至 21 世纪，对于个性化产品的需求又超越了有形产品和传统服务的范畴。各种文化产品开始谋求跨越虚拟与现实，借助媒介融合的大趋势，在全新的层面上迎合多样性的审美趣味。

如今的文化消费的核心在于不断地"求新"，这一"新"不再是传统文学艺术上的"创新"，而是在多个媒介载体、多个产品形态、多个营销事件中，呈现出既符合工业流水线生产效率，又能够给消费者或受众全新体验的商业性产品。这里的"全新体验"不仅仅局限于内容的精良，还表现产品外在形象的耳目一新，外在消费场景的出色营造，线上、线下互动活动的巧妙设计等。英国学者柯林·坎贝尔认为，消费主义逻辑的核心并非选择、购买或使用产品，而是在这一过程中享受产品意象所带来的精神体验。这种体验既可能是身份的炫耀，也有可能是某种归属感，更有可能是某种精神享乐。总而言之，这一过程使个人能够将自身同某种意义进行联结，而媒介技术的更新，则为这种意义的塑造提供了全新的可能。

（三）从性质上来说，"IP"和"网红"是数字经济长足发展的产物

在 20 世纪下半期到 21 世纪的时间跨度中，西方的政治经济学家、文化研究学者从各种方面论证了高扬个性的消费趣味，同第三次科学技术革命相结合所形成的各种社会文化影响。其中的共识在于形成了"定制化"和"数字化"的两大趋势。定制化的内容不必多言，而数字化的重要表现在于，个性化的产品的形

态,由"有形"逐渐扩展到"有形无形兼备",甚至是"跨媒介平台虚拟生存":成熟的媒介技术将原本分散在纸张、磁带、录像带、胶片上的文字、声音、图像和影像等要素,转化为可以用数字化手段记录、储存、编辑、传输和读取的多媒体产品。这使多样性媒介产品制作、传播的门槛大大降低,不同形式的媒介可以进行轻松转换。围绕一个主题,人们可以轻而易举地生产出大量的图片、文字、影像、声音,并编辑成为适合短视频、直播、微博等媒介产品。在具有强大影响力的网络平台助力之下,制作者可以以此为基础,用各种方法获得经济收入。

这一模式十分明显地用技术的更新与应用,更新了文化经济的商业模式。以往的网络红人可以获得流量,但无法直接获得收益。游戏、动漫中的虚拟形象可以在屏幕上获得热捧,但要拉长产业链,获得丰厚的经济利润,则必须走出原有的虚拟世界,在现实中推出相应的商品和服务。而数字经济、注意力经济的发展成熟则改变了这一必须从"虚拟"走向"现实"的过程。受众的"注意力"成为一种可直接转化成文化消费行为的"稀缺资源"。"网红"可以在凭借流量直接赚取平台的补贴,或者直接代言商品,获取粉丝打赏的方式盈利。IP 在前期需要凭借各种平台的互动活动进行持续培育,创造多样化的媒介产品,策划各种媒介事件来吸引用户。在获得足够认同度的情况下,便可以同各种产品进行结合或者联动,将 IP 的认同度转化成为经济收入。总的来说,成熟的媒介技术将群体认同和经济效益,同多样化趣味所形成的数字流量进行了连通,构建了无须过多依赖过多中介,满足个人趣味即可实现经济效益的虚拟经济模式。从某种程度上说,这是文化资本同经济资本、社会资本相互转化的全新方式。

(四)从城市上来说,"城市 IP"和"网红城市"为城市传播创造了全新的可能

城市传播是一个伴随城市发展方式转型而逐渐浮出水面的新命题。在城市产业"退二进三",城市空间更新活动使居民十分明显地意识到文化的重要性,不同城市之间开始以竞争的姿态争取投资、移民和游客时,如何对城市的各种人文要素进行总结,通过媒介产品的形式营造鲜明、富有吸引力的城市形象,成为城市发展过程中的重要问题。早在 20 世纪 80 年代,英美等国为了吸引城市旅游,便以电视节目的形式对城市进行了系列性报道。如今媒体融合空前发展,城

市传播也由"一对多"转化成为"万众参与"。2018 年 9 月 11 日抖音、头条指数与清华大学国家形象传播研究中心城市品牌研究室联合发布的《短视频与城市形象研究白皮书》中指出,随着网络传输技术的不断升级,城市形象传播与塑造已由以地方政府为主的前移动互联网阶段,推进到以市民公众为主、地方政府与媒体共同参与的移动短视频阶段。同前移动互联网阶段相比,以移动端短视频为主的传播形式,大大地扩充了网络空间中城市形象定义者的数量与城市形象解读的丰富性程度,使城市形象传播摆脱了原有的过于概念化、不接地气、认知极化等问题,而以其贴近于人们所熟知的日常生活经验与表达方式而更具接受的直观性与亲和性,并自然而然地实现了城市形象之间的性格区分。在这一新的环境下,小城市也可以凭借对传播规律的把控,以优质的本地化内容吸引高度关注。[1] 在媒体不断同每个人的生活日益紧密联系的前提下,对城市形象传播的要求非但没有降低,而是提升了。问题不再是选择何种"高大上"的意象,在权威媒体上进行广泛传播。而是如何巧妙地因势利导,将城市中有人气,受欢迎的场景与活动在全新的媒介环境中进行创意推广。作为一个包罗万象的聚合物,如何恰当地选择城市中合适的文化资源,在语境改换的虚拟世界中获得媒介使用者的注意,成为在新时代做好城市 IP,获得网红效应的关键问题。

二、城市 IP 与网红城市的国外参照——以日本为例

日本城市 IP 勃兴的重要特点在于,同发达的动漫产业密不可分。在冷战结束特别是进入 21 世纪以后,日本十分注重构筑文化软实力。其中的文化不仅仅指代文学、艺术等严肃文化,更是可观看、可体验的大众文化产品。在发展动漫产业的过程中日本便意识到,单纯依靠制作动画和漫画,很难满足发展的客观需要,而消费者也渴望在动漫之外对各种角色、故事进行更加多样化的体验。在拉长产业链条的过程中,动漫产业逐渐开始同城市 IP 产生联动。自 20 世纪 90 年代起,日本政府也开始提出以"动画"牵头的内容产业,促进观光业发展的计划

---

① 搜狐科技:《抖音+清华发布:短视频与城市形象研究白皮书(全文)》,见 https://www.sohu.com/a/255119378_99957768,2018 年 9 月 18 日。

和扶持政策。21世纪初,地方吉祥物的建设热开始兴起,由渐渐发展为从"内容"到"观光"的发展道路。如今,在日本的城市IP中,活跃着两种虚拟角色:一是由动漫产业中的经典角色同城市进行结合而发展出来的城市IP,二是由地方自主开发吉祥物,进而发展成为有地方代表性的城市IP。

(一)由动漫产业中的经典角色发展而来的城市IP:柯南小镇

柯南小镇位于日本鸟取县的北荣町,位于日本地域中中国地方的东北部,濒临日本海,原本是一个以西瓜种植和海水养殖为主的普通沿海农业小镇。这里是日本知名动漫《名侦探柯南》的作者青山刚昌的家乡。1997年,建设柯南小镇的概念首次提出,在1999年至2001年,柯南大桥、柯南列车和柯南雕塑逐渐在此落成。2005年2月,北条町与大荣町合并委员会制定了"新町城镇发展计划",其中一项主要措施是建立以柯南为主题的旅游观光设施。2005年10月,北条町与大荣町正式合并为如今的北荣町。此后,决定以"柯南小镇"为发展中心,进行新城镇的开发活动。提出将青山刚昌故乡馆作为北荣镇的观光基地,借此激发居民的独创性,加速利用当地资源开发活动,激发新市镇的活力之源。

2007年青山刚昌故乡馆落成,故乡馆共分为6个区,除青山刚昌个人介绍、漫画作品和动画作品的展示外,还设有自助餐厅和动漫周边店。故乡馆内还原了青山刚昌的工作室,讲解了他构思柯南的经过。就此柯南小镇的系统化建设开始启动,更多的柯南雕像、指示牌、路标和特色场所在北荣町公共街道竖立。2013年,市内的由良车站更名为"柯南车站",并在站内设立了游客咨询中心。2015年,鸟取机场更名为鸟取沙丘柯南机场,为配合联动,《名侦探柯南》也在年底推出了剧集《鸟取沙丘的神秘之旅》。剧集对鸟取县的各个景点进行了呈现。2018年8月,青山刚昌故乡馆总游客数达到了100万人次,为北荣町带来了巨大的经济收益。[①]

凭借着柯南这一日本著名动漫IP,北荣町已蜕变为闻名的观光"圣地"。目

---

① 国际品牌观察网:《当城市品牌建设遇上二次元》,见 http://www.c-gbi.com/v6/7406.html,2019年10月25日。

前,柯南小镇已经将由柯南车站到青山刚昌故乡馆的 1.4 千米"鸟取县道 167 号由良停车场线"更名为"柯南大道",并在沿途规划了售卖独特纪念品的"柯南之家 米花商店街"、大型户外游乐设施"名探侦柯南巨大迷宫"以及用柯南主题装饰的北荣町立图书馆、北荣町政府办公大楼。并且这一路线也能够经过先前建成的"柯南大桥"。可以说是十分成功地将整个地区同柯南有关的景观进行了串联。除此之外,"哆啦 A 梦""樱桃小丸子""新世纪福音战士"等知名日本动漫都在不同地区,通过设立美术馆、博物馆、主题公园、特色街道景观的方法同城市进行互动,形成了动漫产业延伸和城市 IP 推广的"双赢"。

将享有盛名的动漫作品同城市 IP 实现联动的重要途径是建设以博物馆、美术馆、陈列馆,以及同其相配套场所。在 21 世纪的第一个十年中,新的日本动漫则直接发起了"圣地巡礼"的城市推广策略,见表 3-1。具体而言,就是在作品绘制的过程中,将实际的城市场景转移进动漫作品,借助虚拟角色在真实城市街景中发生的故事来吸引国内外游客到日本进行观光旅游。根据日媒报道,由新生代动画导演新海诚执导的动画电影《你的名字》,其在上映的 2016 年便为岐阜县飞驒市带来了 185 亿日元的旅游收入。①

表 3-1 日本著名动漫 IP 与城市互动对应一览表

名字	创立时间（年）	来源	城市实体性场所/同城市的互动活动
"鬼太郎"	1960	动漫	鸟取县境港市设有"水木茂之路"和"水木茂纪念馆",东京都调布市商业街的多个场地设立了主题雕塑
"哆啦 A 梦"	1969	动漫	北海道札幌新千岁机场国际出发 3 层设有主题公园,神奈川县川崎市设有藤子·F.不二雄博物馆,富山县高冈市设有哆啦 A 梦步道、动漫场景再现,以及哆啦 A 梦纪念电车
"机动战士高达"	1979	动漫	东京都台场地区内部设有台场高达博物馆
"樱桃小丸子"	1986	动漫	静冈县静冈市设有樱桃小丸子乐园

① 上观新闻:《〈你的名字〉火了日本小城飞驒市,游客追捧热门影视剧取景地》,见 https://www.jfdaili.com/wx/detail.do? id=39372,2016 年 12 月 15 日。

续表

名字	创立时间（年）	来源	城市实体性场所/同城市的互动活动
"新世纪福音战士"	1994	动漫	山梨县富士吉田市富士急乐园内设有主题公园，东京都江东区有明物流中心内设有屋内型微缩模型主题公园
"精灵宝可梦"	1996	电子游戏	将于大阪的环球影城游乐园内设立主题公园
"名侦探柯南"	1996	动漫	鸟取县荣北町柯南小镇内设有柯南大道、柯南大桥、青山刚昌故乡馆、柯南之家、柯南巨大迷宫等
"航海王One Piece"	1997	动漫	东京都东京铁塔脚下FOOT TOWN内设有主题公园
"火影忍者"	1999	动漫	兵库县淡路市开设有火影忍者主题乐园"NARUTO&BORUTO忍里"
"你的名字、天气之子"	2016、2019	电影	影片中多次出现日本城市内真实场景，包括东京市国立新美术馆、朝日稻荷神社、代代木会馆、六本木展望台、天下一品拉面店、飞騨市电车车站、图书馆、公交车站等

（二）由地方吉祥物兴起而诞生的具有地方代表性的角色IP：熊本熊

熊本熊作为日本最为著名的地方吉祥物之一，最初是作为日本西端熊本县的吉祥物而设计的。熊本熊诞生于2011年，在这一年九州的新干线全线贯通，熊本县作为沿线一个农业为主、其他特色不甚突出的地方，希望能够以某种方式对自身知名度进行推广，进而推动本地的经济社会发展。受熊本县政府的邀请，当地出身的编剧小山薰堂及设计师水野学在名为"熊本惊喜"的策划案中，共同规划设计了熊本熊。

熊本熊最终的造型结合了熊本县的黑色主色调，同时增加了动漫形象经常采用的两颊腮红。在性格特点上，熊本熊行动笨拙、好奇心强、爱调皮捣蛋，甚至有些孩子气。在诞生初期，熊本县专门为熊本熊开通了Facebook和Twitter账户，并为熊本熊的宣传推广专门划拨了资金，还聘任熊本熊为营业部长和幸福部长，并以系列性"旅行日记"的方式为受众介绍当地或是其他地方的特产、景点、美食。后来，熊本县政府又推出了一个大胆的举措，那就是让熊本熊兼职担任熊本县的观光部部长,成为熊本县真实政府机关的形象代言人。

熊本熊这一 IP 的成长,离不开一系列媒体事件的营造。就在 2011 年,熊本县知事蒲岛郁夫将"在大阪分发一万张名片,提升熊本县知名度"的任务交给了熊本熊,希望能像日本偶像团体在获得轰动性关注。紧接着,策划团队又"爆出"了一个坏消息:"熊本熊在大阪消失一个月了。"同时煞有介事地召开紧急记者会,希望目击者通过 Twitter 提供信息。通过亦真亦假的娱乐事件,让熊本熊逐渐走进日本普通民众的视野。2012 年,熊本熊又遗失了自己两颊的腮红,蒲岛知事再次紧急召开新闻发布会,表示县政府已成立调查组专门调查此事,并号召大家帮熊本熊找回腮红,熊本熊也亲自跑到东京警视厅"报了案"。最终腮红在县内的番茄田和草莓田中找到。这一事件十分成功地向外界说明了红色在本地文化中的重要性:红色可以代表熊本县的火山,还可以代表熊本县的大量农作物和美食。此后策划团队又制造了一系列围绕熊本熊的媒体事件,"偷吃零食""减肥失败""工作努力""升职降职"等既贴近当代都市人生活,又有娱乐效果的事件使熊本熊的形象不断深入人心。

为了有利于文化推广和服务地方,熊本熊在日本国内的使用是完全不收取授权费用的,只要通过熊本县政府审核,证明商品有助于熊本县的宣传,就可以进行使用。在这一形象不断深入人心的过程中,熊本熊也为熊本县带来了极大的回报。熊本县通过打造熊本熊火车站、办公室、广场、主题民宿等系列产业链,持续不断地开发"熊本熊+"系列产品,持之以恒地经营和推广。在形成品牌效应的 5 年内,熊本县旅游人数增长 20%,拉动了熊本县 10%的农副产品销量。[①]除了售卖熊本熊和熊本县当地纪念品的商家率先加入之外,后续连日本航空公司也来找熊本熊代言,飞往北美和欧洲的日航客机机身上都能看到熊本熊的形象。

据日本经济新闻报道,2016 年,熊本熊相关的市场营收为 1280 亿日元,约合人民币 74 亿元。其中,番茄、肉类等农副产品占比 50%以上。然后是腌菜、糖果等加工类食品。再然后是小徽章、文具等杂货类小商品。海外出口方面,收入

---

① 徐晗溪:《熊本熊:一个超级 IP 改变一座城》,《海南日报》2019 年 5 月 20 日。

17亿日元,约9860万元。而这一切,还是在不收纳授权费的基础上实现的。[①]
2018年1月8日,熊本熊版权新规正式实施,海外企业也可以在经过资格审查,
支付一定版权费用的基础上使用熊本熊IP。在经历了近十年的培育之后,"熊
本熊"真正实现了由地方IP向国际IP的"蝶变"。

实际上,除了熊本熊之外,日本其他各个地区也有代表本地的IP形象。自
2011年开始,日本每年会在全国范围内举办吉祥物大赛活动,见表3-2。无论
是自治体、商店街、地域的旅游协会设计的吉祥物,民间公司所有的吉祥物,或者
是为宣传日本而努力的吉祥物,均可以报名参赛。2020年是日本吉祥物大赛的
终局之年,主办方在官方网站中明确指出,就像心态的好坏能够影响一个人免疫
力的强弱一样,在过去的9年中,吉祥物评选活动向外界展示了一个从地震、核
电站核泄漏事故中重新复兴,散发耀眼光芒的日本。希望未来能够以新的方式
继续努力,为日本的社会建设贡献新的力量。

表3-2　在日本"吉祥物大赛"网站中登记的日本各地区吉祥物数量(截至2020年7月)

地方区划	主要城市	吉祥物数量	地方区划	主要城市	吉祥物数量
北海道地区	北海道	27	山阴山阳地区	鸟取县	1
东北地区	青森县	8		岛根县	2
	岩手县	44		冈山县	15
	宫城县	14		广岛县	10
	秋田县	3		山口县	4
	山形县	7	四国地区	德岛县	8
	福岛县	12		香川县	6
关东地区	茨城县	11		爱媛县	6
	栃木县	9		高知县	6
	群马县	12	九州—冲绳地区	福冈县	15
	埼玉县	34		佐贺县	1
	千叶县	19		长崎县	6
	东京	96		熊本县	5

① 三文娱:《熊本熊年收74亿元,它是如何打造IP人设和营销的?》,见 http://www.3wyu.com/15881.html,2018年1月10日。

续表

地方区划	主要城市	吉祥物数量	地方区划	主要城市	吉祥物数量
	神奈川县	25		大分县	1
中部地区	新潟县	12		宫崎县	6
	富山县	7		鹿儿岛县	8
	石川县	4		冲绳县	3
	福井县	3	近畿地区	三重县	9
	山梨县	5		滋贺县	10
	长野县	29		京都府	19
	岐阜县	15		大阪府	62
	静冈县	13		兵库县	14
	爱知县	35		奈良县	11
				和歌山县	11

注:根据日本吉祥物大赛官网信息整理。

三、中国城市 IP 与网红城市发展现状

城市传播、城市营销活动同"IP"和"网红"结合,是媒介技术更新和文化市场火爆自然而然产生的趋势。2014 年、2015 年是中国 IP 产业的爆发年,将优质 IP 通过版权交易的途径扩展表现形式,整合到音乐、动漫、游戏和影视等多个领域,实现娱乐产业的联动发展和各种产品多元化变现,一时间成为国内文化市场的热点。在此之下,也有不少 IP 开始根据特定内容,谋求同实体性的城市建立联系。2018 年"网红城市"的家喻户晓,更是同抖音、快手等短视频平台的持续火爆密不可分,见表 3-3。此后不少城市开始主动借助短视频的形式进行推广宣传,争取年轻群体的认同。

表 3-3　2018—2020 年中国网红城市排行

排行榜	发布机构	发布时间	排名项目	上榜城市（前 20 名）
2018 短视频与城市形象研究白皮书	抖音、头条指数、清华大学国家形象传播研究中心城市品牌研究室联合发布	2018 年 9 月	城市形象短视频播放量	重庆、西安、成都、北京、上海、广州、武汉、长沙、深圳、南宁、杭州、厦门、南京、郑州、天津、青岛、昆明、济南、哈尔滨、合肥
2018 年城市旅游度假指数报告	携程旅游和百度数说联合	2018 年 12 月	游客数量增长最快的十大"网红城市"	重庆、苏州、南京、成都、青岛、兰州、西宁、杭州、西安和长沙
2019 城市商业魅力排行榜	第一财经旗下城市数据研究项目新一线城市研究所	2019 年 5 月	城市人活跃度（根据饿了么、抖音、知乎等平台数据计算）	杭州、成都、重庆、苏州、南京、武汉、西安、天津、东莞、厦门
2020 城市商业魅力排行榜	新一线城市研究所	2020 年 6 月	城市人活跃度指数	成都、杭州、重庆、苏州、武汉、南京、东莞、西安、郑州、天津
中国潮经济·2020 网红城市百强榜单	21 世纪经济报道、21 财经客户端联合知乎和快公司共同发布	2020 年 7 月	2020 网红城市百强榜	北京、上海、广州、深圳、杭州、成都、西安、长沙、南京、重庆、武汉、苏州、厦门、天津、青岛、郑州、合肥、东莞、济南、珠海

（一）重庆

重庆可以说是中国第一批"网红城市"中的典型样板。2018 年"五一"假期过后,重庆市举办了一次规模空前的旅游发展大会。在大会上重庆市委书记提出,旅游要成为重庆市的支柱产业。也正是在 2018 年的上半年,重庆市洪崖洞、李子坝"穿楼"轻轨、长江索道、印制二厂文创园等景点的短视频受到了热捧。根据报道,洪崖洞于 2006 年开市,之后连亏五年,由于网友发现这里密集的建筑类似于知名动漫《千与千寻》中的场景而逐渐走红。李子坝轻轨站是重庆轻轨 2

号线的一个普通站点,其"穿楼而过"的奇特景观是因为重庆的特殊地势造成的。而长江索道则是一条运行时间逾 30 年,近年来才改为旅游观光用途。印制二厂文创园最早在开发商眼中只是一个艺术品仓库,因为房屋租赁合同与厂方分歧过大才决定将厂房全部租赁下来。2016 年 3 月到 6 月,电影《从你的全世界路过》在印制二厂文创园拍摄,2016 年 9 月开始上映,取得了 8 亿元的票房收入,也对重庆旅游起到了宣传的作用。

这些原本没有太大名气的城市建筑,之所以会迅速助力重庆市成为"网红城市",除了保留有重庆本地的建筑、景观特色之外,一个重要的原因在于,无处不在的网络媒体为不了解重庆的外地游客提供了一个绝佳的展示平台。爬坡上坎、轻轨索道是重庆居民的日常生活,火爆全网的"网红"景点在本地人看来平淡无奇,甚至司空见惯。但是外来游客却可以在这些景观中体味到立体山城所带来的"魔幻感"。加上重庆的物价不高,适合追求新鲜感的年轻人"穷游",这些因素使重庆线上的"网红"直接转化成了线下的"游客火爆"。根据重庆市旅发委公布的统计数据,2018 年的"五一"长假期间,洪崖洞共接待游客量达 14 万人次,同比增长 120%,"五一"假期三天重庆市共接待境内外游客 1735.75 万人次,实现旅游总收入 112.48 亿元,同比分别增长 21.6%、30.5%。[①] 2019 年 3 月起,重庆启动了为期半年的区县"晒文化·晒风景"大型文旅推介活动,希望借助社交媒体平台,对重庆的各种文旅资源进行深度的推介。

(二)西安

如果说重庆的火爆是由于具有"奇观"效应的城市建筑的话,西安则是依靠特色活动对用户构成了吸引。摔碗酒、"不倒翁姐姐",以及毛笔酥、陕拾叁冰淇淋、无人机表演和网红主题宾馆对短视频用户构成了"另类的吸引"。摔碗酒最初来自永兴坊,这是西安市内的一片仿古建筑群,自 2014 年开业以来店铺的表现一直不温不火,很多本地人并不看好这里的前景。2018 年爆红之后,最火时每天要接待上千人,摔碎 2 万多个碗。[②] 而"不倒翁姐姐"则是在 2019 年年底的

---

① 韩毅:《"五一"重庆接待游客 1735 万人次》,《重庆日报》2018 年 5 月 2 日。
② 《西安"摔碗酒"爆红 排队俩小时摔碗五秒钟》,光明网,见 https://www.sohu.com/a/229781666_162758,2018 年 4 月 28 日。

西安曲江新区内的西安大唐不夜城走红的。景区的初衷是按照西安城市吉祥物"唐宝"和"唐妞"的形象设计真人不倒翁,在街头进行表演以增加周边商业街区的人气。事实证明,这一举措的确取得了轰动性的效应。不倒翁扮演者从小学习民族舞,在2019年7月被选为"唐妞"的扮演者。有演出任务的时候,她需要下午六点到化妆间做准备,从晚上开始每隔半小时演出一次,每场二十分钟,一共四场,中间休息的时间可以同游客互动。另外,她还在不倒翁表演中别出心裁地融入了舞蹈动作,各种情况都可以通过自己设计的动作对气氛进行调节。根据2019年12月的统计,"不倒翁姐姐"6000余条表演视频的总播放量超过了15亿次,数据每天还在增长。虽然晚上才开始第一场表演,但是从下午的三点钟开始就有很多游客大排长龙,而当地商户更是从中获益良多,感叹"生意比以前好多了"。①

此外,影视剧《长安十二时辰》的热播也对西安的城市形象传播进行了助推,2019年8月18日晚,优酷VIP会员7周年嘉年华及《长安十二时辰》庆功会在西安城墙永宁门内举行,导演、原著作者、总制片人及影片主演齐聚西安。而身为西安人的导演,在剧中也将名吃"水盆羊肉""火晶柿子"植入《长安十二时辰》中,通过剧中人物"张小敬"带火。根据饿了么数据显示,北京水盆羊肉外卖订单量环比增速全国最高,达到133%,上海以62%的环比增速位居第二;淘宝火晶柿子搜索量环比增长2127%。②

(三)敦煌

自《我在故宫修文物》带火了故宫这一文化IP之后,如何让自身的文化遗产转化为当代媒介环境中可感知、可体验的文化产品,成为摆在其他博物馆面前的问题。早在2017年,敦煌便开启了对文化IP的演绎和活化。数年来,敦煌博物院同腾讯共同启动了"数字丝路"计划,旨在通过文物的保护和传播、文化价值的挖掘和梳理、文化IP的演绎和活化三个层面,打造敦煌数字文保解决方案。双方先后推出了敦煌数字供养人、《寻仙》手游敦煌主题活动、QQ音乐敦煌古曲

---

① 杨劲松:《"不倒翁小姐姐"爆红,和李子柒"异曲同工"》,新京报网,见 xinhuanet.com/2019-12/12/c-1125336936.html,2019年12月11日。
② 轩辕杨子:《〈长安十二时辰〉庆功会在西安举行》,《西安日报》2019年8月20日。

创新大赛、《王者荣耀》杨玉环"遇见飞天"皮肤、"敦煌诗巾"等跨界项目,利用游戏、动漫、小程序等年轻群体乐于接受的方式来对敦煌文化进行了推广。

2020 年 2 月 20 日,"云游敦煌"小程序正式推出,成功成为新冠肺炎疫情期间人们的关注热点。该小程序上线仅 10 天,总访问量就突破 500 万,独立访客超过 100 万。[①] 4 月 13 日起,由敦煌研究院和腾讯影业、腾讯动漫联合出品的"敦煌动画剧"在小程序"云游敦煌"首播,共有《神鹿与告密者》《太子出海寻珠记》《谁才是乐队 C 位》《仁医救鱼》《五百强盗的罪与罚》五集。故事均以莫高窟经典壁画为原型。其中《九色鹿》改编的《神鹿与告密者的故事》由敦煌研究院院长赵声良亲自讲述。与传统动画片不一样的是,敦煌动画剧并不是重新绘制壁画故事,而是在数字化修复和最大限度"还原"壁画的基础上,将故事中的角色和人物进行动态化制作。同时,观众也能够参与到动画剧创作中,自行选择故事和角色尝试配音,或邀请亲朋好友分饰角色,合作完成故事配音,在社交网络上掀起了配音的热潮。截至 2020 年 6 月初,"云游敦煌"微信、QQ 小程序的累计用户访问量达到 395 万人次,总体访问量超过 1500 万。[②] 根据敦煌研究院院长赵声良的观点,文化遗产资源并不是可以直接推向市场的文创 IP。首先必须要对文化遗产本身有深入研究和认识,其次才能在充分把握敦煌文化价值的基础上,吸引更多社会资源,采用多种形式和手段来进行传播。

四、城市 IP 与网红发展趋势与对策

2020 年,由于新冠肺炎疫情,各种城市 IP 和网红城市的传播活动受到了一定的影响。需要指出的是,早在 2018 年"IP 经济消退"的警告便已经在各类媒体中流传。问题不是"城市 IP"或者"网红城市"是否已经走上了尽头,而是在激烈的城市竞争之下,如果想要让城市能够搭上媒体融合的"快车",那便不能将城市传播的活动单纯理解为"蹭热度"或者"取得轰动效应"的初级阶段。新媒体一方面具备了全新的机遇,能够使原本默默无闻的城市迅速走上舞台的中

---

① 澎湃新闻:《"敦煌动画剧"首播:漫游千年壁画,探索虚拟观展新模式》,见 thepaper.cn/newsDetoil-foruard-6978979,2020 年 4 月 15 日。

② 陈雪柠:《故宫之后,敦煌 IP 能否"出圈"?》,《北京日报》2020 年 6 月 5 日。

央。但另一方面新媒体也是具有空前的即时性、全息性和生活贴近性。这使得对于城市的传播直接建立在城市的日常生活之上。如果单纯依靠"制造"各种媒介中的轰动事件,而不去在全盘上对各种文化意象的长久发展进行留意。那么城市很快也会被新媒体不间断的推出的新活动所淹没。从这个意义上讲,新冠肺炎疫情并没有遏制新媒体发展的趋势,反而提供了一个相对冷静的环境,促使我们思考如何超越狂热的短期盈利,令"城市 IP"获得可持续的文化吸引力,使"网红城市"取得"长红效应"。下面从"城市 IP"和"网红城市"的长期可持续发展的角度,对我国城市传播活动作出建议。

(一)协调好"短期利益"和"长期发展"之间的分歧

20 世纪著名后现代艺术家安迪·沃霍尔曾言,在未来每个人都能够拥有"十五分钟的永恒"。而在媒介技术空前发达、媒介形式异常多样化的当下,"十五分钟"的注意力显然是"高估"了。但这并不是说媒介空间中所有的意象都是"转瞬即逝"的,良好的运营仍然能够在注意力不够持久的当下使城市获得长期的关注。熊本县虽然没有围绕"熊本熊"拍摄出什么鸿篇巨制的作品,却能够推动这一 IP 在数年内不断发展,由地区吉祥物发展为日本有名的虚拟角色,更是在近年来向全世界开放版权使用。其中一个具有启发性的做法在于,熊本县并没有想用熊本熊来"挣快钱"。而是在保证这一虚拟角色在媒介使用者眼中曝光率的基础上,给熊本熊的形象使用权订立了相对宽松、相对有益于地方经济发展、有益于长远发展的规定。根据 2018 年 1 月前的版权使用规定,熊本县对于"熊本熊"在境内的一切商业授权是免费的。只要获得县政府的许可,就可以免费获得熊本熊的商用权限。这一策略令农副产品企业纷纷将熊本熊印在产品外包装上,促进了销量的同时又推高了小熊的知名度。申请授权的商品从 2011 年的 3600 件,一路走高到 2018 年年初的 2 万件。[①]

面对各种城市和景点的"爆红",我们更应当头脑清醒地认识到,媒介使用者的注意力可能是有限的,但长时间可持续发展形成的收益远高于短期的轰

---

① 《日本卡通形象熊本熊版权新规正式实施》,人民网,见 http://ip.people.com/cn/nl/2018/0206/c179663-29807964.html,2018 年 2 月 6 日。

动效应,必须通过合理的设计将短期的注意力引导到长时间的城市品牌培育中来。

(二)处理好"内容创意"与"本真文化"之间的冲突

西安"摔碗酒"在抖音平台爆红之后,很多本地人感慨:西安有如此多的文化遗存,为何会让一个难以说明起源的商业活动抛头露面。需要指出的是,当下"城市 IP"和"网红城市"的形成,是在"求新"的文化心理之下形成的。换句话说,受欢迎的文化意象不管内容为何,唯独不可能是以往广泛传播的意象。无论是西安的"不倒翁姐姐",还是敦煌"数字供养人"中的各种媒介产品,源头可能是某个经典,但势必要通过各种创意转化与文化包装才能获得当代人的青睐。在海外的城市营销活动中,一个引人深省的倾向便是,过于追求文化市场刻板、猎奇的需求,将原本活生生的、有无数种可能的原生文化修剪为单向度的、标准化的、远离本地人日常生活的商业产品。借用居伊·德波的观点,资本不再直接控制生活,而是通过大量的人造景观控制生活。步入数字时代之后,虚拟空间中的文化图景同现实生活得到了更加广泛和直接的联通,而互联网惊人的内容原创能力也来源于此。如何维持虚拟空间同现实空间的血肉联系,使各种文化形态源源不断地对良性创意活动进行滋养,是"城市 IP"和"网红城市"持续健康发展的保证。在很多西方学者看来,资本虽然是强势的,但尚不敢冒险抹杀多元文化,因为这无异于给文化创意产业"断根"。而在我国,更加可以运用内容治理的方式尝试"去伪存真",不断令"城市 IP"和"网红城市"免予滑向"恶意炒作"和"疏离现实生活"的深渊。

(三)加速适应媒体融合时代的城市意象表达机制

维持"城市 IP"和"网红城市"可持续性的核心在于,尊重线上与线下紧密互动的趋势,不仅仅在虚拟空间中推陈出新,还在各项实际城市建设活动中,维护好现实中的城市文化生态,不断营造新的关注点。媒体融合打破了原有条块分割的城市管理体制,已经成为跨越多个领域的题目。如今,融媒工作室已经在纸媒、广电媒体甚至是非专业媒体类的政务机构逐步落地。然而在城市形象传播这样的新领域,如何利用好媒体融合所带来的新优势,则是一个还需要继续探索的话题。从狭义上来说，各级文化旅游部门迫切需要打好"新媒体"这张牌，为文化旅游活动做好推介活动。而从广义上来说，城市建设、城市管理等部门也需要树立好"媒体融合"的思维，在实体城市空间营造，城市治理、城市公共服务的多个方面为城市对外传播准备好充足的"素材"和足够的"养料"。以"柯南小镇"为例，对于文化氛围的营造，早已超越了"景区—非景区""城市文化娱乐观光功能—基础城市服务功能"的樊篱，在相对集中的区域内广泛规划和布局了识别度较高的文化元素。可能我国并不适应这种直接将虚拟动漫人物转移到现实中来的模式。但必须考虑的是，日后的城市空间不仅是满足基本功能的空间，更是宜居的空间、吸引游客的空间、能够在虚拟空间中呈现出独特文化魅力的空间。这些文化特色的实现不单需要日益精良的新媒体传播者，还需要用全新的统合思维来观看城市空间，将城市文化建设扭转到适宜新媒体传播的轨道上来。

日用电子消费品行业 IP 及
网红经济发展现状及趋势

于　炜　施天宇

2019 年至 2020 年上半年,特别是在新冠肺炎疫情期间,中国日用电子消费品行业 IP 以及网红经济成为重要的经济生产力之一,品牌 IP 化与网红直播带货为品牌传播以及产品销售注入了新的活力。未来,中国电子消费品行业将与网红经济强强联手,进一步打开中国消费市场,从而稳步迈向世界舞台。

近年来,中国电子消费品行业发展迅速,并随着技术创新而不断升级。"IP"与"网红经济"不仅是新时代热词,更是行业重要的经济生产力之一。中国电子消费品品牌正群体崛起走向世界,而品牌 IP 化和网红经济成为新的推动力。本文将从日用电子消费品行业发展现状、行业品牌 IP 化现状以及行业网红经济发展现状来分析和总结日用电子消费品行业 IP 及网红经济发展现状及趋势。

一、日用电子消费品行业品牌发展现状综述

(一)技术创新引领电子消费品产业升级

近几年,特别是 2019 年以来,随着集成技术、数字技术、信息技术的飞速发展,电子消费品不断发展升级。5G、物联网、人工智能、虚拟现实、新型显示等新兴技术与电子产品的深度融合,加速了产品更新换代同时催生新的产品形态,进一步刺激产品服务需求,推动产品服务和内容质量提高,实现产品附加值提升,

推动电子消费品产业升级。①

在日用电子消费品中,智能手机是最为典型,发展最快,需求量最高的产品,但是近几年,智能手机本身的创新明显放缓,市场需求量增速放缓。在物联网,人工智能以及5G的带动下,电子消费品产业升级成为大势所趋,而以智能音箱为代表的智慧家居电子产品,以TWS耳机、智能手表为代表的可穿戴智能电子产品创造出了新一轮电子消费需求。这两大类电子消费品是2019年市场需求量增速最为明显的产品。据市场研究机构易观国际(Canalys)的统计数据显示,2019年第三季度全球智能音箱出货量已经达到2860万台,同比增长44.9%;TWS耳机实现累计销售额105.98亿元,同比增长92.38%。在国内,以华为、小米为代表的品牌致力于打造全场景智慧生活,通过手机、硬件以及IoT设备构建起全场景智慧生活,智能手机以及平板可与智慧屏、智能音箱、智能眼镜、智能手表、智能耳机进行信息共享,云端操作。因此,智慧家居电子产品以及可穿戴智能电子产品的未来市场需求量会继续攀升,也会成为厂商倚重的重点。

2019—2020年,5G技术作为中国新基建的重要领域在全国范围内提速建设,尽管会受全球疫情以及中美贸易摩擦的影响,但这都阻挡不了5G时代的来临。5G将成为电子消费品行业升级并持续健康发展的巨大推动力,中国的电子消费品市场规模以及制造规模也将稳居全球第一。

(二)中国电子消费品品牌群体崛起

电子消费品行业起初由欧美西方国家率先进入,中国的起步较晚,特别是在打造自己的品牌上。近年来,随着中国科学技术水平显著提高、国家政策的强力支持、良好的市场环境以及企业管理水平提升等内外条件的改善,中国已经培养了一批制造能力极强的电子产品研发及生产企业,形成了中兴、华为、联想、创维、海信、TCL、长虹、格力等一批国内知名的电子消费品品牌,并且形成了良好的产业基础,中国品牌开始崛起走向世界。

中国品牌的群体性崛起的背后正是这些企业开始摒弃以价格为优势的竞争策略,将创新求极致作为品牌的根本立足点。中国企业结合产品特点以及市场

---

① 陈晓晟:《技术创新引领行业升级 消费电子产业逆势上行》,《通信信报》2019年第3期。

需求,采用"微创新"和"颠覆式创新"两种创新模式。对于智能手机这种创新进程进入缓慢期的产品,企业采用"微创新"的模式,不断优化产品功能、缩短创新周期,这样能紧跟市场需求的同时优化用户的使用体验。对于智能穿戴设备以及智慧家居设备等创新空间很大的产品,企业采用"颠覆式创新"模式,比如智能手表、智慧屏、智能耳机、智能音箱、智能眼镜的出现开始颠覆传统的产品使用方式,极大地满足用户的猎奇心理,销量十分可观。除了创新,中国企业致力于打造完整的产业链和品牌生态圈。企业构建完整产业链的关键是上游核心技术的自主研发,中国企业在逐渐缩短与国外企业的差距,并且正努力改变核心技术受制于人的现状。华为、小米等企业建立以用户为核心的品牌生态圈可以扩大用户群体,增加用户对品牌的黏度。未来,中国品牌将会成为国人引以为傲,世界人民倍加信赖的品牌。

(三)新时代"零售+"消费推动行业打造世界级中国品牌

2019 年新零售模式结合各行各业发展迅猛。日用电子消费品在新零售模式下,进一步优化了用户的试用及购买体验,使品牌理念得到贯彻。以小米集团为例,小米运用互联网思维改造电子消费品零售行业,线上零售和线下零售结合并通过互联网思维帮助线下零售业提升用户体验和效率,实现转型升级,创造更高效率的零售。线上平台给予用户更便宜的价格,更便捷的物流和售后服务。同时,小米利用线下实体店增加用户对实物商品的切身体验,这点是线上购物所不能替代的。小米之家是小米集团打造的线下实体体验店,用户在门店体验产品,可以在门店下单,之后由数据中心统一安排送货上门及后续服务。这种新零售模式带来的优质服务为品牌收获大量"忠实粉丝",也带来更多的营业额。

新时代中国居民消费需求持续扩大,消费升级趋势明显,消费是拉动经济增长重要动力,成为中国品牌崛起的时代推力。新时代消费的主力军是中国年轻人,这些"90 后""00 后"并不过分崇拜国外品牌,而是越来越倾向于消费中国品牌产品。2018 年营销咨询公司 Prophet 发布《中国最受欢迎 50 大品牌》报告显示,中国消费者心目中最受欢迎的十强品牌为支付宝、安卓、微信、华为、微软、淘宝、英特尔、美团、QQ、天猫。排名前十品牌仅有 3 个外国品牌,国产品牌强势崛起。在海外市场,中国品牌逐步受到认可,部分产品品质跻身国际一流水准,未来也将诞生出一批世界级中国品牌。

二、日用电子消费品的品牌 IP 化发展现状解析

（一）日用电子消费品品牌 IP 化基本现状

"品牌是工业时代的规模化识别符号,而 IP 则是移动互联时代的人格化标签",这是吴声在《超级 IP》一书中分别对于品牌和 IP 的解释。过去企业都是以产品为中心,品牌使产品增加了附加值,而为了塑造和宣传品牌,企业花费了大量精力和财力,消费者也只是被动消费。在新时代,品牌不应只为产品代言只为卖货,更应该有其人格化的使命,作为一个社会角色的使命有价值观的输出。品牌应该是一系列价值观、价值主张,多元化、跨界内容,用户互动关系的集合。品牌 IP 化的核心是个性化、社会化,具有可持续更新传播的能力,可精准触达企业定位的目标人群,并具有互动性和娱乐性[1],只有这样才能真正吸引来属于自己的"粉丝",才能让消费者主动消费自己的产品。

品牌 IP 化不是让品牌成为 IP,而是用 IP 化的理念和方法去构建和推动品牌的发展成长。现在电子消费品品牌在市场上林立,品牌间的竞争也如火如荼,昔日通过价格优势来赢得竞争显然在如今的消费环境下并不占优势。品牌 IP 化的过程就是"吸粉"的过程,用感性的途径赢得用户青睐并让用户对品牌产生黏度。以小米集团为例,小米品牌正在打造"以用户为中心,做用户心中最酷的公司"的"米粉文化"。"米粉文化"成为小米品牌与用户沟通互动的最佳媒介,小米会通过论坛、微博等线上途径来搜集用户的需求用于优化现有产品,同时给予用户一定的精神鼓励和物质奖励。除此之外,小米集团成立米粉同城会,促进米粉之间的互动交流;定期推出米粉促销优惠活动,给予米粉最大的优惠服务;发起"橙色跑"系列活动,提倡米粉绿色健康生活;每逢过节,也会给予米粉节日祝福等。通过这些活动,使小米品牌与用户之间的感情越来越深,而这种"米粉文化"成为小米品牌 IP 化最好的诠释。

---

① 陈清云:《品牌 IP 化的坑,你踩了几个》,《销售与市场》2019 年第 5 期。

（二）日用电子消费品品牌 IP 化主要问题

在日用电子消费品国内品牌中，品牌 IP 化仍然是个新名词，基于品牌 IP 化的基本现状，仍然面临一些主要问题。

首先是用户群体问题。对于品牌 IP 化，最能产生共鸣的可能是"90 后""00 后"，因为他们更能接受品牌价值观的输出，更能跟上时代的脚步，也更有时间去与品牌进行互动。当然，对于一个品牌 IP 化的打造，仅仅局限于一两个年龄段的群体是不够的，需要通过青年主力军带动更多年龄段的人群。这就需要品牌在 IP 化的过程中有故事讲、会讲故事、能够打动更多人。

其次是需要明白 IP 联名不等于品牌 IP 化。在这个 IP 大爆炸时代，一件事物或者是个人成为 IP 都不是难题，这些 IP 拥有一定粉丝群体，而让他们价值最大化的就是与品牌联名。2019 年一只名为"佩奇"的猪火了，"小猪佩奇"一下子成为超级 IP，电子产品、书籍、玩具、文具、食品、衣服、游戏等领域品牌纷纷与其联名，创造了惊人的全球销售量。虽然这些 IP 在时下很火，但终究会过时，会被新 IP 取代，这些与 IP 联名的品牌不得不选择与新的 IP 联名。与 IP 联名的品牌最大的目的还是为了吸引顾客去消费，而这些消费者是奔着这些 IP 去的，于品牌自身的传播和打造有何益，他们终究不是这些品牌的粉丝，而是 IP 的粉丝。因此 IP 联名并不是品牌 IP 化，不符合品牌 IP 化的核心理念。

最后要明确持续创新是品牌 IP 化的活力源泉。对于电子消费品而言，技术创新是核心竞争力，但在品牌 IP 化的过程之中，仍然离不开创新。即使是对于 IP 的运营，保持形式和内容的创新才能使其不至于在一股风潮后销声匿迹，才能保持品牌与用户之间长期的充满活力的互动关系。

（三）日用电子消费品品牌 IP 化意义及趋势

在新时代，日用电子消费品成为消费者热衷的消费品之一，中国的品牌也开始崛起，但是运营和打造各自特色的品牌，让品牌与用户成为伙伴，让用户主动去消费，从而避免过去以价格竞争为主的缺少内涵甚至粗俗的竞争方式是品牌 IP 化兴起的原因和意义。

品牌 IP 化可以与用户产生精神共鸣，从而降低品牌宣传的成本的同时提升品牌传播效率和强化用户与品牌间的黏性。电子消费品的输出理念是服务用户生活,为用户打造更美好的生活。因此,在品牌 IP 化过程中,产品作为媒介去走进用户生活,产品本身的质量是关键,它决定用户的去和留,但是产品不是品牌与用户交流的唯一途径,售前与售后充满个性化与人性化的优质服务、让用户在企业组织的各种社会活动中聆听和领会品牌故事、让品牌通过各种途径去倾听和理解用户的内心故事,这样去与用户产生情感上的共鸣,最终往往能够留住用户。

新时代消费是服务型消费,未来电子消费品品牌 IP 化将会"软硬结合",通过过硬的产品质量和情感型的品牌与用户关系去打造和运用品牌,让品牌长期保持活力,这是未来企业发展的一大趋势。除此之外,未来企业会结合大数据、人工智能等技术,让品牌越来越"懂"用户,而在互联网新媒体时代,用户也能随时了解品牌动态并与品牌产生互动。

三、日用电子消费品行业网红经济发展现状及趋势

(一)以小米创始人、格力掌门人为代表的超级个人 IP 成为网红 IP

近年来,在日用电子消费品行业出现了企业董事长为自己品牌代言并将自己打造成一个超级 IP 的现象。其中最为活跃的要数小米集团董事长以及格力集团董事长,他们已经成功将自己打造成为一个超级 IP。小米集团董事长不论是在新品发布会、微信微博、抖音还是私下朋友聚会,谈的都是小米手机,在用户眼中,他从来不是高高在上的企业老总,而是和他们打成一片的伙伴。无论是线上、线下,他都拉近了和粉丝用户之间的距离,这样既能深受用户喜爱也能为品牌吸粉。格力集团董事长同样是打造超级个人 IP 的典范,她的广告、书籍、自媒体、公开课以及以她的命名的学院,都是她个人 IP 的写照。

随着互联网新媒体的飞速发展,"网红"一词成为时代热词,而以企业集团董事长为代表的超级个人 IP 无疑会走红网络,成为新时代网红 IP。这些企业创始人以网红这一特殊身份借助网络媒体,以其超强的号召力和感召力拥有庞

大的粉丝群体,在互联网上用媒体的角度展示自己品牌的产品、服务、理念等,同时展示创始人自己的价值观和理念,从而能够更好地、有温度地连接到用户,等到新品发布时,庞大的粉丝流量很快会变现为惊人的销售量。在电子消费品行业,越来越多自带 IP 以及粉丝流量的创始人、明星代言人加入网红行列为各自品牌宣传代言。网红 IP 是电子消费品行业的一股清流,也是这个时代最具潜力的经济生产力之一。

(二)疫情背景下的线上直播新品发布会与网红直播带货

2020 年新年伊始,一场突如其来的新冠肺炎疫情打破了人们正常的生活,各行各业都受到了不同程度的冲击。对于电子消费品行业,受到疫情影响,原本是销售旺季的春节期间遭遇冷场。疫情期间,人们纷纷居家隔离避免人群聚集而交叉感染,因此线下实体商铺受到的冲击尤为严重。在《求是》杂志发表的习近平总书记《在中央政治局常委会会议研究应对新型冠状病毒肺炎疫情工作时的讲话》中特别提到,着力稳定居民消费。要加快释放新兴消费潜力,积极丰富5G 技术应用场景,带动 5G 手机等终端消费,推动增加电子商务、电子政务、网络教育、网络娱乐等方面消费。[①] 对于消费者来说,没有了线下的体验式消费,只能转向线上。因此,线上新品发布会和网红直播带货成为电子消费品行业重要的销售渠道。

在以往,对于电子消费品行业特别是智能手机行业而言,新品发布会是介绍新品的重要平台,会采用线上线下结合的方式为用户介绍新品的外观、参数配置以及市场价以达到博人眼球,吸引消费者,更好打开销售市场的目的。当然每一次的发布会对于产品或者品牌来说是一次很好提升知名度的机会。而在疫情期间,新品发布会全部转为线上直播的形式。2020 年 2 月 12 日,京东手机联合京东直播推出线上"超级发布会",通过 5G 直播、VR 直播、超低延时、互动营销、多场景切换等核心技术支持,加以京东平台、微信小程序、市场渠道等站内外全域资源配合以及更低的营销成本,助力商家新品发布需求。2 月 13 日,小米率先举办线上新品发布会,发布了年度旗舰小米 10 系列新品。根据小米官方的数

---

① 周腾:《疫情之下手机市场迎大考》,《通信产业报》2020 年第 6 期。

据得知,小米本次发布会围观人次各直播平台加起来超过 8000 多万,效果明显。随后,华为、三星、ViVO、OPPO 等大牌厂商纷纷通过线上直播发布会的形式发布新品,避免了疫情使企业停止上新产品,与用户完全隔绝的现象。

除了线上新品发布会,网红直播带货是疫情期间的销售主力军。央视主持人、当红明星、人气主播都成为特殊时期的网红与消费者线上互动,助力直播带货,清空库存。对于电子消费品品牌,都有一定的用户群体,企业总裁以及厂商高管化身网红通过直播,讲解产品的同时进行卖货。对于企业集团董事长这些网红 IP 而言,他们完全可以通过自媒体的形式进行直播带货,凭借他们自身的粉丝流量便可以达到可观的围观人次,从而实现惊人的销售量。而且除了直播形式,哪怕是一个微博动态都可以为自己的产品代言,让用户刷微博的同时了解到产品。网红经济在疫情期间焕发活力,网红为产品带来了粉丝流量,让线上销量"反哺"了线下。尽管 2020 年上半年电子消费品市场销售量同比往年下滑严重,但是通过线上直播新品发布会以及网红直播带货的形式,让整个市场所受影响在一定程度上有所缓解。

(三)网红经济可持续发展面临的问题及其对策

2020 年新冠肺炎疫情期间,让我们看到了网红经济的活力和潜力,随着中国国内疫情得到控制,全国各地也开始陆续复工复产,网红经济即使在后疫情时代也将呈现常态化。但是,网红经济在各行各业可持续发展仍然面临着问题。

首先是网红自身的基本素质,道德修养。网红在直播间自身价值观的输出往往会影响到观看的粉丝,一些低俗、消极、无内涵、无深度内容的传播容易背离主流文化价值观的发展方向。网红直播带货,帮助商家清空库存,需要庞大的粉丝群体,部分"网红"依靠传播低级趣味,变相或直接违背社会道德、法律的方式吸粉[1],这是破坏健康文明的网络环境,损害网民权益的行为。对于一些大牌厂商而言,他们的"网红"人选往往是各自的企业总裁或各级高管,比如小米、格力这类企业总裁、网红 IP,他们输出负面价值观的可能性极小。还有一些淘宝大牌主播,他们本身拥有大量粉丝流量,他们也会十分注意自己的言行,即使一时

---

[1] 田颖爱:《我国"网红经济"的发展原因及问题分析》,《广西质量监督导报》2020 年第 3 期。

"口误"也会事后公开道歉。而大部分的"小网红"鱼龙混杂,不得不防范他们直播时的不端行为。因此,网络监管部门需要对这些直播带货的网红严加监管,对于行为不端的直播网红进行处罚并取消其直播带货资格。

其次是消费者在观看直播期间过度关注网红本身,而非产品,造成了售后的一系列问题。网红毕竟是网红,拥有大量的粉丝追捧,而这些粉丝消费者在直播间为了支持网红而不理性消费,买后才发现自己买多了或者自己根本不需要这个产品,造成售后大量的退货问题。网红直播带货的一个重要价值在于宣传产品和品牌本身,粉丝通过网红了解到这个产品和品牌,最终为品牌收获粉丝,这样就能产生良性循环。因此,网红在直播带货时不能一味充当"叫卖者",网红首先要理性,要了解产品,去把产品真正的价值呈现给粉丝,多讲品牌故事,要引导粉丝把关注点转移到产品本身。

最后是市场监管部门要对直播推销的产品加大力度把关。网红经济中,网红推销的产品质量不合格、宣传内容和实际产品严重不符、售后的服务跟不上等问题频发。网红口中的"爆品、好货"却出现质量与安全并没有保障,仿冒高知名度商标,甚至是"三无"产品的问题,这些问题严重损害了消费者的合法权益,阻碍了网红经济的持续健康发展。网红经济兼具网络性、虚拟性、经济性的特点,可以说走在了网络直播和商业模式的前沿,而相关法律制度建设却相对滞后,目前的法律体系对网红经济的监管还存在一定漏洞①,需要政府部门进一步完善。

(四)网红经济助力电子消费品行业发展的未来趋势

在新时代,技术创新让电子消费品行业的发展越来越快,同行业的品牌竞争也越来越激烈。未来,品牌的故事谁来讲、产品谁来推销、谁做消费者与品牌之间的"牵线人"、如何让品牌间的竞争保持健康状态等问题都会在网红经济的时代得到改善和解决。未来,助力国牌的崛起,让国人更加了解国货是网红经济的光辉使命;在特殊时期,充当国民经济的"排头军",最大化地弥补行业损失是网红经济的特殊功效;在经济全球化背景下,互通有无,开放合作,最大化地减小贸

---

① 刘帅:《让"网红经济"红得更久》,《人民论坛》2020 年第 9 期。

易摩擦对行业的影响是网红经济的潜在能力。未来,中国日用电子消费品行业会与网红经济强强联手,始终以消费者为中心,技术与内容创新为动力,市场监管为保障,促进行业健康发展,进一步打开中国市场,从而稳步迈向全球舞台。

四、日用电子消费品行业 IP 及网红经济总结

中国电子消费品品牌走向世界,除了要掌握核心技术和不断的技术创新,同时也要增加品牌软实力。通过品牌 IP 化让品牌进一步升华,让品牌个性化、人性化地向用户输出情感和价值观,增强用户对品牌的黏性。网红经济让品牌传播和产品销售有了新活力,网红成为品牌以及 IP 的全新代言人,在讲好品牌故事的同时,为品牌带来了可观的销量,为经济、文化和社会带来了发展。在 2020 年上半年的新冠肺炎疫情期间,各行各业都受到不同程度的冲击,第一季度的产品销售量整体下滑,而品牌 IP 化和网红经济没有让品牌和产品脱离用户视线,也没离开用户生活,随着全国的复工复产,线上销量"反哺"线下,这让我们看到了"IP"与"网红"在新时代的活力。当然,这些行业新业态仍然存在一些问题需要去探讨去解决,需要政府去制定相应政策进行规范,需要人们去主动遵守和配合。未来,行业品牌 IP 化和网红经济将成为趋势,也将成为重要的经济生产力。

数字经济下的康养产业及其
网红产品发展现状与趋势研究

孙达丹*

党的十九大以来,"健康中国"上升成为国家战略,"健康、医疗、养老"越发成为关注点。本文首先结合数字经济时代背景,阐释人口老龄化社会康养概念的兴起及国内外发展模式,进而概述当前国内康养产品网红经济发展现状,最后分析康养产业可持续发展路径。总之,要充分利用数字经济时代倡导的模式,通过各种新型渠道,多措并举,打造并维护专属网红经济,拓展康养产品内涵与外延。以"人民健康至上"的理念,积极探索并走出一条具有中国特色的数字化康养产业发展道路。

党的十八大以来,习近平总书记高度重视人民健康安全,发表了一系列关于保障人民健康安全的重要论述。在 2016 年 8 月召开的全国卫生与健康大会上,习近平总书记发表了"没有全民健康,就没有全面小康"的经典讲话,并指出"要把人民健康放在优先发展的战略地位,以普及健康生活、优化健康服务、完善健康保障、建设健康环境、发展健康产业为重点,加快推进健康中国建设,努力全方位、全周期保障人民健康"。同年 10 月,《"健康中国 2030"规划纲要》正式印发实施。党的十九大后,"健康中国"上升成为国家战略。2020 年年初,新冠肺炎疫情暴发至今,习近平总书记更是在多个场合多次强调全力保障人民生命安全和身体健康的重要性。2020 年"两会"上,"健康、医疗、养老"无疑成为会议关注的重点之一。胡治等代表委员们更是提出了《积极探索康养新模式,全力破

---

* 孙达丹:文学硕士,华东政法大学外语学院副教授,现任上海市松江区五届政协常委。

解养老服务中的堵点、痛点》等的提案,聚焦康养产业发展。

一、数字经济时代下的康养产业

(一)数字经济时代背景①②

我国数字经济在 2019 年国民经济中的地位进一步凸显,增加值规模达到 35.8 万亿元,占 GDP 比重达到 36.2%,占比同比提升 1.4 个百分点,按照可比口径计算,2019 年我国数字经济名义增长 15.6%,高于同期 GDP 名义增速约 7.85 个百分点。相信随着数字技术经济范式朝着更广泛、更深入、更高级的方向发展,国民经济将会取得更加显著的进展。

数字经济是继农业经济、工业经济之后的更高级经济阶段,是以数字化的知识和信息为关键生产要素,以数字技术创新为核心驱动力,以现代信息网络为重要载体,通过数字技术与实体经济深度融合,不断提高传统产业数字化、智能化水平,加速重构经济发展与政府治理模式的新型经济形态。

数字经济具有以下发展特征:(1)数据化信息成为关键生产要素;(2)数字技术创新不断提供动力;(3)产业深度融合成为推动数字经济发展的主要引擎;(4)多元共治成为数字经济的核心治理方式;(5)线上线下一体化成为产业发展的新方向;(6)平台化、生态化成为产业组织的显著特征。

(二)人口老龄化与康养概念的兴起

正如张宇燕、徐秀军在《亚洲经济运行的现状、挑战与展望》一文中提出的,近年来,在世界经济增长下行的趋势下,亚洲经济体的经济增速也出现了下降。尽管也有单边主义和保护主义盛行的短期因素以及货币政策与财政政策的效果递减的中期因素,但人口老龄化造成的劳动生产率增长乏力的长期因素影响同样不容忽视。

---

① 中国信息通信研究院:《中国数字经济发展白皮书(2017 年)》。
② 中国信息通信研究院:《中国数字经济发展白皮书(2020 年)》。

中国发展研究基金会发布的《中国发展报告 2020:中国人口老龄化的发展趋势和政策》显示,从 2035 年到 2050 年是中国人口老龄化的高峰阶段,根据预测,到 2050 年中国 65 岁及以上的老年人口将达 3.8 亿,占总人口比例近 30%;60 岁及以上的老年人口将接近 5 亿,占总人口比例超三分之一。人口老龄化是指人口生育率降低和人均寿命延长导致的总人口中因年轻人口数量减少、年长人口数量增加而导致的老年人口比例相应增长的动态。面对人口老龄化的长期性与持续性,社会负担的加重及其可能导致的各类社会问题值得重视。不过,"人口老龄化既是挑战,更是机遇"。根据中共中央国务院印发的《"健康中国2030"规划纲要》:到 2020 年,健康服务业总规模超 8 万亿元;到 2030 年,则将达16 万亿元。"康养"概念及其相关产业正是在人口老龄化这一社会进程中兴起并逐步发展的。

所谓康养,可分为以下三个维度:健康维度,包括"健康—亚健康—临床"等状态,康养致力于让人回归到良好的健康状态,以增强生命自由度;养生维度,包括"身体—心理—精神"三个层面,康养应包含对"身、心、神"全面养护,以增强生命丰度;养老维度,包括"孕—婴—幼—少—青—中—老"等人生不同阶段,康养应是对全生命周期的养护,不仅致力于生命长度,更关注生命质量。将"康养"看成"以养为手段,以康为目的"的活动,是对生命的长度、丰度和自由度"三位一体"的拓展过程,是结合外部环境改善人的"身、心、神"并使其不断趋于最佳状态的行为。[1]"康养"这一概念的兴起,恰与"健康中国"战略的提出相得益彰。"健康中国"的实质是服务于全体人民(男女老少和各民族)、服务于每个人的全面健康(身体、心理、道德、社交)、服务于人的生命全周期(婴幼儿到老年)、服务于健康全过程(健康、亚健康、疾病、康复、强壮、健美)的"全面健康"。[2]

而康养产业,指的则是为社会提供康养产品和服务的各相关产业部门组成业态的总和,涉及国民经济多个部门与行业。可从康养目的、产业属性、资源差异等角度对康养进行系统分类,根据养护对象、供给方式和市场需求不同,衍生出不同的康养产业类型和康养内容。

---

① 何莽:《中国康养产业发展报告(2017)》,社会科学文献出版社 2017 年版,第 6 页。
② 刘国永:《实施全民健身战略,推进健康中国建设》,《体育科学》2016 年第 12 期。

二、康养产业发展现状

（一）国内发展情况与模式分析

总体而言,华南、华东、西南、华中、华北、东北、西北七大片区,各依托其特有的自然资源及环境设施正在着力打造符合自身发展条件且可持续的康养产业。以华中地区为例,华中三省政府在政策方面出台了康养相关方向的指导性战略,在康养产业发展方向上主打智慧康养。河南省重点开发扶持智慧养老项目,主要支持移动互联网、大数据等信息技术在健康养老产业领域的应用,开发适合老年人的智能养老监护设备。湖北省赤壁市联合爱康医疗投资集团,共同打造蒲纺智慧康养小镇,建设智慧居家康养平台,联通蒲纺医院、鄂南肿瘤医院和中高端养老住宅区,为居家养老、医疗康养提供便捷渠道。①

以四川省洪雅县为具体案例进行分析,可得出其立足自身资源禀赋,发挥洪雅最大优势,突出山水气候养颜、森林养肺、物产养情、医药养生、运动养性、宗教养心、文化养气、重点打造森林、抗衰、中医药、禅修四大康养旅游等举措是其"洪雅康养"整体品牌打造与营销的关键。其以康养旅游为核心,整合产业资源,加快旅游业与多种产业的融合,建设"全产业链"的现代旅游业;旅文联动,通过传承历史,形成洪雅柳江、高庙文化休闲养生旅游的特色;旅商联动,设置丰富业态,形成高端住宿商业群,实现商贸发展;旅展联动,发挥节日经济效益,形成会展节庆的特色经济;旅农联动,整合农业资源,大力发展生态体验农业、休闲度假农业、都市农业和农产品销售,以旅促农,最终形成了具有洪雅康养特色的线路。同时,还引入远程医疗系统,增强其数字经济时代下的核心吸引力。②

（二）国外发展情况与模式分析

欧美地区的代表,美国以及位于亚洲其他地区同属东亚文化圈的人口高度

---

① 何莽:《中国康养产业发展报告(2018)》,社会科学文献出版社2018年版,第10页。
② 何莽:《中国康养产业发展报告(2018)》,社会科学文献出版社2018年版,第154—163页。

老龄化的邻国日本这两个发达国家在康养产业发展方面走在前列,其发展情况与模式对我国目前的康养产业发展具有一定的借鉴意义。两国都采用了一种名为 CCRC 的模式进行康养小镇的开发。持续照料退休社区(Continuing Care Retirement Community,CCRC)是一种复合式的老年社区,源于美国,目前是美国老年人的主要养老居住模式之一,通过提供多种不同的老年居住形式(如都市型、田园型,满足终身学习目的的学院型等),以及自理、护助一体化的居住设施和服务,配套的综合医疗服务和全面的看护服务,为老年人提供不同年龄期的"一站式"养老服务。其代表社区"太阳城"集休闲、旅游、运动、文化、养老于一体,因其全年的充足日照及住在其中的老年人健康的生活方式而闻名。太阳城的自然条件和人文条件均较为优越,不仅拥有 1200 亩的高尔夫球场,周边还拥有心悦湖、白坦克山(Lake Pleasant、White Tanks)等地区公园以及亚利桑那原始人生活历史博物馆。综合分析,美国 CCRC 成功的主要因素包括:(1)适应不同体能老人需要的多种居住形态;(2)养老终老理念的共鸣与影响;(3)以中等收入以上的阶层为主;(4)服务内容取决于合同方式;(5)运营商以非营利组织为主。

值得一提的是,日本在 CCRC 模式基础上进 步发展为多世代共生的新型老年社区模式。"美奈宜之林"作为 20 世纪 90 年代中后期出现的新型高端养老环境项目之一,具有如下特点:(1)确立引进年轻家庭方案,构筑中青年家庭的多世代共同生活社区模式;(2)充分发挥人才资源,使老人既接受服务也提供服务,提升老人的价值感与获得感;(3)由开发商将部分空置的二手住宅按相对优惠价格出售给愿意移居的年轻家庭;(4)完善社区的配套服务,建设老年照料机构,实现真正意义上的社区内养老。

综上所述,日本的"多世代共生"模式对于我国的借鉴意义更大。然而,需要注意的是,上述两国均为发达国家,而我国属于发展中国家,"未富先老"的不同经济社会背景对于模式打造的性价比与受益者的实际可承受能力等问题需要得到进一步的论证,而非盲目照搬他国模式。

(三)康养产业发展问题与"瓶颈"

尽管数字经济成为拉动我国宏观经济增长的重要引擎,现阶段我国的康养产业发展势头迅猛,但整体仍呈现出数字化水平不高的特征,数字技术与实体经济融合过程中存在以下问题:政府综合治理能力及经验不足;协调与融合发展能力较弱;市场发展秩序不够规范;转型发展存在一定风险。这些问题成为制约我国数字经济持续快速增长的"瓶颈",要有所突破,可借鉴美、英、日等主要国家数字经济发展战略经验作为参考。主要聚焦以下几个方面:

一是提升治理能力,推进数字政府及立法建设;二是夯实发展基础,增强技术创新与产业能力;三是深化融合发展,加强数字技术应用水平;四是强化安全保障,实施网络安全战略;五是促进远程诊疗技术,逐步消除"数字鸿沟"。

2020年3月,中共中央政治局常务委员会召开会议提出,加快5G网络、人工智能、物联网、工业互联网等新型基础设施建设进度。2020年3月6日,工信部召开加快5G发展专题会,加快新型基础设施建设。"新基建"并非单纯的经济刺激手段,而是在促进一场长期而深刻的社会变革,新基建对于我国康养产业的发展影响是巨大而深远的:互联网医疗迎来深度发展机遇;"智慧养老"或将不远;康养产业将成为数字健康最大的应用场景。一方面,康养产业将得益于数字技术、信息数字化建设的进步;另一方面,"新基建"硬科技将反过来促进互联网医疗平台、康养大数据平台的建立,这些平台将更好地统筹健康养老领域的需求与供给,促进康养产业集约化发展。

三、康养产品网红经济发展现状

随着互联网的发展,网络平台给人们提供便利的同时,也催生了一批网络红人的诞生,网络红人的粉丝效应使越来越多的公司或个人开始发现其商业价值,在资本利益的驱动下最终产生了以网络红人为核心的网红经济模式。

(一)个人IP——"东方美食生活家"[①]

IP指的是个人对某种成果的占有权。在互联网时代,它可以指一个符号、

---

① 熊忠辉:《个人IP的视频媒体化与传播品牌化——以"李子柒现象"为例》,《传媒观察》2020年第2期。

一种价值观、一个共同特征的群体、一部自带流量的内容,它以吸引更多的网民关注为衡量指标。IP 吸引的粉丝越多,它的价值和影响力就越大,如果与合适的商业行为关联起来,它转化的可能性和价值也就越大。IP 可以是个人所有,也可以是一个团队在操作,但总体而言,IP 一般都由个人作为代表来运转,各路明星、网红就是其中的典型。

以在国内外各大社交媒体坐拥千万数量粉丝的"东方美食生活家"的成功,除了其背后团队及营销手段外,其业务能力同样不容忽视。"东方美食生活家"的美食视频,是围绕美食主题的系列化内容,与央视专题节目《舌尖上的中国》有着较高的相似度,但因为"东方美食生活家"作为主角,将其美食制作过程展示在系列视频中,且形式古风唯美,充满田园生态风光,十分符合当下倡导的"慢生活"理念,以淳朴的传统生活为背景,充分展现了"东方美食生活家"的个人魅力,可说是个人 IP 的成功典范。

"东方美食生活家"从城市回归乡村,得以有了更多陪伴祖母的时间与机会,通过亲力亲为解决了自家的养老问题。她通过系列视频传递"田园牧歌式"的生活方式与具有民族特色的文化内涵的同时,也在淘宝上售卖各类手工制作的风味佳肴,让视频观看者将向往的生活以实体美食产品的形式带回了家。

个人品牌"东方美食生活家"虽然名义上是美食博主,但其与康养产业之间有着微妙的联系。

(二)企业 IP——"万科集团"

除了个人品牌外,企业 IP 在康养产业领域的打造同样具有看点。

国内著名房地产商"万科集团"就从 2015 年起启动了位于杭州良渚文化村的万科"良渚·随园"以及位于广州珠江沿岸的万科"榕悦·滨江中"等入住率较高的"网红"养老地产项目。万科集团进驻康养产业,梳理了 8 大类服务模块 165 项服务内容,涵盖产品硬件服务、健康管理、护理、康复、医疗、缤纷生活、营养餐饮、特色家政等,构建起长者服务的闭环,使得养老服务进入更加专业化的发展阶段。

除面向老年人群的养老地产外,万科集团还精心打造了松花湖度假区等休闲度假产品,通过冰雪运动等吸引较为年轻的客户群体。

此外,2020 年 4 月 2 日,万科企业股资产管理中心还与清华大学教育基金会签署捐赠协议,设立"清华大学万科公共卫生与健康学科发展专项基金",与清华大学一道,共建清华大学万科公共卫生与健康学院。在拓展企业康养产业版图,履行企业社会责任的同时,也为"万科集团"这一企业 IP 更增一抹亮色。

(三)政府 IP——"广东省云浮市中医药旅游"

除个人与企业外,政府同样可以利用政策扶持、市政规划等行政手段助力地方品牌的构建。以广东省云浮市为例,2015 年,提出了培育"四新一特"产业,其中一项即为生物医药业和健康养生旅游产业。为配合健康养生旅游产业的发展,该市不断加大对中医药资源培育和医疗制造业的投入,在全市建立多个南药种植基地,引进相应的中医药加工业,使该市康养旅游产业体系更加完善。目前,云浮市已经形成金水台温泉旅游度假区、天露山旅游度假区、罗定龙湾镇南药产业园、罗定华石镇霸王中草药种植基地、广东新兴中药学校、广东药科大学云浮分校等多个集中草药种植、加工研发、销售、休闲体验、医疗保障和人才培养多项功能的中医药旅游相关实体项目,打响了"广东省云浮市中医药旅游"的名片。①

习近平强调,中医药学是中国古代科学的瑰宝,也是打开中华文明宝库的钥匙。当前,中医药振兴发展迎来天时、地利、人和的大好时机。地方政府如何把握如"中医药"等"网红"发展点,结合地方资源优势,打造专属品牌,值得思考。

技术的日新月异使产业经济不断呈现出新的发展模式。食品、地产、旅游,各类"网红产品"的强势走俏与其借数字经济之势密不可分。充分利用数字经济时代倡导的模式,通过微博、小红书、抖音等新媒体渠道,直播带货,对于疫情影响下打破经济僵局、拉动经济逆势复苏具有重要意义。

此外,多元媒体平台的介入,使产品的概念不再受到局限。如由腾讯视频、恒顿传媒、瀚纳影视联合出品,企鹅影视、恒顿传媒联合制作的关注认知障碍公益节目《忘不了餐厅》也可视为一种另类的"网红产品"。它采取综艺与科普双向并重

---

① 何莽:《中国康养产业发展报告(2018)》,社会科学文献出版社 2018 年版,第 180 页。

的模式,用"纪录+综艺"的方式聚焦被大众忽视的老年群体,有助于以慈善公益与科普教育为目的的康养产业网红产品打造,促进同类型有价值 IP 的孵化。

四、康养产业的可持续发展

整体处于起步发展阶段的我国康养产业可谓一片蓝海,潜力巨大。

(一)"1+X"的多业态模式创建

《"健康中国 2030"规划纲要》指出,应积极促进健康与养老、旅游、互联网、健身休闲、食品融合,催生健康新产业、新业态、新模式。新兴的康养产业与其他形态较为成熟的产业之间的融合将为其产业自身发展与附加值的增加提供更好的平台与资源支持。

1. 康养+农业

即所提供的的产品和服务主要以健康农产品、农业风光为基础和元素,或者是具有康养属性、为康养产业提供生产原材料的林、牧、渔业等融合业态,如果蔬种植、农业观光、乡村休闲等。主要以农业生产为主,满足消费者有关生态康养产品和体验的需要。广西的浦北县、四川的洪雅县等在这方面都做得比较好。

2. 康养+医疗

海口、三亚、珠海、昆明、丽水等地级市以发展大健康医疗产业为康养产业的支柱,以提供良好的养生、养老、休闲度假服务为市场定位,纷纷引进国际先进保健养生理论或方法,并结合传统中医药理疗方法,建设国际医疗健康养生城或康养综合体。① 随着技术的革新,数字赋能"康养+医疗"产业将成为其发展趋势,笔者将在后文部分进一步展开。

3. 康养+旅游

凭借得天独厚的自然资源,充分挖掘其康养医疗价值,推动旅游产业从单纯的观光游向体验游、休闲游转型,开发旅游新产品,形成旅游新业态格局。构建全时、全季、全域旅游产品体系:通过全时游扩展体验长度;全季游挖掘体验深

---

① 何莽:《中国康养产业发展报告(2018)》,社会科学文献出版社 2018 年版,第 13 页。

度,打造四季发展旅游计划;全域游丰富体验丰度。同时,完善旅游设施业态。在基础配套设施方面,景区开辟重点客源地旅游市场直飞航线和旅游包机,开通多路段、多路线的旅游大巴,改造升级线路设计等。引入现代声光电等技术,提升旅游体验。

4. 康养+体育

2014 年 10 月,国务院印发的《关于加快发展体育产业促进体育消费的若干意见》提出,营造重视体育、支持体育、参与体育的社会氛围,将全民健身上升为国家战略。随后,2016 年 8 月,习近平在全国卫生与健康大会上指出:要推动全民健身和全民健康深度融合。"全民健身"与"健康中国"在国家战略层面的深度融合,除了上述提及的人口老龄化现象因素外,还与城市亚健康状态、生活行为方式导致健康恶化等因素息息相关,是事关国家健康安全的问题。根据我国首部《健康管理蓝皮书:中国健康管理与健康产业发展报告(2018)》指出,我国慢性病发病人数在 3 亿左右,其中 65 岁以下人群慢性病负担占 50%。我国城市和农村因慢性病死亡占总死亡人数的比例分别高达 85.3% 和 79.5%。这些亚健康人群与老龄人口群体一起产生了巨大的体育需求。

体育中的社会体育分支,恰以增强人民体质,增进社会健康,延长人的寿命,满足人民群众的健美、消遣、娱乐、休闲、保健、医疗、康复、社交等多方面的需求为目的。因此,社会体育与旅游、休闲、养生、保健相结合成为重要的发展趋势。

苏州、南通、连云港、常州等地市率先用部分医保资金余额支付居民体育建设活动,取得了良好效果。苏州市 10 年来办理医保阳光健身卡 37255 人次,划转医保健身费用 4029.4 万元;泰州市以建设"康泰之州,运动之城"为主线,依托中国医药城,以体育本体产业为主体,构建体育产业体系,融体育于"医、药、养、游"为一体;四川省汉川市率先成立县级"健康委员会",促进健康公共服务的统筹协调。除了在康养小镇中设置特色运动项目外,康养产业与体育的结合还可起到推进健康关口迁移,发挥运动的非医疗干预功能。①

此外,区块链技术在"全民健身与全民健康联动大数据"方面的应用同样值

---

① 卢元镇:《体育社会学》(第四版),高等教育出版社 2018 年版,第 287—295 页。

得期待。

5. 康养+互联网

以"五大连池"为例,结合旅游业发展推进智慧城市品牌的建立,开发、完善景区康养关联产业的智慧化管理,推动"互联网+"纵深发展,重点围绕电子商务平台的建设,与淘宝、京东、苏宁等网商合作,完善五大连池大米网功能,拓展矿泉特色产品、绿色生态产品、特色农渔业制品的网络销售渠道,充分发挥电网服务中心孵化作用。目前,已有8家大企业完成电商平台的资质上传和审核,在相关平台上上传了矿泉水、矿泉米、矿泉蛋等六大类近百种产品信息,开通了京东五大连池特色馆和苏宁五大连池中华特色馆,真正畅通了五大连池康养旅游产品的线上、线下销售渠道。

逐步形成的"康养+农业""康养+医疗""康养+旅游""康养+体育"以及"康养+互联网"等的新业态模式将在推动第一、第二、第三产业融合发展的同时,反过来促进科技服务、电子商务、现代物流等的加快发展,并成为数字经济时代新的经济支撑点。

(二)智慧医疗等的融入

医疗设施及服务作为各类人群的需求痛点之一,影响着康养产业的发展高度。在传统医疗资源受限的情况下,智慧医疗等的融入必将改变康养及其他领域的产业面貌。在2020世界人工智能大会云端峰会开幕式上,上海市委书记李强提到了要"大力推进人工智能在交通出行、住房家居、教育医疗、养老助残、文化体育等领域的广泛应用"。无论是快速诊断机器人的发明,还是"健康码"的推行,人工智能、大数据等新型技术在新冠肺炎疫情期间起到的作用都有目共睹。

融入智慧医疗,无疑会助推康养产业高质量发展。以"智慧临床、智慧服务、智慧管理、创新应用"为目标,充分发挥医疗大数据在健康领域的深度应用,建立专科医院和社区联动的居民健康服务系统,推动"小病在社区,大病去医院,康复回社区"的医疗服务新格局,实现康养产业的可持续发展。

天津主打的生物医疗保健就是智慧医疗融入康养产业的较好典范。其于2018年启动了智能医疗与健康专项行动计划,建成全市医疗大健康信息共享平台,智能医疗与健康服务和业务应用覆盖全市公立医疗卫生机构,并在滨海高新区建设了国际医疗城。①

（三）模式探索及其治理

目前康养产业最紧缺的可能是管理模式的创新，无论是房地产业向康养转型，还是各路急于涌向康养产业的资本，皆未能找到合适的进入模式，也未形成可复制的康养项目开发案例。因此，本书试图在上述资料的基础上，探索具有可操作性、可复制性以及可持续发展的模式构建与产品创新。

根据《中国康养产业发展报告（2018）》，我国的康养产业整体上被划分为华南、华东、西南、华中、华北、东北、西北七大片区，七大片区虽各具特色，但华东、华北片区与其他五大片区呈现出较为显著的侧重差异。这与华东、华北两片区区域内城市发展水平较高有一定关联，因此，在模式构建时，笔者试图以现有的城市与乡村两大经济体制为模式进行讨论。需要指出的是，此处的模式分类并非意在固化城乡二元结构，而是意在破解该结构，平衡今后康养产业高速发展中可能发生的利益分配不均问题，共同发掘康养市场潜力。

1. 城市模式

如上文中提到的"万科集团"在城市中心及周边打造的"养老房地产"项目在性质上最接近美国的持续照料退休社区模式，提供的是长期养老服务，其面向的人群是城市高收入水平的老年人群或意在为未来投资的将老人群。这是城市康养产业发展的模式之一。不过需要注意的是，部分"养老房地产"项目的实际入住率并不高，其背后虽有老年人群体的购买力以及他们为子女的考量等因素有关，但不妨灵活运作该模式，在一定条件下，允许"以租代购"的方式，提高入住率的同时，也能惠及更多其他收入水平的人群。

然而，高收入水平人群并不占城市人口的大多数比例，因此，要探索面向更广泛对象的发展模式，以解决普通城市居民的康养需求问题。按照传统，养老院等传统养老机构为较普遍的养老目的地选择。不过，巨大的需求与有限的供给之间差距仍难弥补。"居家养老"模式应运而生。江苏等省出现了城市居家养老服务中心的迅速崛起，在数量上已赶超传统养老机构，成为为老年人提供服务

---

① 何莽：《中国康养产业发展报告（2018）》，社会科学文献出版社2018年版，第11页。

和咨询的主力军。① 对此,孙春兰副总理在 2020 年 1 月初视察北京市昌平区富松社区养老服务驿站时就指出,我国现有 65 岁以上老年人超过 1.66 亿,以居家为基础、社区为依托、机构为补充提供养老服务,符合我国国情、发展阶段和养老习惯。要完善财政、医保、价格等政策,鼓励通过购买服务等方式整合社区养老服务资源,落实社会力量进入医养领域的各项政策,推动医养康养服务在社区、机构深度融合,满足老年人多层次、多样化的养老需求。

除了在社区内嵌套各类养老服务资源外,利用数字技术,推送完善城市网格化管理势在必行。可在征得老人及亲属的同意下安装摄像头及各类智能家居用品,建设社区健康动态数据监测中的同时,与就近派出所、医院实现全天候实时联网,解决各类突发可能危害个人健康及公共安全的不良事件发生的可能性。

同时,效仿日本社区的"多世代"模式。由于城市中老龄化程度严重的社区大部分属于老旧小区,可利用如降低社区内青年承租人的租房费用等方式,吸引不同年龄群体的到来,丰富社区的人口层次分布。还可与社区辖域内的中小学进行订立合作意向书:一方面,校内的学生可以就近开展探访孤寡老人等的志愿者活动;另一方面,学校还可针对老人的特长或经历,通过社区聘请他们成为学生的课外辅导员,让老人感到自己仍能为社会作贡献的同时,也让青少年了解更多"过去的故事",对于地方文化的传承有深远的意义,还能够让他们不畏老,在与老人的深度接触中渐进式感悟进而在今后能够从容面对年龄的增长与身体机能的退化等。

此外,属于老年人自己的社群打造也必不可少。有条件的城市社区可利用老年大学等以兴趣爱好为构建基础的老年社团,推动"学习型"养老模式。鉴于1996 年就已提出的"老有所养、老有所医、老有所为、老有所学、老有所乐"的老年基本国策,该模式的推动将在实现终身学习的教育目标的同时,为老年人的身体健康、心理健康以及社会健康提供一定保障。

2. 乡村模式

乡村如何利用区域内的自然及人文社会资源打造"康养+X"的产业集群,发挥自身特色经营地方品牌等在前文已给出案例及相关分析,在此就不再加以赘

---

① 何莽:《中国康养产业发展报告(2018)》,社会科学文献出版社 2018 年版,第 89 页。

述了。

乡村康养产业的发展除了注重共享农庄、特色小镇或田园综合体等发展形式吸引城市人口异地"康养消费"外,更应注重本地区人口的"康养需求",在康养产业发展理念上需要进一步进行创新。在"网红经济"的大潮下,可创造性地聘请当地青年担任"康养生活体验官",利用新媒体平台直播分享乡村康养生活体验与感受,培育本土网红的同时,可吸引部分年轻人留在乡村助力产业发展。以村为单位,设立农村健康指导员制度,聘请村里的中青年人担任,提供工资保障。如此,便可促进农村青壮年劳动力的回流与保持,逆转乡村"留守儿童""空巢老人"等现象的发生率。

另外,在大力发展乡村康养产业,实现乡村振兴,巩固脱贫成果的同时,如何让数字经济的发展契机与成果成为普惠,需要政府与企业更多关注农村居民的数字素养提升等问题。

需要强调的是,无论在城市还是在乡村地区,AED除颤仪等急救器械的使用与日常健身养生知识以及急救知识的普及仍然需要在政府层面加大人力及物力等的投入力度,在吸引康养企业投资的同时,做好必备公共服务产品的供给。

此外,数字经济下我国康养产业的可持续发展离不开各类模式的治理主体的职能划分,即政府与企业的不同职能需要在被予以明确划分的同时,强化主体间的协同合作,推动数字经济下我国康养产业的可持续发展。

从政府层面,利用《中国康养产业发展报告(2018)》给出的区域康养发展的指标体系、全国康养数据库、区域康养指数、康养政策专项数据库等数据指标体系,切实履行好"康养市场"的准入监督职责,确保康养产业的可持续发展。在技术条件允许的情况下,可建立地方或国家层面的"康养市场黑/白名单",在日常监管抽查的基础上,对名单实行动态调整制。在政府治理能力彰显的同时,也为消费者提供了可靠的选择参考。

从企业层面,在数字经济的时代背景下,康养产业的治理主体不再由政府单一执行,社会企业(机构)成为多元治理主体之一,且发挥着越来越不容小觑的作用。目前,除了非康养企业向康养领域拓展业务外,还出现了大型企业间的强强联手,利用各自资源优势,整合线上、线下双渠道,打造新型康养产品。如在2020年5月,中国人寿就携手京东,上线了国内首个线上养老社区。融合中国人寿养老险公司的资金管理、账户管理优势和京东的线上商城、医养资源优势，将养老资产管理、医护健康、紧急求助、生活消费、精神文娱等多种服务有机整合，通过跨界合作，为用户提供"食、医、健、护、乐""一站式"的优质养老服务，打造全新线上养老生态圈。① 企业如何精准定位目标客户群，如何满足从老年人向其他群体需求的延伸，尚需深耕；但让技术造福人民生活，利用数字技术改善区域不平衡等现象或将可为。

目前，政府与企业的着眼点更多置于康养产业的"养老"这一领域，对"健康"与"养生"的投入尚有所欠缺。相比老年群体，诸如有整形美体等需求的青年人以及舒缓工作家庭压力需求的中年人群体受到的重视程度还不够，在这些群体上还有较大的消费潜力可以挖掘，是今后康养产业发展的动向之一。另外，如自闭症等特殊群体的康复需求也亟待满足。

（四）产品创新与研发

以广东省的温泉康养产品为例，虽然形成了以温泉水疗、按摩、桑拿和健身运动为主，恒温泳池、泥疗、脸部护理、瑜伽和饮食管理为辅的产品结构，产品类型较多，但超过90%的度假区内仅包含主要产品类型，剩余类型的出现频率较低。因此产品结构的同质性较高，缺乏特色。②

在产品的创新思路上可参考日本的箱根温泉小镇。在箱根的体验是多元的。箱根温泉民宿集群围绕着"箱根七汤"组团式布局，每个组团相对独立，包含旅馆、温泉、博物馆等设施。温泉旅馆类型多样，在规模、档次、主题、权属经营等方面多样化，满足各种类型游客的需求。多种专题类博物馆和艺术馆，提升旅游地的文化内涵，增加游览的趣味性。因地制宜布置温泉池，做到取景得当，观光资源与温泉资源紧密结合，打造有深度的产品链条。③

无论是模式的探索，还是产品的创新，都需要在匹配自身条件与康养产业消费者的需求模型前提下，因地因时制宜，合理开发利用本地区特色的自然及社会

---

① 中国人寿：《中国人寿×京东 国内首个线上养老社区上线》，财经头条，见 https://t.cj.sina.com.cn/articles/View/2834889173/a8f8f9d500100r830？from=tech&subch=internet，2020 年 5 月 14 日。
② 何莽：《中国康养产业发展报告（2018）》，社会科学文献出版社 2018 年版，第 204 页。
③ 大东产业观光旅游设计院：《日本农旅融合+文旅康养的成功之道!》，2019 年 12 月 17 日。

人文环境资源,"政、产、学、研、用""五位一体"联动,方为上策。并乘"新基建"之势,推动康养产业的数字化程度向纵深发展。

五、数字经济下康养产业及其网红产品的发展总结

数字经济下,人类的生活正在被深刻地颠覆和重建着,日常生产生活、经营方式、包括个人兴趣爱好和习惯在内的一切都在迅速地数字化,于是,数据信息正在转变成新型的产品和服务,并深刻地改变着人们的生活。[①] 值此时代背景,大力发展康养产业意义重大。对地方来说,首先,能够解决当地的养老、健康服务业的供给问题;其次,能够为推动地方经济转型提供驱动力;最后,还能够推动对接精准扶贫目标,为精确识别、精确帮扶贫困区域发展经济提供有效的渠道。对国家来说,是全面建成小康社会、基本实现社会主义现代化的重要基础,是全面提升中华民族健康素质、实现人民健康与经济社会协调发展的国家战略,是积极参与全球健康治理、履行 2030 年可持续发展议程国际承诺的重大举措。未来10—15 年,是推进健康中国建设的重要战略机遇期。华南、华东、西南、华中、华北、东北、西北七大片区,在各依托其特有的自然资源及环境设施的基础上,利用好数字技术打造"宜养、宜居、宜人"的康养目的地,持续不断打造符合自身发展条件且可持续的康养产业。在此过程中,可根据康养产业消费者不同的消费层次、消费能力、消费需求,适度参考美国的 CCRC 以及日本的多世代等模式。充分利用数字经济时代倡导的模式,通过各种新型渠道,打造并维护专属网红 IP,拓展康养产品内涵与外延。多措并举,促进朝阳"康养产业"与其他第一、第二、第三产业的深度融合。融入智慧医疗,加大对公共卫生领域的投入。同时,抓住新基建设施建设政策导向与社会发展趋势,发挥产业集群效应,建设智慧城市、智慧乡村,助推经济转型、社会改革。以"人民健康至上"的理念,积极探索并走出一条具有中国特色的数字化康养产业发展道路。

[①] 马长山:《数字社会的治理逻辑及其法治化展开》,《法律科学》2020 年第 5 期。

十年磨一剑：我国电竞网红生态发展报告

刘新静　肖　磊*

近十年来电竞行业的繁荣为电竞网红带来了极大的发展机遇,电竞直播和电竞赛事也是电竞网红的摇篮,主播和职业选手是目前电竞网红的主要构成人员。从全产业链的角度来看,电竞网红从事的工作主要是内容传播和赛事参与两个环节,而这两个环节也是离用户和消费者最近的环节,在价值变现和传播营销方面具有举足轻重的地位。电竞网红群体的社会接受度越来越高,收入呈梯度排列,IP越来越受重视。电竞网红与电竞行业的盛衰息息相关,未来电竞网红群体会更加专业化、盈利模式更加多元化、与资本的结合也更加紧密。

世界上最早的电子竞技概念起源于美国,在1972年举办了"Intergalactic space warolmpics"的Spacewar的竞赛中,获胜的选手将获得美国杂志一年捐款,这就是电子竞技的起源。电子竞技是一项对抗性的体育运动,是指以电竞游戏为基础,信息技术为核心,软硬件设备为器械,在信息技术营造的虚拟环境中,进行的人与人之间的智力对抗运动。[1] 中国游戏产业研究院发布的《中国游戏产业报告》的数据显示,2020年上半年我国电竞用户规模达到4.84亿,同比增长9.94%。[2] 电竞已经成为我国居民休闲娱乐的重要方式。

在这样的背景下,电竞网红也引发了越来越多的关注。所谓电竞网红,就是以电竞行业为核心IP的网络红人,电竞网红是网红领域的重要分支,新榜平台

---

　* 肖磊:华东师范大学电竞产业发展研究中心产教联盟副秘书长、明日世界(上海)教育科技有限公司副总经理。

　① 唐威:《电子竞技产业概论》,华东师范大学出版社2020年版,第12页。

　② 《4.84亿人的庞大群体！这就是电子竞技》,央视新闻客户端,2020年8月15日。

2016年发布的全平台网红排行榜TOP100中将网红分为美颜装扮、才艺搞笑、游戏电竞、文化乐活四个类型。此外,2019年三部主要的电竞题材电视剧总播放量超过130亿,其中《亲爱的,热爱的》播放量达78亿,这从侧面印证了电竞文化、电竞元素的受众面在不断拓展,随着"00后""10后"等新一代消费者的成长,电竞产业将会保持持续增长态势。

一、电竞网红的十年发展历程

电子竞技于20世纪末进入中国,并且在2003年被国家体育局列为第99个体育项目,但2004年国家广电总局颁布《关于禁止播出电脑网络游戏类节目的通知》,标志着开路电视节目对网络游戏的彻底封杀,游戏内容的主要宣传端口被封死,电竞进入了长达六年的沉寂期,见图3-1。

转机发生在2010年前后,当时优酷、土豆等视频网站上播出大量的游戏视频内容,有些优质的视频获得了较高的点击率,第一代电竞网红也由此诞生。电竞网红的产生在电竞产业缺乏变现通道的背景下具有积极的意义。电竞产业在2010年互联网视频平台普及之前,一直没有找到具有可持续性的盈利模式,2010年之后出现的视频平台造就了一批电竞网红的同时,也开启了"视频+电商"的营收模式,同时也打开了电竞产业宣传的新渠道,这让举步维艰的电竞产业获得了新的空间和机遇。

在电竞行业中,电竞直播、电竞赛事为当前的主要环节,分别拥有整个产业38%和30%的份额。电竞直播和电竞赛事也是电竞网红的摇篮,主播和职业选手是目前电竞网红的主要构成人员。从全产业链的角度来看,电竞网红从事的工作主要是内容传播和赛事参与两个环节,而这两个环节也是离用户和消费者最近的环节,在价值变现和传播营销方面具有举足轻重的地位,见图3-2。

二、电竞网红的类型

目前电竞网红主要由两类人员构成:一是电竞解说,二是电竞选手。

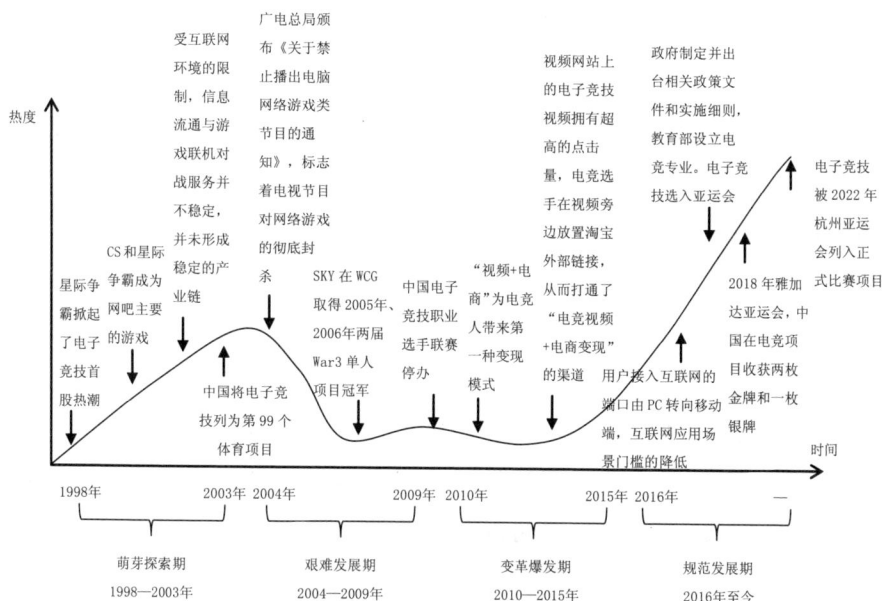

受互联网环境的限制,信息流通与游戏联机对战服务并不稳定,并未形成稳定的产业链

广电总局颁布《关于禁止播出电脑网络游戏类节目的通知》,标志着电视节目对网络游戏的彻底封杀

视频网站上的电子竞技视频拥有超高的点击量,电竞选手在视频旁边放置淘宝外部链接,从而打通了"电竞视频+电商变现"的渠道

政府制定并出台相关政策文件和实施细则,教育部设立电竞专业。电子竞技选入亚运会

CS和星际争霸成为网吧主要的游戏

SKY在WCG取得2005年、2006年两届War3单人项目冠军

中国电子竞技职业选手联赛停办

"视频+电商"为电竞人带来第一种变现模式

电子竞技被2022年杭州亚运会列入正式比赛项目

星际争霸掀起了电子竞技首股热潮

中国将电子竞技列为第99个体育项目

用户接入互联网的端口由PC转向移动端,互联网应用场景门槛的降低

2018年雅加达亚运会,中国在电竞项目中收获两枚金牌和一枚银牌

热度

时间

1998年　2003年 2004年　　2009年 2010年　　2015年 2016年 ——

萌芽探索期
1998—2003年

艰难发展期
2004—2009年

变革爆发期
2010—2015年

规范发展期
2016年至今

图 3-1　我国电竞行业发展历程示意图

资料来源:唐威:《电子竞技产业概论》,华东师范大学出版社2020年版,第8页。

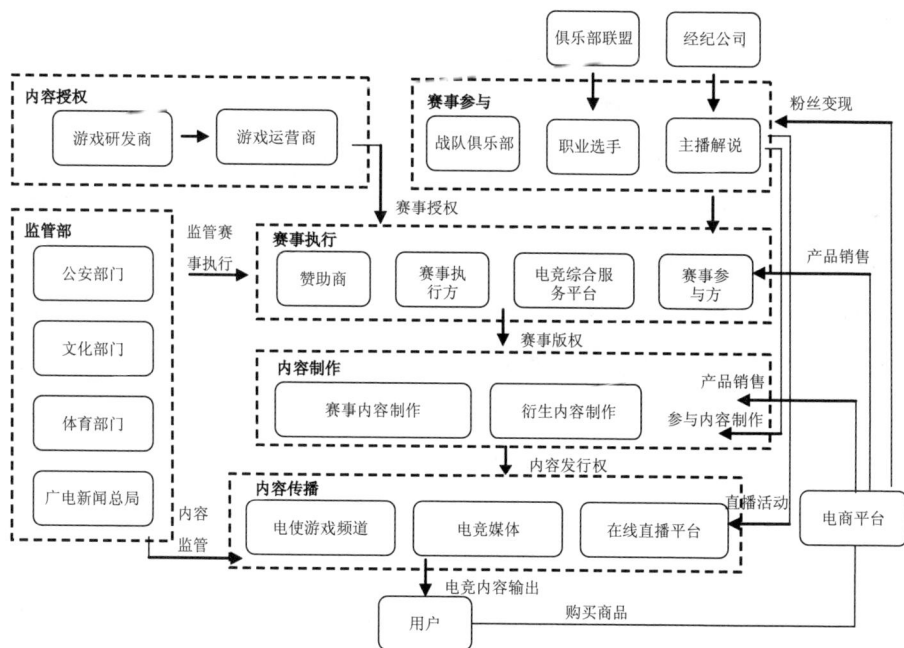

图 3-2　我国电竞产业链示意图

资料来源:艾瑞咨询:《中国电竞行业研究报告》,2018年。

191

第一类是电竞解说，也称为电竞主播。"电竞解说"是一个动态的概念，它本来指由电子竞技赛事主办方指定的，在官方赛事过程中负责实时解说的工作人员，例如《英雄联盟》等游戏赛事就有专门的官方解说员团队。但是随着新媒体和自媒体的发展，直播平台大量涌现，例如熊猫TV、斗鱼TV、哔哩哔哩直播等，很多人开始在这些平台上进行电竞游戏的直播，这些平台主播也属于"电竞解说"的范畴。因此，"电竞解说"就是依托互联网的各类平台对电子竞技比赛相关活动进行叙述、分析、评论、预测和渲染等的工作岗位或人员。2016年新榜公布的电竞网红TOP20名单就是电竞主播或者是电竞解说，其评选标准是：(1)网生或重生于社交媒体，而不是将传统线下内容与身份的线上化；(2)引导文化发展，创造出符合年轻人群观念的、可以引发他们关注的作品；(3)拥有自己独特的气质、偶像化特征；(4)可以实现商业变现；(5)在各个平台都有一定的流量，尤其是一些主流平台。

和传统体育节目制作一样，拥有竞技血统的电子竞技天生需要内容推广的帮助。直播平台以其实时互动的形式、超高的覆盖率、扁平化的制作模式从众多媒体形式中脱颖而出，成为电子竞技新的媒体出口渠道。一方面，大批电竞粉丝涌入直播平台，观看直播比赛，与主播、广大粉丝一起分享赛事，这极大地提高了直播平台的用户数量。2017年我国游戏直播用户达到2.7亿人，相较于上一年增长28.57%；国内直播平台平均月活跃用户人数(Monthly Active User, MAU)为2.79亿，预计2022年将达到5.18亿。这主要是由于电子竞技的持续火热带来的用户增长。电竞直播的火爆直接带动了直播行业的粉丝经济效应，用户对于主播的依赖性强，且对喜爱的主播有较强的付费意愿。同时，电竞主播的收入来源也非常的多元化，包括平台签约费、虚拟道具分成、广告推广费用以及电商销售等。在平台扣除一部分用户付费收入后，主播和公会分享剩下的收入，主播往往能分到剩余部分75%的收入。此外，"直播+淘宝店"已成为主播中一种普遍的变现模式，部分主播在积累了一定人气后，淘宝店的年收入可达千万元。

第二类是电竞竞技选手。与其他体育运动一样，电子竞技的项目人人都可以尝试与体验，但并不是人人都能成为一名电竞选手。电子竞技选手也称"电子竞技运动员"，他们在电竞方面拥有不凡的天赋，在激烈的竞争中经过严格选拔脱颖而出。不同的游戏拥有不同的赛事和俱乐部，不同的赛事都会有一些明星选手，这些明星选手在游戏玩家中拥有较高的影响力和号召力。同时，这两类电竞网红之间并没有严格的界限，很多电竞主播就是退役选手，双重身份还往往给其带来更多的关注和粉丝。

三、电竞网红的发展现状

（一）社会接受度不断提高

与电竞产业的命运息息相关，电竞网红是 2010 年后电竞产业复苏繁荣之后的产物。当前社会公众对电竞网红还存在一些偏见，有相当多的人认为电竞就是打游戏，电竞解说是不务正业，这种偏见的存在是很正常的。原因有两方面，一是因为普通民众对于电竞行业的认知度还不够，而各种媒体对于青少年沉溺网游等的负面新闻报道过多；二是因为电竞解说是有别于传统体育解说的"另类"职业，一般传统的体育解说是受聘于各级电视台，有固定的工作单位和薪酬收入的岗位，而电竞解说却是没有固定的单位，只有"合作伙伴"，收入更是"朝不保夕"。

随着电竞文化的普及，"90 后"及"00 后"的长大，对于电竞产业和电竞网红的社会接受度不断提高，2016 年中国青年报社会调查中心通过问卷网，对 2004 人进行的一项调查显示，76.0%的受访者知道电子竞技是一项体育运动，25.3%的受访者非常关注电竞比赛，有喜欢的电竞战队和电竞明星，41.3%的受访者支持年轻人把成为电子竞技职业选手作为理想。受访者中，"00 后"占 0.6%，"90后"占 25.1%，"80 后"占 48.2%，"70 后"占 19.0%，"60 后"及"60 前"人群占7.0%。[1] 这些数据折射了当下年轻人择业观、就业观的转变，电竞网红获得了更多人的认可和接受。

（二）收入呈梯度排列

目前电竞网红群体的收入呈现出梯度排列的局面：第一梯队，年收入超过千

---

① 高虹、王琛莹：《超四成受访者支持把成为电竞职业选手当理想》，《中国青年报》2016 年 1月 26 日。

万元,保守估计有 30 多人;第二梯队年收入在 500 万—1000 万元,主要集中在职业选手中;第三梯队年收入在 100 万—500 万元的,有 200 多人。[①]

电竞网红收入的头部效应非常明显。它仍然是网红经济,电竞网红收入的高低是由粉丝数量来决定的。例如在企鹅电竞 TOP10 主播身价排行榜位列第一的主播小智,其身价估值达 4000 万/年,这是因为其每条视频的点击率几乎都在 200 万+,这一点是很多网红难以企及的。

(三)IP 越来越受重视

因为社会接受不断提高,电竞网红的收入不断攀高,因此投身电竞行业的年轻人越来越多,当前行业竞争远高于十年之前。电竞网红开始重视个人 IP 的打造,例如斗鱼平台的某电竞主播,刚刚开始做直播的时候没有什么特色,粉丝也寥寥无几,后来他开始组织团队打造个人 IP,明确目标市场,确定个人定位,配合各种策略,最终让粉丝量不断攀升。还有电竞网红凭借高人气借势打造个人 IP,利用忠实粉丝建立个人品牌,在互联网时代中保留更高的辨识度,例如某网红就与公司联手推出了排位日记,自己出境录制并解说,这样不仅使自身的价值转移到了其制作的视频上,而且把这类视频打上了自己的标签。同时她在直播的同时,还线上线下联动,跨界参与多种活动,让个人 IP 的受众面不断扩大,从而保持了个人品牌的可持续发展。

四、电竞网红的发展趋势

电竞网红的命运与电竞产业的兴衰息息相关,我国的电竞产业仍有较大提升空间,因此电竞网红整个行业的未来也有较大的发展潜力。

(一)电竞网红群体会更加专业化

依照滕林季先生的观点,电竞解说门槛并不是很高,也比一般人以为的简

---

① 贾晓宁、李冲:《电竞主播第一梯队年收入已过千万 网红百万起步》,扬子晚报网,见 http://mip.youth.cn/sh/201705/t20170506_9680193.htm,2017 年 5 月 6 日。

单,需要具备的素养是出色的语言表达,可以清晰地表明自己的看法,普通话标准,重要的是要对电竞有一颗赤诚热爱的心。这是第一代电竞解说从业人员的真实写照,但是随着行业的发展,电竞解说的素质要求也会越来越规范。同样,第一代电竞网红基本上都是"自学成才",很多都是原来媒体宣传的所谓"网瘾少年",他们遇到了电竞产业繁荣的风口,因此人生迎来了极大的发展机遇,成为名利双收的"成功人士",但不可否认的是,这个群体的专业化程度有待提升。2016年9月30日,教育部职业教育与成人教育司发布了《关于做好2017年高等职业学校拟招生专业申报工作的通知》。其中,将"电子竞技运动与管理"作为一个新的专业,成为新增的13个专业中的一个。到目前为止,国内招收电竞专业学生的院校包括中国传媒大学、上海体育学院、上海戏剧学院等20多所学校,其中中国传媒大学是国内第一所开设电竞专业的"211"院校,形成了本科、专科和中专教育三个层次。科班出身的电竞从业人员的加入,势必会提升整个群体的专业化程度。

(二)电竞网红的盈利模式会更加多元化

与其他网红的盈利模式一样,目前电竞网红的变现渠道还比较单一,职业选手的收入主要包括固定工资、代言费和赛事奖金,电竞解说的收入主要是打赏、代言费、签约平台费和电商。其中,前者的代言费和赛事奖金不固定且低于其他行业,后者的代言费和签约平台费也是比例很低。未来随着电竞文化生态圈的拓展和商业模式的创新,电竞网红的盈利模式也可以更加多元化。

(三)电竞网红与资本的结合会更加紧密

第一代电竞从业人员很多都是出于情怀才投身这个行业,最后是无心插柳柳成荫。伽马数据2021年发布的《休闲电竞发展前景报告》显示,2020年我国休闲电竞游戏用户规模已达到2.38亿人,2023年有望超过2.8亿人。在这样的背景下,资本开始涌入电竞行业,比如京东、苏宁易购等产业资本,更愿意将电竞看成是集合体育、娱乐、社交属性的新流量入口,与自身众多消费场景进行融合并创造巨大商业价值。其他创投资本则更青睐电竞俱乐部的收入多元化与广阔增长前景。比如,在LPL主客场赛制实施后,俱乐部获得的联赛收益分成、赞助商收入、版权收益均呈现显著增长；此外，他们还能与当地开发商合作，打造二次元主题乐园等年轻群体消费地标项目，拓展衍生品收入。[①] 行业的繁荣势必会为电竞网红的发展带来更多的机遇，电竞网红与资本之间的结合也更加紧密，呈现出十年前电竞从业人员无法想象的格局和业态。

---

① 每日经济新闻：《1400亿！中国电竞产业年营收额或打破英超纪录！资本携俱乐部开启差异化角逐》，2020年8月29日，http://www.nbd.com.cn/artic/es.2020-08-21/1486630.html。

"网红城市"营销前后旅游目的地形象感知差异研究

——以西安为例

江丙瑞 张 媛 王 洁*

选取西安作为案例地,以网络游记为样本,运用混合研究方法,从认知形象、情感形象和整体形象三个维度探究"网红城市"营销前后旅游目的地形象感知及其差异。结果表明:"网红城市"赋能,西安夜游经济崛起,旅游者旅游踪迹更趋集中,旅游活动空间集中在西安;目的地形象渐趋丰富、鲜明且立体化,"网红城市"形象显著提升了旅游者对目的地形象的正面感知;目的地吸引物更迭加快,"网红城市"光环使游客产生感知上的"灰度区",对周边"华山"等景点产生旅游屏蔽效应。最后,根据以上结论提出了旅游目的地形象的提升意见。

一、旅游目的地形象研究简介

旅游目的地形象研究始于 20 世纪 70 年代,亨特(Hunt)首次在其研究中提出旅游形象内涵,即个人对非自我居住场所持有的印象。① 在此基础上,克朗普顿(Crompton)进一步界定了旅游目的地形象概念,即旅游者、潜在旅游者通过处理各个渠道信息而形成的对旅游目的地的整体感知,是对旅游目的地一系列印

---

* 江丙瑞:上海杉达学院旅游管理系教师。

张媛:上海杉达学院旅游管理系主任,讲师。

王洁:上海杉达学院旅游管理系。

① Hunt J.D., "Image:A Factor in Tourism", *Fort Collins:Colorado State University*, 1971.

象、看法和情感表达。① 自此,旅游目的地形象研究开始受到广泛关注,包括对旅游目的地形象内涵及影响研究。如冈恩(Gunn)将旅游目的地形象分为原生形象和引导形象。② 巴洛格鲁(Baloglu)等从个体心理层面将旅游目的地形象分为认知、情感和整体三个方面。③ 同时,旅游目的地形象对旅游者决策④、旅游满意度与忠诚度⑤及重游意愿⑥的影响均得到了有益的实证。伴随互联网发展,社交媒体也不断更新和迭代。依托社交媒体,人们在旅行前获取资讯,旅行期间及结束后分享体验、发布评论,该过程中,人们既是内容生产的阅读者和传播者,也是生产者。其中,网络文本就是典型的一类产物。由旅游者在平台发表的"游记""点评"等网络文本,为当下旅游研究提供了重要数据来源。学者根据网络文本,利用内容分析法研究旅游目的地形象与游客感知,得到了诸多有益的结论。⑦⑧

目前,中国旅游目的地发展已经进入形象主导阶段。⑨ 近年来,互联网技术的迭代发展与普及对人们生活实现了全面渗透,颠覆性地变革传统生活方式和商务模式。这一过程中,催生了许多依赖于互联网并以其为载体而成长的群体

① Crompton J. L., "An Assessment of the Image of Mexico As a Vacation Destination and the Influence of Geographical Location Upon That Image", *Journal of Travel Research*, Vol.17, No.2, 1979, pp. 18-23.

② Clave A. Gunn, "Book Review: Vacationscape: Design Tarigt Regions", *Journal of Trade Research*, Vol.11, No.3, 1973, p.24.

③ Baloglu S., Mccleary K. W., "A Model of Destination Image Formation", *Annals of Tourism Research*, Vol.26, No.4, 1999, pp.868-897.

④ 刘力:《旅游目的地形象感知与游客旅游意向——基于影视旅游视角的综合研究》,《旅游学刊》2013年第28期。

⑤ Chi G. Q., Qu H., "Examining the Structural Relationships of Destination Image, Tourist Satisfaction and Destination Loyalty: An Integrated Approach", *Tourism Management*, Vol.29, No.4, 2008, pp.624-636.

⑥ Greaves N., Skinner H., "The Importance of Destination Image Analysis to UK Rural Tourism", *Marketing Intelligence & Planning*, 2010, 28(4): 486-507.

⑦ Stepchenkova S., Morrison A. M., "The Destination Image of Russia: From the Online Induced Perspective", *Tourism Management*, Vol.27, No.5, 2006, pp.943-956.

⑧ 王永明、王美霞、李瑞等:《基于网络文本内容分析的凤凰古城旅游地意象感知研究》,《地理与地理信息科学》2015年第31期。

⑨ 张高军、李君轶、张柳:《华山风景区旅游形象感知研究——基于游客网络日志的文本分析》,《旅游科学》2011年第25期。

和文化,"网红"就是互联网生态中典型的一类群体。① "网红",传统上指网络红人,是当代社会通过网络媒介出名的新型名人。② 当下,随着网红现象的不断演进,"网红"已经跳出传统定义,用户对于新奇事物的不断渴求,使网红内容方向逐渐增加,现实或网络中某件事或某个行为引发众多网友关注的人、事或物③均可纳入网红范畴,网红城市就是新媒体语境中常见的网红概念。网红城市,某种意义上是新媒体情境下城市营销效果的表现,有研究将其定义为"借助移动短视频的形式与渠道优势,在视频中植入趣味、新奇、有吸引力的城市文化符号,使抽象城市品牌概念具象化,实现了城市品牌的初始化或优化,近几年在网络平台上迅速走红的城市"。④ "网红城市"形象的营销与建设,赋予了目的地城市新的内容与活力,使休闲旅游的意义不再是拘泥于全身心投入到非惯常环境中的栖息,前往网红城市"打卡"已成为风潮,也进一步催生了巨大的经济效益。无疑,"网红城市"的出现,为探索短视频营销模式下旅游目的地形象重构、传播及其之于目的地旅游营销价值提供了较好的研究方向。然而,目前学术界对"网红城市""网红"旅游目的地关注有待提升,已有研究重在对现象的阐述⑤,较少从定性或定量角度研究网红现象,而"网红城市"营销下的旅游目的地形象及其游客感知研究更是鲜有。因此,本文选取西安作为研究案例地,以旅游目的地形象感知为研究对象,基于网络文本采取定性为主、定量为辅的分析方法,比较"网红城市"营销前后旅游目的地形象感知差异,进而探讨新媒体营销模式之于目的地形象重构的价值,为西安或其他目的地形象建设与宣传营销提供参考。

---

① 敖鹏:《网红为什么这样红?——基于网红现象的解读和思考》,《当代传播》2016 年第 4 期。

② 孙婧、王新新:《网红与网红经济——基于名人理论的评析》,《外国经济与管理》2019 年第 41 期。

③ 蔡晓璐:《"网红"与文化产业新业态——三问"网红经济"》,《艺术评论》2016 年第 7 期。

④ 吴晓倩:《城市短视频传播的公众态度对网红城市品牌资产与口碑传播的影响研究》,广东外语外贸大学 2020 年硕士学位论文。

⑤ 王月:《抖音"网红城市"的形成机理及传播效果刍议——以西安、重庆为例》,《西部学刊》2019 年第 2 期。

二、"网红城市"营销前后旅游
目的地形象感知研究设计

（一）案例的选取

西安,华夏文明的发源地,十三朝古都,古丝绸之路的起点,是陕西省会、关中平原城市群核心,更是建设"一带一路"的关键节点,拥有非常丰富的文化旅游资源,在众多旅游目的地中,具有较高知名度。2018年4月,西安旅发委联合抖音推出"四个一计划",基于抖音的全系产品在世界范围内宣传推广西安的文化旅游资源,自此,西安成为新晋"网红城市"。2020年1月6日,抖音发布的《2019年抖音数据报告》数据显示:"西安"入选国内点赞最多城市TOP10,"西安"话题的累计阅读量达到126.2亿次,其中大唐不夜城位列景点播放量榜单的榜首,"大唐不夜城不倒翁"相关话题的视频播放量超过23亿,西安的"网红城市"形象已经深入人心。基于此,本文选取西安作为"网红城市"研究案例地。

（二）研究方法

本书采用定性研究与定量研究相结合的方法。定性研究主要为文献查阅法、比较分析法及内容分析法。文献查阅的范围主要集中在旅游目的地形象概念及感知维度的相关研究,网红、网红城市概念及网红现象发展现状等研究;比较分析法主要用于比较"网红城市"营销前后旅游者感知视角下目的地形象感知特征及可能存在的差异;内容分析法则是基于ROST CM6分析软件对处理后的游记文本进行分词、词频统计、聚类、情感倾向等分析操作,这是比较分析的前提。定量研究是在定性研究的基础上,将部分高频词汇及其频数进行数字化,利用SPSS22.0进行卡方分析。简言之,定量研究方法能在一定程度上弥补定性分析方法难以达到对事物充分把握的问题。

（三）数据收集与整理

数据收集上,携程网是目前国内最大的线上旅游平台,在"攻略"板块输入

"西安",共搜索9713篇游记,随机挑选200篇游记,并根据以下原则进行筛选:
①鉴于2018年春节西安举办的"西安年·最中国"系列活动收获巨大成功,并且同年4月,西安旅发委与抖音实现联合推广。因此,收集了2018年之前的游记100篇作为"网红城市"营销前分析样本,2018年下半年以后的游记100篇作为"网红城市"营销后分析样本,以保证前后各100篇游记撰写者的目的地体验存在背景和动机上的差异。②剔除营销帖和广告帖等一类游记。③游记记述要比较丰满,存在一定的情感表达,并剔除诗歌、歌词等游记。④剔除西安和其他城市、目的地合并的游记。最终得到80篇游记,2018年以前及2018年下半年各40篇。

数据整理上,为确保文本的精确,首先对收集到的80篇网络游记进行技术处理,步骤如下:①合并近义词,将景点名称统一,比如,将"回民坊"等统一改成"回民街",将"芙蓉园"等缩写统一换成"大唐芙蓉园"等。②删除游记中的空白行及图片等。③将西安景点名称如"大唐不夜城""钟楼"等以及特色小吃"肉夹馍"等加入user文件夹下的user.txt.中,防止分词的时候被拆分;将介词、冠词等无意义的词汇加入user文件夹下的filter.txt中,通过自定义词汇表将其过滤;考虑到情感分析的需要,对原始的自定义词汇表进行编辑,把过滤词汇表中的表达情感的词汇删除,以防高频词汇提取不成功。④ROST CM6软件无法对字数过多的文档进行处理,因此拆分文档,进而提取高频词汇并合并。本文提取了"网红城市"营销前后排名前200的高频词,考虑到篇幅有限,此处不做展示。

三、"网红城市"营销前后旅游目的地形象感知分析

(一)旅游目的地认知形象

目的地认知形象上,根据"网红城市"营销前后网络游记的分词结果,将其归纳为四个方面,即旅游景点、旅游设施与服务、旅游时间及旅游活动,以下将根据以上四个方面分别刻画目的地认知形象特征。

(二)"网红城市"营销前旅游目的地认知形象

旅游景点是旅游者对西安认知形象中最主要构成部分,高频词中景点占据多数,包括"西安城墙""兵马俑""回民街""鼓楼""华清池"等,均是西安文化旅游资源中重要吸引物,知名度高。其中,"华山"出现频次最高,"索道""西峰"等与华山关联紧密的词汇也出现多次。需要指出的是,华山并不属于西安景点,这一结果说明营销前西安与华山旅游流在空间上有较强互动和联系,旅游流的空间扩散具有明显倾向性。旅游设施与服务作为认知形象的一部分,一方面在于网络游记常见的"流水账"记录模式,囊括"食住行游购娱"各个方面,"地铁""公交""美食""酒店"等词汇容易出现高频情况;另一方面,"讲解"与"导游"等词汇出现频率也较高,这与西安资源属性密切相关,人文类景区景点参与性有限,通常需要导游的讲解来回溯历史。旅游时间上,与之相关的高频词汇不多,该方面的认知相对模糊。旅游活动方面,仍是围绕景点的参观类活动居多,其次是各类美食的体验,这与西安古都的身份整体吻合。

(三)"网红城市"营销后旅游目的地认知形象

同样,旅游景点仍是"网红城市"营销后旅游目的地认知形象中最主要的构成部分,除了"兵马俑""西安城墙""大雁塔"等景点,"大唐芙蓉园""大唐不夜城"和"永兴坊"等景点开始以较高频次出现。其次,旅游服务与设施方面,具体涉及内容变化不大,但频次有一定下降。旅游时间的概念则不再模糊,"新春""过年""春节"出现频次颇高,"春节时的西安"是旅游者输出的较集中的时间节点上的认知形象。旅游活动则不再局限于白天,夜间休闲开始登上舞台,"灯会""灯光""大唐不夜城"等高频词均反映了这一现状,西安作为旅游目的地,其旅游活动的丰富度得到较大提升。

(四)旅游目的地情感形象

1. "网红城市"营销前旅游目的地情感形象

对"网红城市"营销前游记进行情感分析发现,见表3-4。积极情绪占比为50.8%,中性情绪占比为36.4%,消极情绪占比为12.8%。总体来说,旅游者对西安情感形象的感知以正面为主。

表3-4　营销前情感分布统计　　　　（单位:条,%）

情感类别	频次	频率	文本摘取
积极情绪	3209	50.8	"登上城墙后我们十分兴奋,在落日的余晖中开始拍照";"回民街的小吃真的超好吃的,我特别喜欢,决定逛完大雁塔后和朋友来这里继续觅食"……
中性情绪	2303	36.4	"下了车后,我们开始寻找青旅的位置,准备收拾下出去玩";"回民街有鲜榨的石榴汁,味道可以"……
消极情绪	808	12.8	"今天出门淋了雨,而且人很多,一直在排队,体验感比较差";"老孙家的羊肉泡馍很多攻略都推荐了,但是我吃完觉得不太满意"……

2."网红城市"营销后旅游目的地情感形象

对"网红城市"营销后游记进行情感分析发现,见表3-5。积极情绪占比为59.8%,中性情绪占比为28.5%,消极情绪占比为11.7%。不难发现,旅游者对西安情感形象的感知以积极正面为主。

表3-5　营销后情感分布统计　　　　（单位:条,%）

情感类别	频次	频率	文本摘取
积极情绪	2919	59.8	"今天早起去爬山还是值得的,到达山顶后觉得特别心旷神怡,而且索道也很好玩";"晚上大唐不夜城特别好看,真让我有梦回大唐的感觉"……
中性情绪	1392	28.5	"准备休息一下,明天预约了陕西历史博物馆";"高家大院就在回民街那里,如果有空可以顺便去玩一玩"……
消极情绪	571	11.7	"今天去大雁塔回来路上刚好下雨,体验感不是很好,不开心";"大唐不夜城的人真的超多的,都没能挤到前面看到不倒翁,好失望啊"……

（五）旅游目的地整体形象

1."网红城市"营销前旅游目的地整体形象

对"网红城市"营销前网络文本进行语义网络分析,"西安""兵马俑""博物馆"和"时间"等都是重要的节点。"西安"一词除了与本地著名景点相关联,

"古城""中国""历史""文化"等词与"西安"这一节点也紧密联系,无一不映射出旅游者对于"网红城市"营销前西安整体形象感知,即西安拥有深厚历史文化底蕴,历史沉淀下的厚重感尤为明显。

2."网红城市"形象营销后旅游目的地整体形象

对"网红城市"营销后网络游记进行语义网络分析,"西安""美食"以及"兵马俑"是重要的节点。与"西安"一词紧密关联的有当地著名旅游景点及旅游基础设施外,"文化""历史"等词汇与"西安"这个节点同样关系密切,历史之于西安的深厚积淀成为普遍且深刻的认知。"美食"也是整体形象感知中的重要节点,其辐射的语义网络——"好吃"与"特色"等,是西安美食之于目的地发展不断赋能的真实写照。总体来看,"网红城市"营销后的西安整体形象更加丰富和立体,既有深厚历史底蕴,同时新增美食标签。

四、"网红城市"营销前后目的地形象感知差异分析

(一)认知形象感知差异

"网红城市"营销前后的目的地认知形象感知在旅游景点、旅游设施与服务、旅游时间、旅游活动四个方面均存在统计学意义上的差异,见表 3-6。旅游景点尽管前后两次高频词的占比均在六成左右,是认知形象最重要的感知内容,但"网红城市"营销后旅游景点的频次较营销前下降了 13.8%,而这一差异达到了统计学意义上的显著性水平,人们的注意力似乎发生了转移。而无论是横向或纵向比较,"网红城市"的营销使人们对旅游服务与设施的关注在减少。横向看,"网红城市"营销后较营销前下降 27.6%;纵向看,前后两次高频词比重相差 8.5%,同样,前后差异在统计学意义上仍达到显著性水平。旅游时间上,"网红城市"这一形象营销后,高频词明显增多。"网红城市"这一形象营销后较营销前增加 11.6%,纵向看,营销后比重也增加 3.5%,这一差异也达到统计学上的显著性水平。旅游活动方面,横向看,"网红城市"营销后较营销前明显增长 57.2%,纵向数据上,营销后比重增加 7.2%,无疑,在 0.05 显著性水平下也是存在统计学差异的。

具体来看,旅游景点的感知差异上,相较于"网红城市"营销前,"永兴坊""大唐不夜城"等迅速成长为"后起之秀",见表3-7。反观抖音用户生成内容,"摔碗酒""大唐不夜城不倒翁"等系列短视频成为"后起之秀"热度不断攀升的直接原因。而"网红城市"营销前的热门景点,如法门寺、秦始皇陵、曲江等并没有出现在前100个高频词中,包括华山在"网红城市"营销后(151)出现的频次明显低于营销前(318)。根据屏蔽效应理论来看,西安在经历"网红城市"的营销,其整体形象及部分景点如永兴坊、大唐不夜城的形象被强化并扩大化,周边其他旅游景区的形象如法门寺、华山呈现出一定的屏蔽现象,导致游客感知上出现了明显的"灰度区"与"光环区"。在旅游服务与设施方面,"网红城市"营销后与交通工具相关词汇的提及明显减少,这可能与"网红城市"营销后西安吸引要素增多,在一定程度上转移了游客注意力有关。旅游时间方面,"新春""春节"等具有明显时间指向性的词汇以较高频次出现,正因如此,"西安年"成为西安标签之一。旅游活动方面,高频词新增"演出""花灯"和"灯会",一方面说明旅游活动的丰富度得到提升,另一方面,进一步提高了旅游者的停留时间,这有利于扩大旅游经济效益。

表3-6 营销前后西安旅游认知形象感知差异分析

类别	指标	营销前	营销后	卡方检验
旅游景点	频数	4583	3476	
	认知中的百分比	56.9	43.1	
	营销时期中的百分比	61.9	59.6	
旅游服务与设施	频数	2240	1271	Sig.双侧值为0.00,P<0.05,表明营销不同阶段旅游者认知形象的感知存在差异
	认知中的百分比	63.8	36.2	
	营销时期中的百分比	30.3	21.8	
旅游时间	频数	431	545	
	认知中的百分比	44.2	55.8	
	营销时期中的百分比	5.8	9.3	
旅游活动	频数	146	539	
	认知中的百分比	21.4	78.6	
	营销时期中的百分比	2.0	9.2	

表 3-7　营销前后西安旅游认知形象感知内容差异

类别	共同高频词	前后变化	
		新增	减少
旅游景点	兵马俑、大雁塔、回民街、西安城墙、钟楼、华山、博物馆、华清池、鼓楼、陕西省博物馆、骊山、小雁塔、南门、大唐芙蓉园、城墙	华清宫、永兴坊、大唐不夜城、大明宫、博物院、城门	索道、法门寺、西峰、秦始皇陵、钟鼓楼、曲江
旅游服务与设施	建筑、广场、酒店、地铁、公园、机场、公交、火车站、讲解、导游	—	飞机、公家车、大巴、自行车、交通、火车
旅游时间	时间	春节、新春	—
旅游活动	表演	演出、花灯、灯会	—

注:"—"表示无新增或减少。

（二）情感形象感知差异

"网红城市"营销前后目的地情感形象感知同样在一定显著性水平下存在差异,见表 3-8。积极情绪上,尽管"网红城市"营销后积极情绪在数量上较营销前有所减少,但纵向看,营销后的比重较营销前比重增长了 9%,因此有理由判断,"网红城市"形象的营销对旅游者目的地情感形象的感知有积极影响。中性情绪上,横纵向比较来看,"网红城市"营销后的比重分别较营销前下降了 24.6%、7.9%。消极情绪的横纵向数据比重也有所下降,分别减少了 17.2%、1.1%。总体来说,积极评价较营销前有所提高,不同情绪类别较营销前在显著性 0.05 水平下存在统计学意义的差异。"网红城市"的营销对旅游地发展而言,利好方面不断凸显,除了强化目的地认知形象,在提升人们对目的地情感评价上也有积极影响。

表 3-8　营销前后西安旅游情感形象感知差异分析

类别		营销前	营销后	卡方检验
积极情绪	频数	3208	2919	Sig. 双侧值为 0.000，P < 0.05 表明营销时期情感形象感知存在差异
	情绪中的百分比	52.4	47.6	
	营销时期中的百分比	50.8	59.8	
中性情绪	频数	2303	1392	
	情绪中的百分比	62.3	37.7	
	营销时期中的百分比	36.4	28.5	
消极情绪	频数	808	571	
	情绪中的百分比	58.6	41.4	
	营销时期中的百分比	12.8	11.7	

（三）整体形象感知差异

分析"网红城市"营销前后语义网络图，不难发现，旅游者对西安整体形象感知存在一定差异。首先，"网红城市"营销前语义网络图的重要节点是"西安""时间""历史"，营销后则是"西安""美食""历史"以及"时间"，"美食"这一标签得到强化。同时，整体对比下来，"网红城市"营销后的语义网络图更加集中，各节点与中心节点关联紧密，几乎没有出现语义逻辑上的断点。并且，"大唐不夜城""春节"与"西安"关键节点的联系在"网红城市"营销后更为紧密。整体来说，西安于旅游者而言，在整体形象感知上已建立起较鲜明、明确的标签，包括春节、西安年及美食等。无疑基于短视频营销模式的"网红城市"形象塑造，对于强化旅游目的地形象是十分有益的。

五、"网红城市"营销前后目的地形象感知研究的结论与启示

（一）研究结论

本文基于网络游记，运用内容分析法以及卡方分析，对"网红城市"营销前后西安这一旅游目的地形象进行了比较分析，得到了以下结论：

第一,旅游者旅游踪迹更趋集中,夜游经济崛起。根据"网红城市"营销前后的语义网络图不难发现,营销后的旅游者旅游踪迹与"西安"联系得更为紧密,旅游活动空间集中在西安。而集中化的背后原因在于"网红城市"的营销整体提升了西安旅游业态的多元化:一方面是旅游产品丰富度提升,"新兴"景区、景点及旅游演艺活动涵盖了旅游的"食住行游购娱"各方面,丰富旅游者体验的同时,延长了旅游者的目的地停留时间;另一方面,"大唐不夜城""春节""表演""灯光""灯会"等词汇的频频出现,无不说明西安以"夜游经济"为突破口的城市旅游产业链得以延长,以大唐不夜城作为空间依托的夜间场景,充分集聚消费人气,拉动文化消费,"夜游西安"成为新亮点。

第二,旅游目的地形象渐趋鲜明、丰富且立体化,旅游整体形象感知积极正面且得到加强。基于短视频的"网红城市"营销,西安的目的地形象更加丰富、鲜明且立体化。一别以往尘封在博物馆里的厚重文化形象,依托"摔碗酒""不倒翁小姐姐"等网红内容营销,西安年、美食等成为西安的新晋标签,整体形象丰满起来,鲜明且立体化。同时,无论营销前后,旅游者对于西安的整体形象趋向积极正面,并且这一积极正面的形象感知在"网红城市"营销后得到进一步加强。

第三,目的地吸引物更迭加快,"网红城市"效应引发了屏蔽效应。互联网时代的消费节奏赋予了网红产品迅雷不及掩耳的迭代速率。[1] 因此"网红城市"形象营销,不到1年时间里,使诸多景区景点如永兴坊由"不温不火"变成"爆款",旅游演艺加入目的地吸引物阵营,旅游消费模式得到更新,最终促成了"西安年"这一文化IP。IP的成功塑造、目的地形象的不断强化,引得旅游者纷纷前往目的地"打卡",加之旅游业态多元化,旅游者进入到深度休闲状态,本地旅游停留时间增加。正因如此,旅游者感知上出现了明显的"光环区",周边部分景区景点如法门寺、华山构成了游客感知的"灰度区"[2],游客较难感知到,不再成为旅游者目的地规划当中的重要一环,旅游的屏蔽效应形成。

---

① 庞林源:《打卡"网红旅游地"爆热背后的冷思考》,《北京邮电大学学报(社会科学版)》2020年第22期。

② 李国平、叶文:《游客感知"灰度区"的旅游形象策划初探——兼曲靖市旅游形象策划》,《人文地理》2002年第4期。

（二）研究启示

1. "网红城市"虚拟目的地形象的构建有助于重构现实目的地形象

一般情况下，旅游者完成旅游活动之前，对目的地形象往往较为模糊。因此，旅游目的地一般要通过将自身形象的品牌化来完成对目的地形象的良性提升。[①] 而目的地品牌化的过程就是"运用某一标签或（名称）短语去反映定位，快速而简明地传达所定位内容的基本要义，使所提供的利益能够易于消费者去了解和记忆"。[②] 因此，在实现西安目的地形象品牌化的过程中，基于短视频的"网红城市"虚拟目的地形象的、有意识的构建发挥了扛鼎之力。2018 年 4 月，西安旅发委与抖音联合推出"四个一计划"，短视频成为西安城市形象传播重要新窗口。而短视频本身以短、鲜、快的镜头展示目的地的物理形态，加之重复性、间歇性配乐，目的地形象中鲜明的印象点得到强化；其次，抖音、微信朋友圈等新媒体社交方式迎合了人们对网红场景参与和传播需求，网友通过互动产生的情感、内容与现实目的地建立连接，引发共情效应，人们直奔网红城市"打卡"。最终实地打卡的用户又会进一步发掘，在前人基础上进行内容和风格的再创新，进而通过社交平台进行再交互与观点抒发。该过程促进了传播仪式的建立与循环发展，随着新要素的不断注入，目的地形象一反传统，鲜明且立体，并且不断得到更新。总体而言，对于其他形象亟待转型城市或区域型目的地而言，这一模式值得借鉴。

2. 资源整合联动，减少屏蔽效应的影响

"网红城市"的形象营销对于目的地形象重构和强化具有重要价值。但同时，在政府的主动引导下，且囿于抖音等短视频在内容分发上采取"精准计算用户喜好与热门内容"这一模式，围绕西安相关的热门内容会得到更多推荐，大量目的地形象信息进入用户大脑。正因如此，西安"网红城市"形象的成功营销对周边景区景点产生了一定屏蔽效应。这种屏蔽效应一方面可能表现在目的地信息流的屏蔽，线上短视频中偏冷门小众的长尾内容得不到有效分发，目的地周边

---

① 曲颖、李天元：《旅游目的地形象、定位和品牌化：概念辨析和关系阐释》，《旅游科学》2011 年第 25 期。

② 李天元：《旅游目的地定位研究中的几个理论问题》，《旅游科学》2007 年第 4 期。

景区景点信息不容易引起消费者注意;另一方面表现在旅游客体屏蔽,即核心目的地旅游业态不断丰富,旅游产品特征鲜明,对游客产生很强吸引力,因此难以对旅游者产生足够吸引的周边目的地,在目的地竞争中逐渐被边缘化而成为次一级的出行选择。① 未来目的地营销中,需要构建大西安旅游格局思维,将华山等周边异质资源加以整合,减少旅游屏蔽效应,并依托短视频平台建立持续更新的目的地新鲜感,实现大区域的联动发展,这也是西安未来继续深化国际化大都市建设的重要发力板块。同样,对于其他目的地网红形象的营销,也需要注意旅游屏蔽效应的影响。

3. 注重地方文化符号的挖掘、输出与强化

"网红城市"形象的成功营销不单是目的地形象建设搭载上互联网时代新媒体快车的表面作为。过去十几年间,西安一直面临城市形象重构的巨大课题,尽管坐拥丰厚文化遗产,但资源价值并未得到充分挖掘释放,反而受到种种因素影响成为城市发展的"包袱"。"网红城市"则成为"西安"意象的升腾,西安开始从"地方"维度和"市井"层面积极重构自身,以"网红"包装各种文本和影像,摔碗酒、毛笔酥、回民街、永兴坊、不倒翁小姐姐等一系列被拆解出的文化符号,化身为他者想象中的"异域"和"奇观","在地性"策略得到有益的反馈。除此之外,城市管理者有计划地输出城市品牌的推广活动,如文化IP"西安年"等,这是将抖音等短视频下西安生动且驳杂的形象进行创造性整合,强化文化符号输出和形象巩固的有效方式。当然,对于西安以及其他目的地而言,"网红城市"形象下的热点热度也存在"探索—走红—衰退"的生命周期,城市管理者应反思各生命周期阶段的问题并寻求长久发展的契机,网红城市才能变成永红城市。

---

① 马鹏、张威、钮闻哲:《滨海旅游目的地形象屏蔽机理分析及其重构策略》,《企业经济》2016年第9期。

文创 IP 与影视衍生品设计研究

姜鑫玉　　岳金萍*

影视衍生品设计结合影视衍生品、影视行业特点以及观众粉丝需求,建立一套较为完善的影视衍生品能级提升方案与评价系统。最后通过设计实践,验证此影视衍生品设计方法与评价系统的可行性。本次影视衍生品能级提升的方案,在影视剧元素与场景共振的基础上进行。本次第三能级方案,打破衍生产品作为电视剧附属产品的形式,将互动性、未知与寓教于乐融合到衍生品设计中。影视衍生品的价值定位在丰富影视剧宣传形式、铺垫影视剧续集剧情、扩展影视剧商业变现能力、反向拉动影视剧热度上。

一、影视衍生品研究绪论

(一)影视衍生品的研究背景

近几年,国家政策扶持文化电影产业的力度空前,累计出台七大类共 100 多份文件推动电影行业发展。影视衍生品作为电影产业链中的一环,政府在政策上受到很大程度的鼓励。2014 年国务院发布《关于推进文化创意和设计服务与相关产业融合发展的若干意见》,2017 年 3 月 1 日国家出台了《电影产业促进法》。上海市为推动文化创意产业,推出 50 条具体政策措施支持。上海《关于加快本市文化创意产业创新发展的若干意见》①中提到 2035 年全面建成具有国

---

　*　姜鑫玉:博士,东华大学机械工程学院硕士生导师。
岳金萍:东华大学机械工程学院。
　①　中共上海市委、上海市人民政府:《关于加快本市文化创意产业创新发展的若干意见》,2017 年 12 月 14 日。

际影响力的文化创意产业中心,建设全球影视创制中心,而影视衍生品设计则是其中非常重要也是比较薄弱的一个环节。

关于影视衍生品的开发,业界近两年在不断探索开发模式。万达影业收购时光网,形成了一个畅通的衍生品线上线下联动运作平台;阿里影业背倚阿里巴巴大靠山,利用淘宝旗舰店、淘宝众筹等进行全平台布局;华谊兄弟加大影院、音乐、游戏、主题公园等衍生模式投资;微影时代牵手洛可可成立可可影衍生品设计公司,开展高端个性化衍生品设计;北京电影学院与中影股份合作成立"中国电影衍生产业研究院"并设全日制本科专业"电影衍生品设计专业";中影成立了"中影影家"品牌和独立运营的专业衍生品公司;中国版权保护中心成立了"中国电影衍生品产业联盟",也宣称要打造全产业链平台。截至2018年11月25日,年总票房达559.14亿元,其中国产影片票房占比超过60%,全国共有影院9914家、银幕58148块,已经成为世界第二大电影市场,这标志着我国电影产业的发展逐渐成熟,衍生品发展具有巨大潜力。①

电影衍生产品设计是基于电影的一种具有原创属性的产品设计,其具有时效性、参与性、互动性的特点。② 影视衍生品产业模式正在完善,业内对于衍生品设计的需求也在提升。但张杰教授表示电影衍生产品是诸多学科的交叉,又具有文化前瞻性的独有特点,目前国内诸多的相关学术、行业机构还没有形成一套衍生产业研究的理论体系。③

(二)影视衍生品的研究目的

经调研发现,目前国内影视衍生品设计存在的问题有在设计制作层面消耗IP品牌硬绑、素材库难获取、开发周期短、营销不同步;在用户需求方面,提出希望喜欢的剧能有正版衍生品可以买、产品和内容有联系,不要只是贴图、衍生的元素与产品能巧妙结合、定价不要太高质量不能太差。本次研究的目的是从衍

① 张世豪:《559亿! 2018年全国电影票房超去年全年,〈红海行动〉领跑》,红星新闻,见 https://baijiahao.baidu.com/s? id=1618275000099340332&wfr=spider&for=pc,2018年11月26日。
② 付积梦:《第五届丝绸之路国际电影节"电影IP授权与衍生产业论坛"观点集萃》,《影博·影响》2018年第4期。
③ 张杰:《中国电影衍生产品发展之思考》,《北京电影学院学报》2019年第5期。

生品设计的角度出发,用科学的方法挖掘影视衍生品消费者购买意向与产品需求列表以及对于影视剧的认知意象,以量化的方式选择设计方案,形成完整闭环的具有观众参与度的影视衍生品设计。建立适合影视衍生品特点的评价规则,用于衍生品设计开发决策。在衍生品设计阶段尽可能做到有针对性地设计出观众需要的产品,降低后续环节风险,并通过可量化的数据指导影视衍生品的优化与评价,令影视衍生品获得能级提升。

(三)影视衍生品的研究意义

1. 理论意义

为影视衍生品设计前期的设计因子提取、设计风格指定、设计色彩选择提供规范化可操作的具体流程。有助于设计需求的获取,衍生品设计品类、色彩、风格的确定。前期通过观众的参与设计令衍生品设计更具有观众参与度,从设计层面实现影视剧被持续关注。通过意向图谱以及功能共振图谱,为影视衍生品设计中期的设计阶段,提供明确的指标与方向。

2. 实际意义

为影视衍生品设计的方案优化与选择阶段,提供量化指导。建立影视衍生品设计的评价系统,为影视衍生品设计提供偏向用户端的方案选择指标。从衍生品设计角度,设立一套可实施的影视衍生品设计方法与流程模板,为促进影视行业的文化价值最大化提供解决方案,从而推动影视衍生品产业的发展。

二、影视衍生品设计研究现状

(一)在用户需求方面

日本学者提出了基于多属性的目标优化感性评价技术,论述了侧重于消费者的心理需求和个人喜好的感性评价。[1] 丁欢利用意象语汇与造型元素之间的

---

[1] Yan Hong-bin., "Kanseievaluation Based on Prioritized Mufti-attribute Fuzzy Target-oriented Decision Analy-sis", *Information Sciences*, Vol.178, No.21, 2008, pp.4080-4093.

关系,构建了一种基于消费者视觉感知意象分析的沙发设计方法。[1] 科莎古特—兰伯特(Kosa Goucher-Lambert)通过实验验证了众包有潜力为开放式设计问题收集有影响力的灵感刺激。[2] 瑞秋夏洛特史密斯(Rachel Charlotte Smith)设计师应该与设计对象之间共享设计决策。[3] 也有学者以参与式设计的核心价值观为基础,介绍了界定范围、发展和扩展的三个参与维度。[4] 瓦因斯·J.(Vines,J.)针对参与式设计探讨了用户的参与方式以及在设计中与用户共享控制的方式等。[5]

(二)在设计因子提取与运用方面

王沈策结合产品语义学和设计符号学的相关理论,从定性的角度分析中国传统纹样形成的理念内涵,并在此基础上发掘其在产品设计中语义的运用方式和方法。[6] 张家祺等提出从产品语义学的外延和内涵两个层面入手,对文化衍生品的设计进行分析,提出了明确产品语境、定位产品角色、产品造型语义提炼、形态评估进行设计流程。[7] 杨晓燕等以特色文化为主题,分别从图案、色彩和造型方面进行探讨,定性分析可视化基因提取。[8]

(三)在设计流程方面

王伟伟等通过筛选影片多次出现的元素建立 IP 模型,按照特性构建因子图

---

① 丁欢、许柏鸣:《单人沙发造型感知意象研究》,《包装工程》2013 年第 14 期。

② Kosa Goucher-Lambert, Jonathan Cagan, " Crowdsourcing Inspiration: Using Crowd Generated Inspirational Stimuli to Support Designer Ideation", *Design Studie.Volume* , Vol.61, March 2019.

③ Niels Hendriks, Liesbeth Huybrechts, Karin Slegers, " Valuing Implicit Decision-making in Participatory Design: A Relational Approach in Design With People With Dementia", *Design Studies. Volume*, Vol.59, November 2018.

④ Rachel Charlotte Smith, Ole Sejer Iversen, "Participatory Design for Sustainable Social Change", *Design Studies.Volume*, Vol.59, November 2018.

⑤ Vines,J.,Clarke,R.,Wright,P.,McCarthy,J.,& Olivier,P.(2013), "Configuring Participation: On How We Involve People in Design", *In Proceedings of CHI*(pp.429-438).

⑥ 王沈策:《中国传统纹样语义研究及其在产品设计中的应用》,湖南大学 2012 年硕士学位论文。

⑦ 张家祺、戴昱璐:《基于产品语义学的文化衍生品设计研究与应用》,《美术大观》2018 年第 11 期。

⑧ 杨晓燕、王伟伟:《文化导向型的城市标识系统设计研究》,《包装工程》2010 年第 18 期。

谱;再通过划分用户群体,建立典型用户角色模型,运用层次分析法,计算设计因子比重;模拟用户使用行为情境,得出用户潜在需求;最后,将用户感知度高的设计因子结合用户需求融入产品设计中。① 他还提出文化产品的设计方法可通过分析图谱与用户感知评价图谱构建、用户角色模型构建、目标对象的层次分析模型构建等方式。② 罗宾·罗伊(Robin Roy)等提到基于卡片的设计工具帮助设计师提高创造力和用户参与设计。③

(四)在设计实践方面

赵晶晶通过文献研究、图例分析从再现与改良、装饰化、系列化等方面对动漫形象衍生产品针对不同消费环境、使用环境、文化背景的动漫形象进行多元化设计。④ 赵紫芸提出了一种结合本能设计、行为设计和反思设计的 IP 情感化设计方法。⑤ 李芸等提出 F-E-A-E 设计法,即从功能(Function)、情感(Emotion)、年龄(Age)、娱乐(Entertainment)四个方面,进行可满足目标消费者需求的衍生产品设计创新。⑥ 王馨欣认为,在衍生品设计时应注重衍生产品的深度性创新并在寻求层面对青年社群进行多元化满足。⑦ 迪士尼所拥有的消费品衍生都坚守一个重要准则,那就是源头起点的影视作品在天然属性上能有紧密的关联性,其内部每周有一种被称作 Gong Show 的活动,进行全部门头脑风暴。⑧

(五)在设计策略层面

影视旅游经济和流行文化紧密结合的营销模式,以及创新型体验式设计,充

---

① 王伟伟、孙嘉晨:《基于层次分析的电影 IP 衍生品设计》,《包装工程》2019 年第 18 期。
② 王伟伟、胡宇坤、金心、杨晓燕:《传统文化设计元素提取模型研究与应用》,《包装工程》2014 年第 6 期。
③ Robin Roy, James P. Warren, "Card-based Design Tools: A Review and Analysis of 155 Card Decks for Designers and Designing", *Design Studies*, Vol.63, July 2019.
④ 赵晶晶:《动漫形象衍生产品的多元化设计研究》,《包装工程》2017 年第 8 期。
⑤ 赵紫芸:《浅议影视剧衍生产品的情感化设计——以〈花千骨〉为例》,《戏剧之家》2017 年第 14 期。
⑥ 李芸、王玉红:《基于产品设计理念的动画道具衍生品设计研究》,《设计》2014 年第 2 期。
⑦ 王馨欣:《中国电影衍生品开发与销售策略》,《青年记者》2017 年第 2 期。
⑧ 本刊编辑部:《迪士尼超级 IP 的多元开发》,《声屏世界·广告人》2019 年第 4 期。

分利用明星效应。[①] 建立以文化资源为根本的文创产品价值链;塑造文创产品的品牌形象;引入整合营销的概念。[②] 将观众分为明星控、道具控、电影控。通过明星控系列产品,为电影明星的粉丝群体提供个性化的服务。[③] 商家与制片方通过利用影视的传播功能影响观众的消费,从而推动鞋类产品设计。[④] 影视作品的关注度与明星效应对这些珠宝首饰的宣传与推广。[⑤] 羊毛毡材质与影视动漫形象结合,不仅是在手工行业中的突破,更为影视作品衍生产物注入新生的力量。

(六)在设计方法层面

影视与产品融合,可进行物质分析、精神分析,做到文学影视形象理念匹配,"跨界"对象筛选与产品设计。AI 图形和物理设计工件搭建一个虚构的框架,再进行思辨性设计、批判性设计和合作设计。美术设计与原作的统一、交互设计的拓展形式。影视媒体的意境需要代表特定情境需要的产品来构建。在地域文化创意产品造型设计中,采用简约设计、协调设计和语义设计的创新设计方法。运用非遗文创产品设计原则,提升文化性、创新性、功能性,制定非遗文创设计策略,利用其造型与功能来达到打造品牌、传达内涵的目的。

影视衍生品是一个粉丝需求为上的产品,在设计方法上需要更加偏重于粉丝对于影视剧的认知与理解,故此可以考虑在粉丝需求方面进行深度了解,例如采用群众外包、网络文本分析的方法获取用户需求,并尽可能进行定量化的需求分析。实际操作可以将设计因子提取与用户需求结合,并进行一个互相匹配,若设计因子与用户需求匹配度高则作为设计发散方向。在整个设计实践中,可结合消费场景、用户需求等维度进行方案设计。最终在产品评价阶段,可通过建立

---

① 韩福丽、刘海英、王海荣:《黑龙江省民族影视旅游产品开发设计研究》,《黑龙江民族丛刊》2017 年第 5 期。

② 涂伟、郑洁:《非物质文化遗产长乐故事会的文创产品开发策略》,《包装工程》2019 年第 10 期。

③ 杜世杰:《光影方舟影视众筹产品设计》,河北金融学院(河北)2015 年硕士学位论文。

④ 胡穗芳:《浅析鞋类产品设计在影视作品中的影响与研究》,《电影评介》2015 年第 7 期。

⑤ 高兴:《影视与明星效应对珠宝首饰的影响与推广研究》,中国地质大学(北京)2018 年硕士学位论文。

分析图谱与加权矩阵进行定量方案评选。

影视与产品融合可以提高产品价值,同时在设计层面需要考虑产品设计的物质分析以及精神分析。基于 AI 的图形以及物理设计,进行虚拟框架搭建,并结合各类设计方法。影视相关产品需要与原作的风格、表现等相统一,其产品使用方式可以与影视中道具产品形成统一。影视意境需要基于符合该影视背景的产品构建。注重简约、协调、语义设计的运用,以及设计原则以及设计策略的制定。

三、影视衍生品设计产品现状

(一)国外影视衍生产品

为了收购了卢卡斯影业以及星球大战系列的全部版权,迪士尼花费超过 40 亿美元。但是仅 2013 年、2014 年两年,《星球大战》就已经带来了约 46 亿美元的衍生产品收入,成为迪士尼商品中收益最多的一个。其衍生品设计有将剧中道具进行 1∶1 还原同时赋予新功能以及更换使用场景,因为其具有科幻色彩所以衍生产品设计偏向于智能科幻色彩,符合现代生活情景。

漫威宇宙《复仇者联盟》中形象各异的超级英雄成为风靡全球的流行文化偶像,电影衍生品也不再只是孩童的玩具,更是超级英雄粉丝打破次元墙的必要装备。由于 IP 人物性格元素是拯救世界的英雄,也是大家心中时常幻想中的自己,衍生品设计赋予消费者主角色彩,"体验"剧中人物拯救世界的感觉。

《哈利·波特》衍生品设计方,把现实和魔幻题材结合到一起,让人看了感到很亲切又很神奇。其衍生品设计相对更偏向于古装,多数进行形态移植,但相比国内衍生品其制作精美,具有很高的收藏价值。

《王牌特工》影片开拍之初,其中的服装道具就与时装品牌合作进行定制款设计,创立了叫 Kingsman 的男士服装品牌,由导演和服装设计师 Arianne Phillips,联合英国的男装电商网站 Mr.Porter 一起打造。可以说,是一次专门为服装制作的一部衍生产品的宣传片。

（二）国内影视衍生产品

在当今 IP 的泛娱乐大浪潮驱动下，小满文化利用自身整合的优秀产品设计公司，优势供应链，保证创意产品的品质，同时与《中国新歌声》综艺节目合作打造节目理念相关周边，主要抓住的是音乐这个主题做的产品。《中国新歌声》衍生品销售千万级，持续增长中。精准用户画像，为音乐发烧友这一细分人群，真正定制了"发烧"级别的衍生产品。

《大鱼海棠》衍生品销售超过了 3000 万。在电影上映前，《大鱼海棠》就联系各大厂商进行周边授权开发并且在线上独家授权的权利赋予了阿里巴巴的阿里鱼，形成跨越 12 个品类、162 个单品、35 个品牌的产品。古代题材，产品材质以木材为主。

《长城》衍生品销售超过了 3000 万。衍生品至少有 18 种，其中，诸多明星 Q 版人物的小饰物品类很多。整体设计包含中国风十足的纹饰和图案；品类包括服饰、筷子、麻将、手帐、挂链等具有礼品属性，多数是纪念品。

（三）国内外衍生品设计分析小结

国外衍生品主要以科幻题材影视衍生为主，一方面是国外科幻题材影视发展相对领先，另一方面科幻题材衍生成现代产品难度相比古装题材难度较低，其衍生品很多是具有科技元素的玩具以及有科技内涵的电器。国外古装魔幻题材，多采用将剧中元素高度还原的方式，衍生品以收藏纪念品为主。国外部分影视衍生品，采用前期衍生品导入的方式，专门为影视设计衍生品，反过来让影视作品成为产品的宣传片。

国内衍生品设计在现代题材以及动漫、动画方面表现渐入佳境，电商的发展也促进了衍生品的销售与推广。但是，极具中国特色古装题材影视剧的衍生品设计很多只是平面贴图，没有结合现代生活，其收藏纪念品方向的衍生品质量也不高，导致严重影响收藏价值。

衍生产品的现代感与复古感，与剧中元素在设计中的运用方式有关。直接将剧中元素照搬过来往往会带来很强的复古感，会成为衍生元素非常直观的影视纪念品。同时，衍生品的功能属性也会影响整个风格，如果在剧中元素的基础上加上功能则会是带有古装元素的现代产品。如果将提取出来的古装元素进行简化,则会令产品更加含蓄更加简约;在简化古装元素的基础上赋予现代功能,加入一定的科技元素就会使产品更具现代感。根据这些规律,再结合用户调研,则能确定古装影视衍生品风格走向能通过怎样的方式控制。

四、影视衍生品设计研究总结

设计需求层面,采用群众外包、网络文本分析、观众参与式设计的方式,开放一部分设计参与权给观众。构建用户认知影视剧的关键词结构图,形成观众对影视剧认知意象概念图谱。设计元素层面,结合意象点、意象流、意象场的概念,从道具、行为、场景等层面提取影视剧设计因子。运用认知心理学、色彩心理学相关理论。将用户认知意象与影视剧设计因子匹配,综合筛选设计方向。根据关键词构建用户感性意象的设计元素。根据用户认知意象,结合坐标体系分析法,选定衍生品色彩方案。

将游戏设计方法与评价体系结合。将游戏设计中的八角行为分析法进行衍生品设计改良并与加权矩阵结合进行影视衍生品设计优化与评价方法的适配与调整,为衍生品设计优化提供方向性指导,并建立影视衍生品设计方案选择的评价体系。验证社群性互动式影视衍生品设计方向的可行性。

Ⅳ 区域研究报告

长三角地区 IP 及网红经济发展研究

于　炜　刘新静　吴月姣

IP 及网红经济是移动互联网时代下的一种经济现象,2020 年新冠肺炎疫情的暴发,加上 5G 时代的到来,让这种经济模式得到了空前的发展。网红、IP 作为一种营销手段,能够借助粉丝效应精准地实现流量变现,给我国的经济发展注入了新的活力。长三角作为中国最大的经济体,在我国的现代化建设中起着举足轻重的作用,为了更清晰地了解这种新兴的经济模式如何从长三角地区辐射至全国,以及未来该如何联动发展,本文就此展开了相应的研究。

一、IP 及网红经济在长三角地区的发展概况

(一)长三角地区的 IP 及网红经济发展优势

长江三角洲地区(以下简称"长三角"),位于中国大陆沿海黄金地带的核心区域,覆盖上海、江苏、浙江、安徽三省一市,是我国经济发展最快、产业规模最大、创新度最高的区域之一。IP 及网红经济是移动互联网时代的产物,其规模化发展得益于日渐完善的数字经济以及完整的上中下游产业链,长三角作为我国最大的区域经济体,从多方面为 IP 及网红经济的繁荣发展提供条件,具体来说主要有以下三点。

首先,长三角区域数字化发展程度高,人才富集。相比于中国的其他城市群,长三角地区的整体数字经济规模靠前,占全国数字经济总量的 28%,甚至超过了京津冀和珠三角地区的总和。其中杭州作为电商之都,也是中国的"数字经济第一城",带动着长三角各个城市的数字化建设,给各大互联网公司提供了

极佳的生长环境,所以三大互联网巨头都纷纷布局长三角。成熟的电商系统、物联网管理系统等这些都为IP及网红经济在长三角地区的蓬勃发展奠定了基础。

其次,长三角地区消费水平高,能够反向鼓励行业创新、推动行业的不断转型升级,为IP及网红经济提供更完整的产业链和供应链。长三角区域经济实力雄厚,经济总量约为全国的四分之一,有着深厚的制造产业基础,城市创新指数高,所以网红经济在长三角地区的发展会更加"如鱼得水",网红产业链也能不断得到扩充,完美地覆盖多个环节,包括网红、MCN机构,各大平台以及供应链等在内,网红生态系统完善,既能带动线上消费,又能促进该区域内块状经济的转型升级。

最后,长三角地区拥有完善的城市基础设施建设,比如与电子商务和网红经济息息相关的智慧物流体系等。在电商发展之初,各大互联网公司都纷纷布局长三角,这使该区域具有非常发达的物流基础,比如阿里巴巴的"当日达""天猫一小时达"等都最先在长三角地区落地;京东的"无人分拣仓""无人机调度"等许多物流布局的"第一个"也都落于长三角。① 这些新物流基础设施的建设,大大提升了"包邮区"的网红经济发展效率。

(二)网红、IP、用户在不同平台上的规模及分布特点

1. 抖音、快手等短视频平台

信息传播媒介的更迭发展,流量的爆发,加上人们碎片化的注意力,让短视频相关应用大量爆发。相比于过去的图文、音频、长视频等传播形式,短视频时间短,娱乐性强,虽然内容量少,但非常利于传播,能很好地把握住人们稀缺的注意力,因此催生出诸多网红和IP。

而抖音、快手两大应用在短视频行业占据极大优势,引领着短视频交易市场。抖音采用的是滑动推荐模式,借助精准的算法计算,直接将优质视频内容推送给潜在用户群,所以决定视频播放量的根本在于视频的内容质量。而快手采用的是瀑布流式的展示模式,平台方根据用户的社交关注和兴趣去展示相关视频,让用户自己去主动挑选感兴趣的内容。所以相比较来说,快手平台上的网红

---

① 任翀:《电商巨头的"长三角江湖"》,《上观新闻》2019年1月。

和 IP,具有更强的粉丝聚集效应,用户转化率更高,丰富的长尾流量能很好地实现电商变现。但抖音的流量分发机制,又容易在平台上打造爆款,加上平台方签约知名度高的名人达人,能有效地弥补粉丝黏性不足的问题,总的来说,这两大平台在商业化的过程中各有优势,都非常适合电商变现。

近些年,坊间一直流传着一句话"南抖音,北快手",来描述这两大短视频平台的"南北差异",这主要是因为两大平台在内容创作者、用户、视频类型等方面都存在一些地域差异。从用户分布来看,抖音的用户主要集中在我国的东部、中部地区,地域集中度较高;而快手用户在我国分布较广,主要来说以北部城市居多。① 长三角区域内的"三省"——江苏、浙江、安徽,均位于《抖音观看直播用户数量最多的省份 TOP10》榜单中,分别居于第二、第三和第七的位置,上海市则位于《抖音观看直播用户数量最多的城市 TOP10》榜单中的第二,仅次于北京市。然而,在同类的快手榜单中,长三角区域内的城市均无上榜。由此可见,经济、文化等都较为发达的长三角地区的直播用户,更倾向于选择抖音,而快手的用户相对来说更为下沉,主要位于经济、文化等发展速度较快的区域。②

从内容创作者的角度来看,抖音和快手的网红主要来自经济发达的地区,在人数上,南方城市网红的总量高于北方,这归于网红诞生的成本。成功网红的背后离不开资本的助力,发达的地区能够很好地给予网红以经济上的支持,从而让更多的网红聚集在这些区域。从抖音红人在全国各省的分布来看③,上海、浙江、江苏的网红数量均位于前十,分别是第三、第四和第九的位置,但和居于首位的北京相比,数量差距依然比较明显。并且安徽和其他三个省份相比,差距也有些大,反映出长三角区域内的网红分布不均衡,主要以上海和浙江为主。在快手平台上,仅有杭州列入《创作者占比最高的前十城市》榜单中④,并且排名也仅仅位于第八,说明长三角区域内的内容创作者还是更倾向于选择偏潮流的抖音,而

---

① 面朝研究院:《2020 年直播电商数据报告——抖音 vs 快手》,2020 年 6 月,https://blog.csdn.net/mo_52274166/article/details/111144518。

② 面朝研究院:《2020 年直播电商数据报告——抖音 vs 快手》,2020 年 6 月,https://36kr.com/p/1725319790593。

③ 腾鱼:《2020 抖音 MCN 机构地图:揭秘中国网红江湖权力中心》,2020 年。

④ 快手、明略科技:《2020 快手短视频直播电商营销增长宝典》,2020 年,www.199it.com/archives/1090116.html。

接地气的快手会更容易受到二、三线城市内容创作者的欢迎。

2. 淘宝等电商平台

传统电商经过十余年的发展,已逐渐趋于饱和,网红和直播的出现给困境中的传统电商指明了一条新路。淘宝是最先推出"淘宝网红""网红店铺"的电商平台,网红借助姣好的面容以及时尚、独特的服饰搭配,吸引了一大批年轻的消费群体为之买单,网红经济的价值不断凸显。[①] 而淘宝直播又在此基础上,借助强互动性和实时反馈弥补了传统电商模式的弊端,拉近了与消费者之间的距离。

2019 年淘宝直播全面爆发,相比于 2018 年直播开播账号,在数量上增加了100%[②],成为近三年全球增长最快的电商形式。[③] 在淘榜单和淘直播最新公布的《2020 淘宝直播新经济报告》中显示,杭州位于十大淘宝直播城之首,并且长三角区域一共在十席中占据七席,是当之无愧的淘宝直播中心。在 2020 年 8 月3 日至 9 日统计的淘宝直播集市商家榜单中,前十的网红商铺中有七个来自浙江,大多是浙江杭州的店铺,剩下三个来自广州,这两座城市可以说是名副其实的两大直播之城。榜单上的十家网红店铺主要售卖女装,其中仅有两家例外,分别是售卖女包和护肤品。总的来说,这些网红店铺都是和女性用户的需求相关,所以在淘宝主播中,女性占据绝对优势。

从淘宝直播用户的城市分布角度来看,用户群体主要在一线城市上北广深数量最多,其他六个城市的数量差距并不明显,长三角区域中的上海、杭州、苏州均跻身前十名。[④] 无论是从主播数、网红店铺数还是消费者的角度,长三角区域在淘宝这类的电商平台中都极具优势,这与杭州"电商之都"的影响密不可分,非常有效地促进了这个区域的直播新经济发展。

3. 微信、微博等社交类媒体平台

在短视频行业的冲击下,微信、微博等社交媒体平台不可避免地被瓜分了诸

---

① 李世化:《网红经济 3.0》,中国商业出版社 2017 年版,第 63 页。

② 淘榜单、淘宝直播:《2020 淘宝直播新经济报告》,2020 年,https://www.sohu.com/a/384587424_665157。

③ 淘榜单、淘宝直播:《2020 淘宝直播新经济报告》,2020 年,https://www.sohu.com/a/384587424_665157。

④ 淘榜单、淘宝直播:《2020 淘宝直播新经济报告》,2020 年,https://www.sohu.com/a/384587424_665157。

多流量,但这并没有动摇它们在网红经济中的地位,因为微信、微博是属于综合性内容平台,内容形式丰富多样,包括图文、视频、直播、互动等多方面在内,在这种社群环境中,能更好地聚集粉丝,产生互动链接,粉丝效应才能得到更充分的发挥。

有人把微博称为"网红"工厂,微博平台拥有基数巨大的用户群体以及海量的细分领域内容,这些都为网红的崛起创造了极佳的条件。① 截至 2018 年 11 月,微博大 V 增至 4.73 万,同比增长 60%,并且这一趋势还在不断保持。② 此外,微博还给用户提供了多种互动表达方式,比如点赞、评论、关注、转发、投票等功能,让用户在讨论、发酵、传播热门事件的同时,能够与网红建立更加紧密的关系。据《2018 微博电商白皮书》显示,这四类用户会更倾向于接受网红博主推荐的产品,他们分别是女性、年轻化、网购频率高以及收入高的群体,由此可以预估出,长三角区域内的用户被网红博主种草的频率是相对比较高的。

而微信平台的营销是集朋友圈、公众号、视频号、小程序于一体的系统模式,通过深耕细分领域里的内容,向用户传递更深更广的信息,从而不断扩大粉丝圈。据西瓜数据公布的《2020 年公众号生态趋势调查报告》显示,受到新冠肺炎疫情的影响,上半年微信公众号的发文量、阅读数和在看数等均有所上涨。从地区的分布上来看,一、二线以及沿海城市的公众号内容接近饱和,相比较来说,内陆城市会有着更多的市场发展空间。③ 居于长三角区域的浙江、江苏、安徽公众号发文量分别位于第 3 名、第 6 名和第 9 名,整体排名靠前,但同 2019 年相比发文量有所下降,也证明了这三个省份的公众号内容是趋于饱和的。笔者统计了 2020 年 7 月 1 日至 31 日微信公众号前 50 名榜单,长三角区域共有 8 个公众号 IP 名列榜单之上,以资讯、健康、娱乐、文摘这四大行业为主,并且都是这些垂直领域中的佼佼者,流量占比大。在竞争激烈的当下,对于长三角区域内的公众号 IP 来说,只有不断提供优质内容,才能稳定自身账号现有的地位。

---

① 王勇:《网红是怎样炼成的》,电子工业出版社 2016 年版,第 14 页。
② 新浪微博数据中心:《2018 微博用户发展报告》,2018 年,https://data.weibo.com/report/reportDetail? id=433。
③ 西瓜数据:《2020 年公众号生态趋势调查报告》,2020 年 7 月,data.xiguaji.com/Help/ShowHistory Detalls/127。

（三）长三角区域内 MCN 机构的发展现状

MCN（Multi-channel Networks），意为多频道网络，也可以称为网红孵化器。作为一个舶来品，它最初来自国外的 Youtube 平台，随着中国网红经济的爆发，MCN 在国内也迎来了突飞猛进的发展。2019 年，中国的 MCN 机构数量一举突破 20000+，相比于 2018 年翻了近 4 倍，迎来了"产业式"的爆发时代。[①]

MCN 机构作为连接网红、平台、粉丝与供应链间的桥梁，可以很好地弥补红人电商的"短板"，一方面为网红做好包装工作，提升与粉丝之间的互动指数，另一方面做好后端支持，确保供应链的变现。[②] 据克劳锐出品的《2020 中国 MCN 行业发展研究白皮书》所示，全国的 MCN 机构在地域分布上，有整体向南"迁移"的发展趋势，长三角区域内的"三省一市"一举囊括了全国三成多的 MCN 机构，这是因为 MCN 机构的运营离不开金融的支持，南方城市的成本和供应链优势能很好地起到助力作用。[③]

长三角区域内的 MCN 机构主要分布在上海、杭州、南京三地，以抖音平台为例，这三座城市的机构数分别是 47、28、15，远超周边城市，拥有诸多知名 MCN 机构，比如说"带货一哥"背后的上海美 ONE，国内唯一一家上市 MCN 机构杭州如涵，还有红遍全球的"东方美食生活家"所属的杭州微念等，他们凭借自身独特的生存机制，涉及时尚、购物、游戏等多个领域，成为网红、平台和供应链间最重要的一环。

二、长三角各区域 IP 及网红经济发展的比较研究

在七大国家级城市群中，长三角的综合实力最为雄厚，在地理位置上它处于长江经济带和沿海经济带的交会处，在产业结构上是我国重要的制造业和服务业中心。作为我国最大的经济体，长三角在 IP 及网红经济的发展中同样占据着

---

① 克劳锐：《2020 中国 MCN 行业发展研究白皮书》，2020 年 5 月，http://www. pianshen. com/artide/94881333717/。

② 王勇：《网红是怎样炼成的》，电子工业出版社 2016 年版，第 186 页。

③ 克劳锐：《2020 中国 MCN 行业发展研究白皮书》，2020 年 5 月。

重要地位,并且随着线上消费的日益兴盛,IP 及网红经济也在不断呈现出全新的特点。为了更清晰地了解长三角各地区 IP 及网红经济的发展现状,下文便依次对这"三省一市"展开详细分析。

(一)上海市 IP 及网红产业

上海市作为长三角地区的核心城市,也是中国经济、贸易、科技创新中心,一方面与全球网络紧密相连,另一方面又向内辐射,引领着长三角区域以及其他城市的发展。为了推动上海的在线新经济,2020 年 4 月上海市政府发布了《上海市促进在线新经济发展行动方案(2020—2022 年)》,方案中指出,为了拉动新的消费需求,需要依托短视频、直播等载体,结合智能交互技术,让线上和线下的经济发展融合起来,将上海打造成为新经济发展的标杆城市。当下网红直播带货、电子竞技行业等都是在线新经济聚焦的热点,为了让这些新兴行业赋能上海发展,上海成立了国内首个 MCN 专业委员会,设立了首个电竞行业人才实训基地。当地政府正在加速培养相关直播人才,并向各领域头部网红主播递出"橄榄枝"。2020 年 6 月 23 日,"带货一哥"作为特殊人才落户上海崇明区。黄浦区、徐汇区也纷纷启动校企共建人才培养计划,给大学生提供与网络直播相关的岗位和对应的培训指导,拓宽大学生就业的渠道,也为上海在线新经济的发展提供良好的生态环境。[1]

据《天猫 618 淘宝直播创新报告》所示,在天猫 618 的直播间里,上海地区的消费者最爱"剁手",消费总人数名列榜单第一,上海商家卖货的热情高涨,仅次于广州居于第二,可谓名副其实的"品牌淘宝直播第一城"。[2] 受到新冠肺炎疫情的影响,众多豫园老字号 IP 为了提升业绩,被迫开启直播业务,与淘宝直播联合开展了"新国潮、看豫园"的活动,意外成为全国直播高手,消费者在主播的引领下"云逛豫园",不仅提升了年轻消费者对国潮品牌的关注,也让老字号品牌 IP 在实现销售回暖的同时,逐渐年轻化。

---

① 华夏经纬网:《电竞人才、网红主播都来了,上海为新经济揽才蓄能》,2020 年 6 月,www.huaxia.com/tsli/rdqy/sh/2020/06/6444918.html。

② 淘榜单、淘宝直播:《天猫 618 淘宝直播创新报告》,2020 年,https://www.sohu.com/a/403332478_407401。

（二）浙江省IP及网红产业

近些年，浙江成为一座"网红城市"，不仅在于浙江拥有富饶秀丽的宜居景色，还在于当地发达的数字经济催生了大量网红，让浙江成为一个网红聚集地。浙江网红经济的迅猛发展，与当地的产业特色息息相关，在产业结构上浙江省呈现"二、三、一"的特征，第二产业中的纺织等传统行业以及不断崛起的电子信息产业都极具优势，再加上浙江浓郁的经商氛围，使浙江的民营经济和数字经济都非常发达。由于劳动人口密集，在浙江形成了许多块状经济产业集群，比如说杭州的四季青时装、海宁的皮革城、义乌的小商品市场等，这些都是浙江当地的主要货品来源，也是浙江网红经济发展的根基。当地发达的专业市场，满足了网红经济的供应链需求，有效控制采购、运输、存储成本，这些优势又能不断吸引着更多商家入驻，更进一步推动当地网红经济的繁荣。

杭州，作为浙江的省会城市，在各方面的发展上都稳居浙江首位，自从阿里巴巴诞生于杭州之后，杭州的电商行业发展便迎来了大爆发，互联网经济不断走出中国，走向世界，杭州也瞬间集万千荣誉于一身，被誉为中国的电商之都，新经济代表等。随着网络直播与短视频的汹涌来袭，杭州传统电商模式下的淘宝模特逐渐转型成为网红，在诸多优势下，杭州也迅速成为我国的网红之都。杭州西湖、银泰百货、嘉里中心、象山艺术公社等许多景点和商区，都在网红的带动下成为各地游客的旅游打卡点，从消费额来看，网红打卡地的消费额总体比非网红打卡地高出30%以上，有效地带动了当地的旅游和商业。

2020年上半年，据BOSS直聘研究院数据分析，杭州在直播带货岗位上，无论是岗位需求量还是求职者的向往度，均居于首位，引领全国的带货经济发展。为了推动杭州网红经济的发展，2020年3月16日杭州在未来科技城里成立了全国首个"中国青年电商网红村"，知名网红达人纷纷被聘为首批名誉村民。[①] 2020年6月23日，杭州余杭区为了吸引电商人才，出台《直播电商政策》，明确具有行业影响力的电商主播，可认定为国家级领军人才。杭州从政策、环境多方

---

① 创业资本汇：《网红扎堆落户，薇娅、李子柒入驻，"中国青年电商网红村"啥来头？》，2020年，https://baijiahao.baidu.com/s? id＝161330469113983933&wfr＝spider&for＝pc。

面支持网红经济的发展,不断稳固杭州电商之都、网红之都的地位。

(三)江苏省 IP 及网红产业

江苏省地处长江中下游,沿海临江,地势平坦,得益于优越的自然地理条件,当地的农业、制造业都极为发达,自古以来就被誉为我国著名的"鱼米之乡"。浙江、江苏均与上海毗邻,在上海的经济辐射下,两省的综合经济实力势均力敌。相比于浙江发达的民营经济和虚拟经济,江苏省的实体经济优势更为明显,所以在 IP 及网红经济的发展上,江苏省的存在感是弱于上海和浙江两省,但从全国的角度来看,江苏依然是较为领先的,无论是网红、IP、MCN 机构的数量还是网红产业链、供应链的完善程度,江苏均居于全国前列。

近些年,江苏全省都在推动农村电商标准化体系建设,借助"电商+直播+网红"为传统农业赋能。据《2020 阿里农产品电商报告》显示,农产品电商销售前50 强省中,江苏与山东并列第一,在数量上是第二名的 2 倍,在品类上主要以食品为主,比如说水果、花果茶、水产品等。截至 2020 年,中国以农产品销售为主的淘宝村共有 262 个,其中江苏占据了近一半的数量,农村电商发展呈现出蓬勃的态势。在这次疫情期间,全国各地大量农产品严重滞销,给农户造成了极大的经济损失。南京市高淳区为了促进消费,邀请了许多专业直播人才向商家全面传授直播电商技巧,打开当地优质农产品的销售渠道,有效缓解了新冠肺炎疫情下的经济压力。

(四)安徽省 IP 及网红产业

在经济发达的长三角地区,安徽的发展显得有点黯淡,无论是从经济总量还是城市的发展规模来看,都和江浙沪有着较大差距。但是,安徽又是长三角区域不可或缺的一个组成部分,江浙沪的发展离不开位于上游安徽的配合。从地理上来说,安徽毗邻江苏与浙江,但受自然环境的影响,江苏对安徽的辐射能力略强于浙江,所以靠近江苏的芜湖、合肥、马鞍山等城市在经济发展上更快,同样在IP 及网红经济的表现上也更佳。

安徽当地最出名的品牌 IP 当属洽洽食品和互联网品牌三只松鼠,这两者都是坚果炒货类食品,品类相同但品牌的发展却各有特色。洽洽食品位于安徽合肥,是一家香瓜子品牌,最初凭借瓜子独特的煮制工艺,而深受消费者喜爱。近些年,随着坚果市场的饱和,以瓜子业务为主的洽洽也受到了冲击,为了提升品牌竞争力,洽洽不断扩充产品种类,但效果并不显著。随着社交媒体的发展,洽洽敏锐地察觉到网络营销的巨大影响,巧妙借助"跨界联名"推出瓜子脸面膜,瞬间引起年轻消费群体的关注,渐渐改变了消费者对国民品牌洽洽的固有印象,实现品牌的年轻化。

在电商竞争如此激烈的当下,三只松鼠能够在众多坚果品牌中脱颖而出,成为互联网上坚果品类的龙头老大,主要归功于它可爱呆萌的形象IP以及情感营销模式。在形象设计上,它采用了俏皮可爱的松鼠形象,并模仿小动物的口吻,热情地与消费者交流。除此之外,还贴心地提供开果器、果壳袋等服务,抓住每一个细节走进消费者心里。当线上销售积累了大量好口碑之后,三只松鼠迅速布局线下,把品牌IP文化融入店铺的每一个角落,不断加深消费者的品牌印象。三只松鼠线上线下的同时发力,短时间内迅速把品牌做大做强,真正成为行业的领头者。

相比于江浙沪的遍地开花,同步发展,安徽省的IP及网红产业呈现出发展不均衡的问题,头部网红、IP数量不多,但竞争力很强,比如说上文分析的三只松鼠和洽洽IP。虽然当下安徽的IP及网红经济发展稍微缓慢一些,但未来的发展潜力巨大。2020年6月9日,安徽网红经济产业基地也在合肥落户,再加上长三角一体化的推进,安徽省的IP及网红经济必将越来越强。

(五)总结

长三角地区的"三省一市",在IP及网红经济的发展上虽不平衡,但各有特色,彼此间既有竞争,也有互补,总体来看,以浙江、上海为主,发展较快,江苏紧随其后,而安徽与江浙沪相比略有差距,发展速度较慢,这一现状主要归因于各地经济发展水平以及产业结构的不同。上海作为国际金融贸易中心,对新兴行业的接受度更高,发展环境也更好,而浙江发达的民营经济、数字经济也为IP及网红行业提供了发展条件,所以在IP及网红经济上,上海、浙江表现最佳。江苏省作为我国经济发展最为活跃的省份之一,虽然在数字经济的发展上不如浙江和上海,但实体经济优势明显,所以IP及网红产业也发展较快。相比之下,安徽省在综合经济实力上与江浙沪有着较大差距,但在国家政策的扶持下,以及长三角一体化的推动促进下,IP 及网红经济的发展势头也会越来越好。

三、长三角地区 IP 及网红经济的未来发展方向

新冠肺炎疫情的暴发,各行各业都受到了冲击,然而唯独线上直播行业逆势而上,迎来了新的发展春天。网红、IP 的存在,为城市的经济发展注入了新的活力,但也暴露出诸多问题,比如说市场监管力度不够,导致 IP 及网红营销乱象丛生,消费者的权益受到侵犯;网红个人素质参差不齐,在一定程度上影响了城市的面貌等,这些问题严重破坏了 IP 及网红生态圈,阻碍了 IP 及网红经济的可持续发展,亟待解决。长三角作为我国最大的经济圈,数字经济的发展高地,在我国现代化建设中起着举足轻重的作用,所以在 IP 及网红经济的规范化引导上应当做好示范,充分发挥这种经济模式的优势,具体来说主要有以下几个方面。

(一)推动地域间 IP、网红经济的一体化及高质量发展

首先,是推动 IP 及网红经济的一体化发展,不断改善地域间发展不平衡的现状。长江三角洲一体化作为我国五大区域发展战略的"收官之作",是带动我国经济高质量发展的重要动力源泉之一。2020 年 8 月 20 日,习近平总书记也在合肥座谈会上强调,"要以一体化的思路和举措打破行业壁垒、提高政策协同,让要素在更大范围畅通流动","发挥长三角地区人才富集、科技水平高、制造业发达等诸多优势,积极探索形成新发展格局的路径"。对于长三角地区的 IP 及网红经济来说,江浙皖沪需要在科技、产业、资源等方面做到优势互补,加强各都市圈、地区间的协调联动,打造闭环网红经济生态圈,不断缓解区域间的发展不平衡现象。在线上新经济的发展上,浙江杭州需要充分发挥数字经济和民营经济的优势,提升区域的辐射带动和协同引领能力,推动区域一体化。除此之外,还需要加强城乡一体化发展。对于长三角地区来说,人才、资源、产业都主要集中在上海、杭州、南京、苏州等大城市中,在城乡一体化发展上存在很大的潜力。这次疫情,"淘宝村""电商村"依然能够凭借线上直播带货,减轻农产品滞

销问题,证明了这种发展模式的优势所在。未来,长三角地区需要更进一步扩大"淘宝村""电商村"的范围,保障"直播助农",重塑乡村产业形态。

其次,是推动IP及网红经济的高质量发展,长三角地区需要带头去强化平台的综合监管,规范网红经济。随着社交电商流量红利的爆发,不仅国家出台了诸多政策法规来规范社交电商的发展,比如《电子商务法》等,各地区也纷纷出台相关政策支持并规范电商行业。与线上直播带货高销售量一道而来的是产品的高退货率,与传统电商相比,直播电商本应让消费者更全面清晰地了解产品概况,实现供货方、网红、消费者三方共赢的局面,然而网红带货行业里的诸多"潜规则",比如数据评论造假,虚假宣传,流量注水等,不仅侵犯了消费者和商家的权益,也在一定程度上导致了更多的资源浪费,严重破坏了IP及网红生态圈。当下,直播带货已经成为业界关注的焦点,长三角地区作为我国电子商务发展最快的区域之一,应当带头规范优化新经济的发展模式,比如加强平台方网络监管机制,让消费者能借助维权途径积极补充平台方的监管效果;提高网红主播带货的"职业门槛",去规范行业的发展等这些途径。

(二)打造"长三角"超级IP,赋予城市文化内涵

当下,是一个"IP崛起"的时代,从区域IP的角度来看,长三角就是一个超级IP。习近平总书记曾指出"文化自信是更基础、更广泛、更深厚的自信",所以在发展长三角IP及网红经济的过程中,更应该赋予城市以文化内涵。现如今城市里充斥着各色各样的网红,确实他们为经济发展注入了新的活力,但网红的素质却参差不齐,在一定程度上让位于江南水乡的长三角区域丧失了些文化底蕴。"东方美食生活家"之所以能够"成功出海",收获数以万计的关注,关键在于她的文化输出,让人重拾那些渐渐被遗忘的传统文化,感受到来自大自然和传统的治愈。长三角地区的"三省一市",都有着深厚的文化基因,比如上海的海派文化,浙江、江苏的水乡文化,安徽的徽州文化等,这都是长三角地区独一无二的印记,也是城市发展的底色。所以在推动长三角地区IP及网红经济可持续发展的过程中,也需要立足于城市的文化特色,让历史文化与新经济融合在一起,打造"长三角"超级IP,让城市的发展更有温度。

四、长三角地区 IP 及网红经济发展研究总结

在新冠肺炎疫情的影响下，IP 及网红经济为商家挖掘出新的消费渠道，线上新经济迎来了狂欢时代。长三角地区是我国电商行业发展的主要承载区之一，在电商结构、产业链、供应链、物流服务等方面都极具优势，这些因素都让长三角地区成为 IP 及网红经济赛道上的领跑者，但从发展现状来看，各区域间的发展并不平衡，并且 IP 及网红营销模式乱象丛生，暴露出诸多问题。为了保证这种新经济模式能够持续赋能城市发展，激活区域经济，长三角地区需要带头去规范 IP 及网红经济，强化"长三角"超级 IP 的形象和地位，最终实现长三角经济一体化和高质量发展的目标。

粤港澳大湾区 IP 文化及网红经济发展研究

张 燕*

粤港澳大湾区作为中国经济最为活跃的地区之一,在新形势下的新经济中同样占据重要的位置。IP 文化及网红经济向着更有内涵的方向发展,成为多元化丰富内涵的价值观引领。在全国白热化发展的同时,各个区域发挥自身的优势,都处在蓬勃发展过程中。而大湾区特别的经济和产业地位也决定了其在新经济中占据的位置,既是新经济的主导参与者,又是新生态的建立者和支撑者。

粤港澳大湾区(以下简称"大湾区"),作为中国经济最活跃的地区之一,以0.6%的面积创造了全国 12%的 GDP。[①] 伴随新一轮技术革命和产业变革机遇,大湾区持续担纲国家级经济增长,大湾区的开放性、创新性和独特的包容性引领和驱动中国经济高速高质发展,在全球数字经济中担当重要角色。而作为互联网经济和电子商务方面一直走在全国前列的大湾区,为 IP 文化及网红经济提供了良好的发展环境。本文研究粤港澳大湾区 IP 文化及网红经济发展,以各平台的分析数据为例,包括快手平台数据、淘宝平台数据、微信公众号平台数据、抖音平台数据等,分析粤港澳大湾区已有的发展情况,同时梳理大湾区在各个平台上作为建设者以及主要消费群体对经济发展的贡献及过程存在的问题,进一步探讨应对的方法及对策。

---

* 张燕:深圳智趣知识产权代理事务所(普通合伙)总经理。
① 21 世纪经济研究院、阿里研究院:《2020 粤港澳数字大湾区融合创新发展报告》2020 年 3 月 5 日。

一、港澳大湾区 IP 文化及网红经济发展现状

（一）大湾区 IP 及网红在其中的作用及地位

1. 快手平台数据及天猫平台数据

大湾区在 IP 文化和网红经济方面,有诸多优秀的公司,同时,大湾区还是 IP 文化及网红经济最大的受众消费者市场之一。根据快手大数据研究院发布的《2020 快手内容生态半年报》[①]数据显示,直播主播最多的省份列前三名的为:河北、广东、辽宁。而直播观众最多的省份为:广东、河北、山东。

快手平台不同板块中,车类直播南方汽车主播最多的省份列前三位的为:江苏、浙江、广东。旅游主播最多的省份:河北、山东、广东、云南、甘肃。快手平台各年龄段服饰主播人数最多的省份中,来自广东“00 后”主播最多。服装品类中位于首位的广州市的“芈姐广州开服装厂”的粉丝数超过 499.3 万人,2 天成交量突破 1000 万,该网红 IP 解决了工厂 800 多名工人的就业问题。

从快手大数据研究院的数据统计可以看出,作为经济最为活跃的地区之一,粤港澳大湾区深度参与到 IP 文化及网红经济中去,既是 IP 及网红密集的区域,又是此类型经济最重要的受众群体所在地。

此外,根据阿里研究院发布的《天猫 618 淘宝直播创新报告》[②],2020 年天猫 618 直播数据显示,大促让直播间里的产品展示和产品销售有了跨越式的发展。2020 年 6 月 18 日,淘宝直播一天成交量达到了 51 亿元。其中,15 个直播间成交量过 1 亿元。在天猫 618 直播间中,东南沿海城市的商家热情度最为高涨,广州获得第一名,杭州位于第三名。而从规模上看,北上广深四个一线城市的消费人群最为庞大。由此可见,位于大湾区的广州在销售群体中领先,大湾区的广州及深圳作为主要的消费市场在网红经济和数字经济中占据很重要的位

---

① 快手大数据研究院:《2020 快手内容生态半年报》,2020 年 7 月 22 日,baijiahao.baidu.com/S? id=1672918197388634727&wfr=spider&for=pc。

② 淘榜单:《天猫 618 淘宝直播创新报告》,2020 年 6 月 19 日,sohu.com/a/402957126_114930? _f=index_pagefocus_&_trans_000014_sgss_sgnbaxw。

置。与此同时,大湾区也是最大的卖方群体所在地之一。

根据阿里研究院发布的《2020淘宝直播新经济报告》①,十大淘宝直播之城排序如下:杭州、广州、连云港、宿迁、上海、北京、深圳、成都、苏州、金华。其中位于大湾区的广州位列第二,深圳位列第七。在北上广深一线城市中,广州是第一大淘宝直播之城,这与广州市政府部门发文全力发展直播新经济的举措密不可分。随后广州市辖下各区迅速加入直播带货活动,直接高效地把本区特产推介出去,降低疫情对经济的影响,同时也拉高本区品牌产品的知名度与美誉度。目前每100个带货主播中,有20个来自广州,而直播间每卖出100件商品,就有超过30件是来自广州及周边地区,广州已经是名副其实的直播电商之城。

从淘宝直播用户分析来看,直播用户所在城市排名前10位的分别为:上海、北京、广州、深圳、重庆、成都、杭州、苏州、武汉、东莞。其中,广州、深圳位于第三名和第四名。大湾区的东莞也跻身前十名。

在IP内容方面,根据阿里研究院发布的《2020中国市场IP电商指数报告》②,2019年母婴亲子电商市场中,越来越多的消费者不会再为了过度地追求极致性价比和实用性而买单,更为看中商品本身蕴含的文化及内容。IP成为商家在产品开发和品牌营销过程中的合作首选。报告中的数据显示,2019年母婴电商中IP合作授权的商品商家数量比2018年同比增长117%,天猫母婴亲子行业授权IP的商品销售额也增长了41%。

通过对以上快手及天猫平台关于各地区数据的比较和分析,可以看出粤港澳大湾区作为中国经济最活跃的地区,在政府的支持和鼓励下,大湾区发挥了自身活跃的新经济群体的聚集效应,使大湾区既是最大的IP及网红创造地之一,又是最大的消费者受众地之一,为IP文化及网红经济的发展提供了丰厚的土壤和环境。

2. 微信公众号数据

清博指数是中国新媒体大数据权威平台,属于国内重要的舆情报告平台,也

---

① 阿里研究院:《2020淘宝直播新经济报告》,2020年3月30日,linkshop.com.cn/web/archives/2020/444583.shtml。

② 阿里鱼:《天猫618淘宝直播创新报告》,2020年9月26日,baijiahao.baidu.com/S? id = 678838237405619129&wfr = spider&for = pc。

是国内平台大数据排行榜的专业发布机构。下文以清博指数的数据为基础,对微信公众号 2020 年 7 月 1 日至 31 日为期一个月的数据作为基础进行分析。

从 2020 年 7 月当月微信数据所得到的传播指数 WCI,在分析文章总数、阅读量、在看数等数据基础上,得到全国范围内前 500 名影响力的微信公众号 IP 排序。其中,全国排名前 50 的微信公众号中,有 6 个来自粤港澳大湾区的公众号,占全国排名前 50 公众号的 12%。

值得关注的是,全国前 10 的公众号中,仅有一个位于第 10 位的 InsDaily 来自粤港澳大湾区。而前 20 的公众号中,也仅有两个公众号 IP 来自大湾区,另一个"黄生看金融"位于第 20 位。

这两个来自大湾区的公众号 IP,InsDaily 总部位于广州,主要内容为"海外趣闻以及时尚乐活咨询",专注于为城市新中产、年轻态群体产出时尚乐活资讯,打造多个时尚乐活领域的一线自媒体矩阵。旗下拥有 InsDaily、GirlDaily、不颓废青年、居里生活笔记等多个头部自媒体品牌。作为时尚类公众号,InsDaily 从 2017 年开始到 2020 年,一直位于全国时尚类公众号月榜排名第一。

同样的,位于第二位的"黄生看金融"虽然在总体排名中位于第 20 位,但在金融类公众号中,也稳居全国前 3。

由这些数据可以看出,大湾区在全国前 20 名中仅仅出现了两个 IP,但这两个 IP 都是细分领域中的佼佼者。月阅读总数分别超过 1690 万(InsDaily)以及 460 万(黄生看金融)。除此之外,位于总体排名第 21 位的大湾区公众号 IP"Sir 电影"稳坐娱乐类公众号第一的位置,阅读总受超过 799 万,平均阅读数 88820。

位于时尚品类的前 3 位中,前两位都来自大湾区,文章总数均为 186 篇,平均阅读量超过"9 万+"和"7 万+"。

基于清博指数提供的数据,笔者分析了全国前 500 公众号 IP 中,各主要地区所占的数量。其中,北京的占比最高,在前 500 位中,有 109 个来自北京。此外,广东和上海分别列居第二位和第三位。值得关注的是,大湾区的香港和澳门在前 500 榜单中均未出现。将京津冀、长三角、粤港澳大湾区进行数据合并,可以看出,京津冀以 111 项位列第一;长三角居第二位,进入前 500 榜单公众号有 80 个;包含港澳在内的大湾区以 59 个公众号入榜位列第三。

3. 抖音平台数据

以清博指数的数据为基础,以微信公众号、抖音平台 2020 年 7 月 1 日至 31 日期间一个月的数据作为基础进行分析。抖音号传播力指数(DCI) V1.0 通过对抖音账号发布的短视频在数量、互动状况、覆盖用户程度来综合体现抖音号在短视频平台的传播影响力。

由清博指数排序可知,在抖音传播力指数排名前十位的 IP 中,仅"羊城晚报—羊城派"一个 IP 来自粤港澳大湾区。扩展到前五十位,也仅两个 IP,另一个为"大狼狗郑建鹏 & 言真夫妇"。

"羊城晚报—羊城派"是羊城晚报报业集团旗下官方账号,获得超过 1.9 亿赞,粉丝数超过 728.2 万人,作品总数超过 5000 个,是传统媒体成功转型的代表之一。"大狼狗郑建鹏 & 言真夫妇"是一对夫妇的 IP,他们凭借多个爆款视频,再度涨粉千万,总粉丝突破 3000 万,成为抖音最火的夫妻档。截至目前,获得 6.3 亿赞,4229.6 万粉丝,荣获抖音认证的直播十佳好物推荐官。

根据清博指数提供的基础数据,经过整理和分析可以得到如图 5-1 所示的统计图。根据统计可知,抖音前 500 位榜单中,北京所占数量最为庞大,在全国前 500 个抖音号中,有 72 个来自北京这个文化和政治中心。第二名为广东,第三名为浙江,分别是 43 个和 41 个。值得关注的是,与微信公众号数据有较大不同的省份是安徽省。安徽的微信公众号在全国前 500 位中仅占 3 个,但是在抖音 500 榜单中占了 25 个,超过江苏省的 22 个。与微信公众号数据类似,香港、澳门依旧处于劣势,仅香港入围一个。再一次将京津冀、长三角、粤港澳大湾区进行数据合并,可以看出,长三角以 119 项位列第一,京津冀 82 项居第二位,包含港澳在内的大湾区以 44 个抖音号入榜位列第三。粤港澳大湾区仍然有较大差距,见图 5-2。

4. 行业人才数据

根据智联招聘携手淘榜单共同发布的《2020 年春季直播产业人才报告》显示①,在新冠肺炎疫情肆虐的 2020 年年初,许多企业被迫停业。而在线下经济

---

① 智联招聘、淘榜单:《2020 年春季直播产业人才报告》,2020 年 3 月 28 日,tech. sina. cn/roll/2020-03-28/doc-iimxyqwa3639921. shtml。

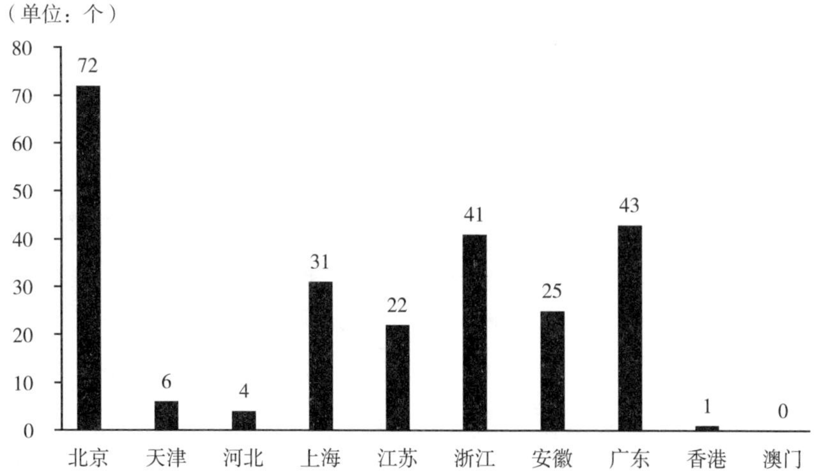

（单位：个）

图 5-1　抖音前 500 榜单主要省份所占数量

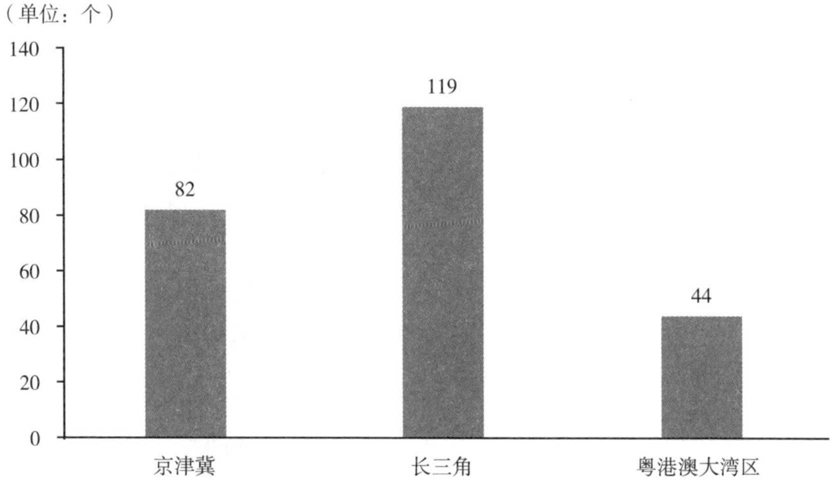

（单位：个）

图 5-2　抖音前 500 榜单三大地区所占数量（2020 年 7 月 1—31 日数据）

资料来源：清博指数官网数据统，数据时间范围：2020 年 7 月 1—31 日。

受到重创的同时，线上的"宅经济"迅速升温倒逼各个行业将线下的业务转移到线上。与此同时，对于直播人才和推动网红经济的人才的需求达到了空前的热度。

直播相关的技能也进一步成为新兴行业人才的优势竞争力，这个行业对于人才的需求产生较大的缺口。其中，电商对于直播人才的吸纳，使"宅经济"下娱乐休闲领域的直播就业岗位需求量增大。这里所指的直播核心岗位包括:视频主播/艺人、直播运营、语音/音频主播、直播销售、直播教师、主播经纪人、直播客服、直播产品开发、直播助理、直播商务BD等。

根据智联招聘的大数据统计分析,直播人才招聘的需求主要集中于一线城市,招聘职位数占比前十位为:广州、北京、杭州、深圳、成都、上海、郑州、沈阳、长沙、重庆。一方面,一线城市本身就业机会较多,同时人口流动性较大使就业市场更趋活跃。与此同时,一线与新一线城市的招聘职位数占比有缩小的趋势,新一线城市的招聘职位需求猛增,与一线城市的差距在逐步缩小的过程中。一线与新一线城市的照片职位数占比有缩小的趋势,同时二线及以下城市有相对扩张的趋势。以上城市中,大湾区城市仅广州、深圳两个城市入选。究其原因,智联招聘研究报告认为,这与直播行业的不断下沉密切相关,三线至五线城市用户长期被主流消费市场与主流媒体边缘化,而在移动互联网普及的当下,直播的便捷性、链接感与包容氛围吸引着他们通过屏幕表达自我。此外,电商直播的创业模式还带动了电商供给端的下沉,实现产业扶贫。以淘宝为例,淘宝村播的版图现已拓展到全国;2020年2月,淘宝直播村播的开播场次同比增长200%。可见直播下沉,流量上坡。而大湾区在发展一线城市过程中,对于二、三线城市的支持力度仍显不足,参与度在数据上得以显示。

5. IP及网红机构数据

MCN是"多渠道网络"(Multi-Channel Network)的缩写,目前MCN行业已经形成自己的生态,在网红、电商、直播风口中,积极参与和主导了生产、流通及内容的变现。这些机构作为新兴的商业体,以内容为产业,助力网红经济,催生和改变了一系列的打法和玩法,这是一批拥有自主内容创造能力、IP及网红的孵化能力、流量快速获取的能力以及流量变现的能力的组织。

MCN的来源主要有几种:第一种是传统媒体的业务转型,比如位于全国抖音IP第9位的大湾区的抖音大IP"羊城派",就是其中的佼佼者。传统媒体羊城晚报集团通过业务转型,一举成为传统媒体行业转型新媒体的行业领先者。第二种是一些已有品牌企业的业务延伸,在企业内部成立或者划分出MCN部门,增加工作职能同时有利于已有业务的继续推广。第三种是本身具备流量的名人或者红人,立足本身的优势IP资源,成立自己的MCN公司从而完成自我的转型。第四种是投资布局型的 MCN 组织,其以财务投资或者上下游资源投资的方式完成前瞻性的布局。

由克劳锐出品的《2020 中国 MCN 行业发展研究白皮书》①提到,全国 MCN 机构的分布整体呈现向南"迁移"的趋势。基于电商的快速增长,依托南方城市的成本与供应链优势助力 MCN 机构迅猛发展,全国 MCN 分布因此"南移"。由此可见,南方城市如大湾区的广东省,其供应链天然的优势导致机构在考虑发展的时候优先考虑物理上的距离和优势。在流量的变迁过程中,IP 及网红想要基业长青,最重要的本质是对于供应链的控制和熟悉,尤其是直播电商,最初的吸引是 IP 或网红的集聚效应,但长久的支撑和本质仍然是满足消费者对于极致性价比产品的需求,这就需要靠供应链进行驱动。

(二)大湾区知名 IP 企业营业收入及其构成

1. 奥飞

奥飞娱乐股份有限公司位于广州,其经过 20 多年的创作积累,拥有大量动漫 IP 资源,成功打造了覆盖不同年龄圈层的动漫 IP 矩阵。

其中 K12 领域(主要指幼儿园到中学年龄段)中的核心 IP 主要包括"超级飞侠""喜羊羊与灰太狼""萌鸡小队""机灵宠物车""贝肯熊""铠甲勇士""巴啦啦小魔仙""菲梦少女"等。在 K12 以上领域中,以公司旗下的国内知名的 UGC(用户原创内容)原创漫画平台"有妖气原创漫画梦工厂"为依托,拥有原创优质 IP"十万个冷笑话""镇魂街""雏蜂""端脑""蓝翅""虎 X 鹤妖师录"等。

IP 类玩具以国内知名品牌"奥迪双钻"为主:围绕自有的动漫 IP"超级飞侠""萌鸡小队""铠甲勇士""巴啦啦小魔仙""巨神战击队""爆裂飞车""飓风战魂""火力少年王""零速争霸"等,开发生产系列的变形玩具、人偶、装备、陀螺、悠悠球、四驱车等多种样式的玩具;与知名 IP 授权合作的玩具,例如"小猪佩奇""睡衣小英雄""海绵宝宝"等系列。

在动漫 IP 品牌具备足够的知名度和影响力后,除了玩具衍生品外,还可通过授权业务、文化演出等方式运营变现,进一步扩大 IP 收益。

---

① 克劳锐:《2020 中国 MCN 行业发展研究白皮书》,2020 年 5 月。

上述知名 IP 创作、内容创作、IP 内容传播、IP 品牌运营、玩具、婴童用品、游戏等业务,使奥飞取得了可观的经济收入。从其 2019 年及 2020 年度报告公布的营业收入构成表可以看出,2019 年营业收入合计为 27.26920315 亿元,2020 年其营业收入合计为 23.6819896401 亿元。其构成均为与 IP 相关的业务,收入占比由大到小分别是"玩具销售""影视类""婴童用品""电视媒体""游戏类""信息服务类""其他类"。可见,其基于 IP 的各项运营是其进行商业变现的重要环节。

2. 华强方特

经过二十年技术积累、十余年主题公园、数字动漫行业深耕,华强方特目前已成长为全球前五大主题公园集团、拥有国内优秀原创动漫 IP 的文化产业龙头企业之一。

华强方特旗下主题乐园品牌"方特主题乐园"以 5039.3 万游客接待量,连续 4 年蝉联全球五强,游客接待量同比增长 19.8%。华强方特已在全国投入运营"方特欢乐世界""方特梦幻王国""方特东方神画""方特水上乐园""方特东盟神画""方特丝路神画""方特国色春秋""方特东方欲晓"等品牌二十余个主题乐园。

华强方特原创动漫作品在央视少儿等 200 多家国内电视台以及各大一线视频网站热播,多次央视夺冠,网络点击量超 3000 亿次,"熊出没"已成为目前国内颇具影响力的国产动画品牌。

其特种电影、数字动漫、主题演艺、文化科技主题乐园、文化衍生品等相关领域有机结合,广泛开展文化衍生品的自主创意开发设计、品牌授权跨界合作、市场销售渠道搭建,已有涵盖玩具、文具、音像图书出版物、服装鞋帽、家居家具、电子产品、食品、体育用品、手游等二十多类约两万余种产品上市销售。

根据其年度报告的营业数据,华强方特集团 2019 年营业收入合计 5089608210.62 元,2020 年营业收入合计为 4004103977.57 元。集团的营业收入主要来自创意设计收入、主题公园建设收入、主题公园运营收入、特种电影销售收入以及数字动漫业务收入。2020 年度上述收入合计占营业收入总额的比例为 80.00%。

二、粤港澳大湾区 IP 文化及网红经济特点分析

（一）传递知识与价值观

以上数据从一定程度上显示，网红不只是娱乐和消遣的代言，已经逐步扩展到更具深度的内容，同时也变成社会大众知识获取的有效途径。网红不但充当意见领袖，让粉丝关注他们从而获得知识及信息，更重要的是让粉丝在他们身上看到自我的投射，在互动过程中让大家有参与感，进而使关系更加紧密和牢固，从而使粉丝受到持续的影响。

（二）专业化与垂直化

激烈的竞争使 IP 及网红生产的内容越来越丰富，且分类越来越垂直化及专业化。专业化的 IP 及网红，内容逐步向各个领域的深度迈进，使细分领域的粉丝黏性越来越强。从最初通过分享自己独立作出来的原创内容或者生活内容分享，从而吸引初期的粉丝，在粉丝达到一定数量之后，组建自己的专业团队，通过成规模的粉丝互动及紧密的情感联系，以及团队化生产内容和有组织的专业运营从而精准的吸引更多的粉丝获得更大的影响力，进而实现 IP 网红的流量变现。比如，上述数据中的 MCN 机构情况，越来越多的专业化机构在背后运营 IP 及网红，让这个行业逐步摆脱粗放式增长，成为专业而细分的领域。

（三）即时反馈与强情感交流

IP 及网红在与粉丝建立情感联系之后，信任便在交流的过程中萌芽，即时的反馈又让信任逐步稳固，从而建立更强的情感与认同，将自我投射到 IP 及网红上，希望能拥有 IP 所倡导的价值观或者生活方式。信任与情感依赖使流量具备变现的基础，在这个阶段，这部分受到巨大影响的粉丝（占粉丝总体数量中的一部分）对于产品的信任已经与 IP 及网红相关联。IP 及网红在这时候变成了产品或者服务品质的代言，一部分高黏性粉丝会持续地发生购买行为并不断影响身边的人。IP 和网红将人和品牌之间建立情感连接，让带货品牌更加有温

度,也更容易被接受和支持。粉丝对产品和文化产生精神寄托,更加认可产品的价值和产品内化的文化。李增云在文章中认为:粉丝的消费已经不再只是出于对商品功能的考虑,而是将它视作一种符号、自我表达及身份认同的形式,一条与偶像神交的纽带,甚至是通往幸福人生的象征,并最终制造了一种非理性的消费主义狂欢。[①]

(四)资本的驱动和完整产业链趋势

资本的驱动推动着IP及网红产业的发展,有了强大的资本支撑,IP及网红得以组建专业的团队进行营销及策划,用专业的设备及沟通策略来生产、创造、传播,从而更快更精准地吸引公众关注,进而创造出巨大的流量用以变现。

资本的驱动及专业化的运作,使IP及网红发展为完整的上中下游产业链。各类直播平台及社交媒体是上游产业链,为IP及网红提供发展的平台及基础;资本推手组建的专业化内容生产、营销团队以及带货平台是中游产业链,吸引粉丝、发展流量、带货为王;下游则是广大的供应链基础,尤其是具有完整设计、生产及物流网络的供应链基础。资本的驱动也催生了"网红孵化",优胜劣汰的规则之下,众多IP及网红获得资本的投资。

三、粤港澳大湾区 IP 文化及网红 经济发展存在的问题

(一)参与度不足

粤港澳大湾区在 IP 文化及网红经济发展中,涌现出了很多知名的 IP 及网红,从前述数据可以了解到,无论在数量还是在质量上都在中国占据重要的位置。但从数据分析中也可以看到,各个平台的头部 IP 及网红中,大部分集中在广州和深圳这些城市,东莞也在逐步发展起来的过程中。

长三角出于其电商之都的天然优势,在 IP 尤其是网红的发展中享受天时

---

① 李增云:《消费主义视野中的"粉丝"消费行为研究》,中国传媒大学 2008 年硕士学位论文。

地利,珠三角存在先天上的弱势,大湾区的参与度仍显不足,尤其是香港和澳门,这一波 IP 文化与网红经济似乎与港澳无缘。无论是微信公众号还是抖音,全国排名前 500 强的 IP 中,澳门无一上榜,香港只有一个"王祖蓝"的抖音号位于第 475 名。经统计,来自香港的抖音号仅 40 个,来自澳门的抖音号仅 31 个;来自澳门的微信公众号仅 102 个;入围全国 500 强的抖音和微信公众号中,仅有一个来自香港,澳门无一入选。这都从一定程度上反映了在 IP 文化及网红经济发展中香港和澳门的薄弱之处,这两个城市并未获得新时代新经济的红利。

(二)缺乏明确的法律规范、界定和监管

网红经济中直播带货的进入门槛比较低,导致背后存在很多虚假宣传、诱导消费、退货无门、质量及品质保障差、维权困难等一系列问题。

同时,一些内容平台带货经济发展很快,网红经济野蛮发展,导致出现很多侵犯知识产权的行为以及不诚信的行为,对于隐私的保护、知识产权保护、个人信息安全等问题尚需要进一步走法制化和规范化的道路。

此外,还存在一些主播在带货时存在无止境美化产品、夸大宣传,甚至引导消费者绕开平台进行私下交易等问题,消费者在遭遇假冒伪劣商品后,难以得到有效保障的情况。

四、应对方法及对策

(一)充分发挥供应链优势

大湾区是全球手机、可穿戴消费电子制造重镇,电子类产品的出口额占据了整个珠三角出口额的近七成。在外向型经济受到冲击的今天,服装、电子消费品这些快速消费品的外贸订单大面积取消。在这种形势下,如何发挥大湾区的外贸工厂的制造优势,在 IP 及网红经济快速发展的过程中发挥自己的优势成为大湾区面对新经济形势是否能"弯道超车"的重要因素。

珠三角的商贸基础在 IP 及网红经济中具有得天独厚的优势,工厂可以为直

播间源源不断地供应订单。"带货一姐"的经验值得大湾区其他企业学习,具有很大的参考意义。在"带货一姐"的背后,她的丈夫带领的谦寻直播团队,与40多家在广州、深圳、东莞、中山的工厂供应商配合,从而具备了牢固的供应商基础,为直播带货提供了坚实的支撑。

(二)扶持产业链,孵化—IP生产—IP支撑—供应链管理

将IP文化及网红经济逐步进化为一个成熟的产业链,从产业链的高度来考虑和布局是发展IP文化和网红经济的关键。第一,在产业链前端,创立IP及网红孵化器,包括网红培训、动漫设计、营销策划等,为孵化器中的团队或个人匹配资源从而提高竞争力。第二,帮助IP、网红、KOL意见领袖出内容、做策划的生产端。第三,为IP及网红和KOL提供支撑的服务商,比如流量分发、周边产品及服务支撑、技术辅助端等。第四,供应链端,为这个产业提供源源不断的好产品。这部分是粤港澳大湾区最为重要和擅长的部分,不但可以提供众多就业机会,同时也可以救受到影响的外向型企业于水火。

(三)支持乡村产业出产更多的IP及网红

党的十九大提出实施乡村振兴战略,深刻把握现代化建设规律,科学有序推动乡村产业、人才、文化、生态和组织振兴,实现亿万人民对美好生活的向往。习近平总书记关于"农业丰则基础强,农民富则国家盛,农村稳则社会安"——"三农"工作的重要论述为指导,提出一系列城乡发展规划,包括发展乡村产业、加快农业现代化发展等,要实现农村富强,农民富裕,必须有效发展农村产业。从而解决农村发展不平衡不充分的问题。

因此,在粤港澳大湾区可以因地制宜,培育网红特色产业,打造网红IP及产品。围绕农村主导产业和特色产业,将网红经济和IP文化注入乡村中。例如打造网红景点,推行农旅融合发展模式,推广和拓展线上电商平台,打造网红农副产品,同时挖掘农村老少的内生动力,培养为农副产品代言的IP及网红,培养本土人才。同时吸收和培养专业人士和基层工作人员和干部的热情,加快农村产业振兴发展。

（四）IP、网红、主播及实际控制人信用机制建立

完善 IP、网红、主播及其实际控制人的注册登记机制，加强 IP、网红、主播及其实际控制人个人及公司信用机制建设，对出现问题的平台及个人，采取一系列惩治措施，保证平台提供安全优质、积极向上的内容。

进一步完善 IP、网红、主播及其实际控制人的准入机制。各个平台之间应信息共享，尤其是受到惩戒的信息共享，防止已经被列入"黑名单"的公司或个人持续产生恶劣影响。

对涉及知识产权侵权，如专利权、商标权、著作权案等行为，以及产品质量不过关、内容低俗化等问题，IP、网红、主播及其实际控制人应该遵守法律规定，保证向消费者提供不涉及侵权的内容，坚决不宣传、推销虚假产品、侵权产品或产品及服务信息。

京津冀网红经济发展报告

杨 柳[*]

自媒体时代,网红逐渐成为互联网环境的一部分,而网红背后的网红产业承担了助推网红发展的重要角色。以往的网红产业研究更多地关注了重点地区,如江浙沪的网红产业,而较少关注到京津冀地区。为了探究京津冀网红产业的发展现状和地域特色,本书从网红传播平台、网红生产机构和网红孵化案例三个角度考察了我国京津冀地区的网红产业发展现状,剖析了京津冀地区各自产业形成的原因,探索了京津冀地区的网红产业发展趋势。结果表明:(1)随着 4G 网络全面普及,京津冀网红产业近年来发展迅猛,已经形成了一定规模。一批内容自媒体涌现,借助地区传播平台和网红机构实现了多渠道变现。而电商直播行业的爆发助推了网红带货的潮流,促进产业发展。其中,京津冀地区中北京一地的网红产业较为突出,天津、河北两地的网红产业还有待发展。(2)京津冀地区网红产业的三地协同合作机制具有一定冲突,还未形成一体化的现代产业体系。同时,各地网红产业存在数据造假、退换货难和信任危机等问题,还有待解决。本书丰富了京津冀地区网红产业相关研究,为京津冀企业、政府发展网红产业提供指导和政策建议。

一、京津冀地区网红产业发展现状

(一)网红传播平台

1. 网红传播平台的基本概念

平台经济是指提供现实或者虚拟的交易场所,至于平台本身则不生产产品,

---

* 杨柳:上海交通大学博士、中国传媒大学博士后。

但可以促成供求交易,并从中收取一定的费用或通过赚差价来获得收益的一种商业模式。

由于平台经济是一个同时面对消费者和商家的双边或多边市场,平台具有集群效应、增值性、网络外部性和开放性。[①] 因此,平台聚集的流量越多,资源越多,价值也就越大。

在内容分发环节,各类平台是主体,网红依托于平台进行内容分发。京津冀地区的典型网红平台包括社交平台、网络资讯、视频平台、电商平台和垂直类社区。对平台而言,网红既是优秀内容生产者也是流量收割机,能生产优质内容的头部网红成了平台竞相争取的对象。

对强内容输出型网红来说,同一资源的多平台分发之路已经成为一条必备的路径。网红或经纪公司会利用平台的生态来吸引更多的流量,网红生产机构(Multi-Channel Network,MCN)就是其中的一个体现,其核心是互联网平台整合不同类型和内容的优质 UGC[②] 短视频创作个体,形成矩阵板块,然后开展平台化运作为创作者提供运营、商务等服务,帮助他们更好地适应市场,实现共赢[③]:一方面通过大网红带小网红,平台得以积聚流量孵化新网红;另一方面,对公司而言这也是降低网红流失风险,拓展更宽广人群的重要手段。

2. 京津冀网红传播平台发展的营商环境

总体而言,国家有关政策、法律法规的指导方向对平台经济的发展利好。

2019 年 9 月 16 日刊发的《国务院办公厅关于促进平台经济规范健康发展的指导意见》指出,未来政府将进一步优化完善市场准入条件,降低企业合规成本;创新监管理念和方式,实行包容审慎监管;鼓励发展平台经济新业态,加快培育新的增长点;优化平台经济发展环境,夯实新业态成长基础。[④]

---

① 叶秀敏:《平台经济的特点分析》,《河北师范大学学报(哲学社会科学版)》2016 年第 39 期。

② UGC:互联网术语,全称为 User Generated Content,也就是用户生成内容,即用户原创内容。UGC 的概念最早起源于互联网领域,即用户将自己原创的内容通过互联网平台进行展示或者提供给其他用户。

③ 罗奕、罗恒:《社群经济视角下的 MCN 模式分析——以 Papitube 为例》,《传媒》2018 年第 24 期。

④ 中华人民共和国商务部:《国务院办公厅关于促进平台经济规范健康发展的指导意见》,2019 年 8 月 8 日。

2018 年 8 月 31 日党的第十三届全国人民代表大会常务委员会第五次会议通过的《全国人民代表大会常务委员会关于修改〈中华人民共和国个人所得税法〉的决定》则正式确立了线上线下征管规则的统一，并同时完善了第三方平台涉税的信息规则。①

《中华人民共和国电子商务法》则明晰了电子商务经营者的概念、电子商务合同的签订和履行规章、电子商务的争议解决和电子商务平台的法律责任。②

平台经济正在为全球经济发展注入动力。2019 年，全球平台经济保持快速增长态势，全球市场价值超 100 亿美元的数字平台企业达 74 家，价值总额达 8.98 万亿美元，同比增长 41.8%；美国和中国分别以 35 家和 30 家的数量绝对引领，但规模差距明显，美国仍有较大领先优势。从国内看，过去 5 年是我国平台经济大规模发展的时期。③

截至 2019 年年底，我国市场价值超 10 亿美元的数字平台企业将达到 193 家，比 2015 年增加了 126 家；市场价值总额达 2.35 万亿美元，较 2015 年年底增长了近 200%。新冠肺炎疫情暴发以来，数字平台开创的新技术新业态新模式，体现出较强的适应能力，从一定程度上减轻了经济下行趋势带来的伤害。

3. 京津冀网红传播平台的分类与发展概况

京津冀地区的网红传播平台主要分为社交平台（包括社群社交平台与陌生人社交平台）、视频平台（包括短视频、长视频和娱乐直播平台）、资讯平台、电商平台和垂直类平台。这些互联网企业大多擅长社交运营与技术开发，定位电商的企业稀少，缺乏作为支撑的产业链和供应体系。同时，平台的头部效应明显，大型企业主要集中于北京一地。

（1）社交平台

从社交平台角度，艾媒咨询数据显示，2019 年上半年中国手机网民④规模达

---

① 中华人民共和国商务部：《国务院办公厅关于促进平台经济规范健康发展的指导意见》，2019 年 8 月 8 日。

② 新华社：《中华人民共和国电子商务法》，2018 年 8 月 31 日。

③ 中国信息通信研究院政策与经济研究所：《平台经济与竞争政策观察（2020 年）》，2020 年。

④ 网民：指半年内使用过互联网的 6 周岁及以上中国公民。网民主要是一个从网络使用者的行为效果来阐释的概念，在个体自我意识上、对使用网络的态度上、网络活动的特征上以及网络活动的行为效果上等表现出一定特点的使用者才可以被称为"网民"。

8.47 亿人,占网民整体规模的 99.1%,中国移动社交用户规模达 8.62 亿,移动社交应用已成为手机用户网络生活的重要部分。2020 年用户规模已突破 9 亿,庞大的移动社交用户规模也意味着更多的市场可能性。①

在移动社交应用中,北京的知名互联网企业占比强势:一款亿级月活量移动社交应用(微博)、四款千万级月活量移动社交应用(知乎、贴吧、探探、陌陌)。

虽然近两年短视频平台的崛起让微博市场面临重重挑战,但据微博官方发布的报告显示,截至 2019 年年底,微博月活跃用户达到 5.16 亿,微博的强社交属性使它依然保持着作为各个热点内容输出与品牌曝光重要途径的地位。

但在增长的压力下,移动社交应用纷纷寻求业务的拓展与转型。微博微信基于丰富的内容,进一步加强了与国内手机厂商及支付宝、百度等头部 APP 的合作,并通过优化小程序访问路径,加强用户任务模式,打通热搜②、热点流③、话题三大主要消费场景等措施提升获客率与日活量,并推出了图片社交应用"绿洲" APP。2019 年 3 月,知乎推出全站会员服务"盐选会员",借力社群运营,主张知识付费。豆瓣 FM 完成 6.0 改版,界面拥抱移动时代,曲库获得 QQ 音乐支持。

陌生人社交变现"瓶颈"依旧,2019 年第四季度探探亏损 2.03 亿元,累计注册 3.6 亿用户,付费用户为 450 万。陌陌拓展泛娱乐化④社交场景,加法升级开启直播、游戏与聊天玩法。

(2)视频平台

从视频平台角度,短视频行业依旧涨势可观,京津冀地区企业占据行业龙头

---

① 艾媒大文娱产业研究中心:《艾媒报告:2019—2020 年中国移动社交行业年度研究报告》,2020 年 3 月 20 日,iimedia.cn/c400/70165.html。

② 热搜:指网站从搜索引擎带来最多流量的几个或者是几十个关键词。热搜关键词通常反映一段时间内的各界大事与流行话题。热搜有时受平台与广告主的交易影响。

③ 热点流:热点(hot spot)指的是比较受广大群众关注,或者欢迎的新闻或者信息,或指某时期引人注目的地方或问题。热点流指相关的一系列引人注目的内容。

④ 泛娱乐化:指的是一股以消费主义、享乐主义为核心,以现代媒介(电视、戏剧、网络、电影等)为主要载体,以内容浅薄空洞甚至不惜以粗鄙搞怪、戏谑的方式,通过戏剧化的滥情表演,试图放松人们的紧张神经,从而达到快感的一种文化现象。

地位，"南抖北快"①格局分立。

极数报告指出，2019 年，短视频用户规模迎来"刘易斯拐点"②，短视频活跃用户规模连续三个月环比下降。下沉市场获客进程已基本完成，三线及以下城市用户占比近七成。2019 年 12 月，用户日均启动短视频 APP 达 26.1 亿次，同比增长 14.1%。百强抖音账号平均拥有粉丝达 1753 万，《人民日报》粉丝超五千万，排名榜首。③

《中国电视剧（网络剧）产业调查报告》显示，2019 年中国的短视频用户使用时长首次超过了长视频。京津冀地区除西瓜视频之外的长视频皆增长乏力，Acfun 弹幕视频网于 2014 年至 2016 年经过一次战略投资和 4 轮融资，最终在 2018 年 6 月被快手全资收购。直至 2019 年中旬，垂直视频市场占比并未上升，且有持续下降趋势。④ 酷传数据显示，截至 2019 年年底，优酷视频占据网络视频娱乐类 APP 第三名，第一名为腾讯，第二名为爱奇艺。

花椒直播领跑京津冀直播企业，映客、一直播紧随其后，娱乐平台又迎并购整合。易观千帆数据显示，截至 2019 年第二季度，娱乐直播领域活跃用户达到 13266，同比降低 4.72%。YY、花椒、映客、一直播、季度直播活跃用户规模均超过千万，占据了行业绝对流量资源。⑤ 头部平台发力多元内容，以更垂直的精细化运营深耕存量市场。

（3）资讯平台

从资讯平台角度，随着移动互联网的蓬勃发展，移动端已成为新闻资讯行业的主阵地，且发展迅速。艾瑞咨询数据显示，2019 年 9 月，新闻资讯行业月独立设备数超 8 亿台，人均单日使用时长（47.53 分钟）超短视频 7.43 分钟。

作为深耕新闻资讯领域二十余年的老牌媒体平台，新浪新闻积淀出海量的用

---

① 南抖北快：抖，指抖音 APP；快，指快手 APP。

② 刘易斯拐点：劳动力过剩向短缺的转折点，是指在工业化进程中，随着农村富余劳动力向非农产业的逐步转移，农村富余劳动力逐渐减少，最终达到"瓶颈"状态。

③ Fastdata 极数：《2019 年中国短视频行业发展趋势报告》，2020 年 2 月 17 日，199if.com/archives/1007147.html。

④ 首都影视发展智库、首都广播电视节目制作业协会、清华大学影视传播研究中心等：《中国电视剧产业发展报告 2019》，北京电视节目交易会，2020 年，199if.com/archives.874800.html。

⑤ 易观千帆数：《2020 年第二季度中国娱乐直播市场观察》，2020 年 9 月 17 日，analysys.cn/artide/detail/20019924。

户体量,且仍保持着稳定的增长水平,在1—9月DAU① 增长率接近27%,位列头部 APP 中增长第一。新浪新闻客户端打通与微博、WAP② 端的内容、数据、账号体系,全方位洞察用户特征,立体化分发内容与营销信息,精准传达品牌主张。

（4）电商平台

从电商平台角度,京东在传统电商流量红利见顶,流量管理成本与获客成本居高不下的局面中启用了"直播+短视频+电商"的生态模式,《2019 京东商品短视频报告》显示,大促期间,主图视频单日播放量峰值突破 20 亿次,其中 POP③ 品类的播放量增速更明显,同比去年增长 65.94%。晒单视频在大促期间的视频发布总数量同比去年也增长了 60.38%,发布视频用户数增长了 60.20%。④

全消费场景覆盖、全产品周期渗透、互动性与社交性成为新风向、视觉内容价值最大化释放和技术持续驱动服务模式创新是商品短视频和直播的主要发展方向。

（5）垂直类平台

从垂直类平台角度,艾媒咨询（iiMedia Research）发布的《2019 中国互联网群体经济用户与消费行为研究报告》中提出,她经济、银发经济、Z 世代⑤经济、新中产经济、小镇青年经济、单身经济、懒宅经济等多个细分群体经济体量均已接近或超过万亿元级别,展现垂直市场的蓝海⑥。⑦

知识付费产品得到持续进入精英教育,知识人咖接连入驻,"每天听本书"项目入选中国十佳数字阅读项目,多所优质大学联合得到 APP 推出系列视频

---

① DAU:Daily Active User,日活跃用户数量。常用于反映网站、互联网应用或网络游戏的运营情况。DAU 通常统计一日（统计日）之内,登录或使用了某个产品的用户数（去除重复登录的用户）,这与流量统计工具里的访客（UV）概念相似。
② WAP:无线应用协议,是一项全球性的网络通信协议。它使移动 Internet 有了一个通行的标准,其目标是将互联网的丰富信息及先进的业务引入移动电话等无线终端之中。
③ POP:Point of Purchase,卖点广告,本来是指商业销售中的一种店头促销工具,其形式不拘,但以摆设在店头的展示物为主,其主要商业用途是刺激引导消费和活跃卖场气氛。
④ 《2019 年商品短视频报告》,2020 年 3 月 8 日,199if.com/archives/1017100.html。
⑤ Z世代:美国及欧洲的流行用语,意指在 1995—2009 年出生的人,又称网络世代、互联网世代,统指受到互联网、即时通信、短讯、MP3、智能手机和平板电脑等科技产物影响很大的一代人。
⑥ 蓝海:指未知的市场空间。企业要启动和保持获利性增长,就必须超越产业竞争,开创全新市场,这其中包括一块是突破性增长业务（旧市场新产品或新模式）,另一块是战略性新业务开发（创造新市场、新细分行业甚至全新行业）。
⑦ 艾媒产业升级研究中心:《2019 中国互联网群体经济用户与消费行为研究报告》,2019 年10 月 30 日,iimedia,cn.c400166569.html。

大课。

以旅游攻略起家的马蜂窝专注"小而美"的社区运营,通过游记挖掘整理出结构化的数据来支撑用户画像,预测用户行为。用户群体大多来自一、二线城市,年纪较轻,学历和收入较高,乐于旅行和分享。

2019 年汽车之家第四季度财报显示,汽车之家净营收为 23.297 亿元人民币(约合 3.346 亿美元),与上年同期相比增长 6.5%;净利润为 11.081 亿元人民币(约合 1.592 亿美元),上年同期为 10.153 亿元人民币;易车网第四季度营收为 26.9 亿元人民币(约合 3.858 亿美元),同比降低 13.8%;净亏损为 9.782 亿元人民币(约合 1.405 亿美元),上年同期净亏损 3.983 亿元人民币(约合 5720 万美元)。经济增速下降、国六等因素对汽车产业产生较大影响。

(二)网红生产机构

1. 网红生产机构的基本概念

网红生产机构(Multi-Channel Network,MCN),是一种软性的产品组织,是网红、平台及广告商的中间枢纽。由于这其中操作空间极大,因此这一类组织的功能极为丰富,MCN 通过各种手段对 PGC① 内容提供资金支持或内容支持,将更多内容联合起来,保障内容的持续输出和稳定吸引力,从而最终实现商业的稳定变现。

对网红来说,MCN 分担了个人难以一己之力完成的包装、策划、分发和集资等工作,使得网红可以专注于内容创作等一部分工作,提升内容价值和变现程度,最大化自己的赚钱能力。对于品牌来说,MCN 可以筛选掉会带来不良影响的网红,提供稳定的播放率,并且保障了一定的变现率,比品牌自己选人做推广更高效。因此,MCN 的存在有其意义。

本文通过 MCN 的不同功能,将 MCN 分为五种,分别是广告、电商、内容、IP、经纪。

2. 京津冀网红传播平台发展的营商环境

针对 MCN 合同与权力的法规还尚有缺失,但是针对电商和产品推广的法规

---

① PGC:Professional Generated Content。互联网术语,指专业生产内容。用来泛指内容个性化、视角多元化、传播民主化、社会关系虚拟化。

和管理已经开始落实。

近年来,随着网红经济的快速发展,国内对专业 MCN 的需求增加,相关机构数量飞速增长。艾媒网发布的报告显示,2019 年我国 MCN 机构数量达 1.45 万家,而克劳锐发布的报告显示,2019 年我国 MCN 机构数量已经突破 2 万家。

随着 MCN 机构越来越多,签约个体与机构的纠纷也多了起来,主要原因是条款不平等,机构未能履行扶持义务,双方在内容创作和商业合作方面存在较大分歧等。[①] 另外,签约者也可能因突发事件而丧失了自己的变现能力。尽管如此,目前还没有相关法律来评判这种情形下双方的是与非。

以布噜文化为例,2019 年该公司发生了短视频版权资源流失的困境,具体表现为网红达人出走、核心账号失控等问题。产生这些局面的原因除了艺人自身契约精神缺失之外,公司在法律层面缺乏一套监管体系。针对这个问题,首先要明确公司、签约艺人双方之间的责权利关系;其次要明确运营账号的所有权,公司、艺人之间的营收分成比例;最后公司还要与艺人签署竞业协议,如果艺人在协议期内提出解约,需要承担相应法律责任,并作出相应民事赔偿。

目前,政府已经发布相关政策来处理这些新领域的乱象,引导规范电商的发展,促进 MCN 行业健康发展。电商是 MCN 机构的主要变现方式之一。《2019年淘宝直播生态发展趋势报告》显示,2018 年加入淘宝直播的主播人数同比增长 180%,直播平台"带货"超千亿元,同比增速近 400%。[②] 不仅是淘宝直播间,尤其在粉丝经济的影响下,各位网红的账号空间俨然已成为推广产品的"重要战场"。

根据《互联网广告管理暂行办法》的规定,互联网广告包括推销商品或者服务的含有链接的文字、图片或者视频等形式的广告和其他通过互联网媒介推销商品或者服务的商业广告。互联网广告应当具有可识别性,显著标明"广告",使消费者能够辨明其为广告。[③] 但现实情况是,很多网红直播带货或者发图文

① 前瞻产业研究:《2020 年中国 MCN 行业发展现状分析 行业乱象频现、规范健康化发展有待完善》,2020 年 6 月 3 日,bg.qianzhan.com/report/detail/300/200603-78967ec4.html。

② 淘榜单:《淘榜单 & 淘宝直播:2019 年淘宝直播生态发展趋势报告》,2019 年 4 月 3 日,199it.com/archives/855530.html。

③ 中华人民共和国中央政府:《国家工商行政管理总局令》第 87 号,2016 年 7 月 4 日,www.gov.cn/gongbao/content/2016/content_5120707.htm。

推广,大多宣传的是体验,并未说明是广告,希望打着"擦边球"的名义进行推销。实际上,这类网红和背后的 MCN 都逃不掉相应的责任。

另外,政府也在鼓励 MCN 机构自我监督和提升基础能力。2020 年 5 月底,广州市商务局公布了首批白名单 MCN 机构,帮助商家在 2020 年 6 月举行的首届电商直播节选择合适的合作对象。① 白名单企业主要从 MCN 机构的基本资质、带货的能力、现场的综合表现等进行综合评价,为行业树立了优秀的标杆。

MCN 行业正在步入一个相对理性的发展期,相关规定和政策正在逐步完善的过程中,MCN 机构和相关人士的经验逐渐丰富。在此阶段,MCN 行业所暴露出的行业发展规则性弱、红人出走、电商直播下限低等问题,将会随着 MCN 业务拓展,国家政策出台,用户理性选择等情况的出现而逐渐消失,整个行业走向专业化、程序化。

3. 京津冀网红传播平台的分类与发展概况

京津冀地区的网红传播平台主要分为内容变现机构(包括短视频、长视频和垂直内容)、IP 孵化机构(非个人 IP)、平台分成机构、广告营销机构、电商转化型机构(包括个人 IP 变现)和经纪签约机构。这些 MCN 往往具有多方面能力,多种机构类型相结合,并非受限于一种 MCN 类型。

根据克劳锐所发布的《2019 中国 MCN 行业发展研究白皮书》,京津冀 MCN 大多擅长广告营销、内容变现和经纪签约,定位电商、分成和非个人 IP 打造的 MCN 较少,缺乏作为支撑的产业链、资金和变现方式。②

同时,产业的"二八效应"显著。根据艾媒网的数据,北京的 MCN 数目繁多,占比最大,达全国 MCN 总数的 17.8%。③ 但是天津、河北两地的 MCN 机构显著减少,头部机构仅一两家,差距明显。

这是由于 MCN 的盈利需要大量金钱投入和较为完善的产业链作为支撑,因此,头部 MCN 集中的人才越多,变现的可能性越多,能力越强,而腰部 MCN 则难

---

① 《解约风波曝网红 MCN 机构乱象,行业规则亟待完善》,《证券日报》2020 年 6 月 3 日,zqrb.cn/finance/hangyedongtai/2020-06-03/a1591136662419.html。

② 克劳锐:《2019 中国 MCN 行业发展研究白皮书》,《证券日报》2019 年 3 月 26 日,digitaling.com/artides/118985.html。

③ 艾媒网:《MCN 机构数据分析:2020 年中国 17.8% 的 MCN 机构分布在北京》,2020 年 9 月 18 日,iimedia.cn/c460/74343.html。

以发展。

4. 网红孵化机构细分领域

（1）广告 MCN

营销业态是 MCN 主要的变现方式之一。此业态的主要运作模式大多是以综合多维度分析为广告主推荐最佳的整合营销方案，然后通过大批量的账号形成巨大的流量池，多渠道分发去触达潜在消费群体，从而实现高效转化。[①]

京津冀的广告营销 MCN 居多，而且多为长线布局，营销业态头部 MCN 举例有橘子娱乐、青藤文化、嘻柚互娱等。目前头部的广告营销 MCN 经历了几年的打磨，在商业变现、出海业务、内容营销整合上业务能力都已经相当成熟。但是，广告营销 MCN 仍然面临着打造 IP 的大量投入和快速变现之间的矛盾。

以青藤文化为例，青藤是一家国内知名的新型综合传媒公司，逐步形成了出品、MCN、制作、营销四位一体的业务布局。青藤文化专注于互联网、母婴、美妆及游戏行业等垂直领域，把握住用户的社交属性的同时，进行广告和电商活动。目前出品了 3 档 S 级大型综艺，"2000+"集短视频，同时在全网签约了"100+"红人及账号。2016 年在新三板挂牌上市，先后获得平衡资本、腾讯等机构的投资。

根据艾媒数据中心《2020 年中国直播电商行业主播职业发展现状及趋势研究报告》，2019 年青藤文化营业收入为 7639.46 万元，较上年同期下滑 9.96%；归属于挂牌公司股东的净利润为-969.32 元，较上年同期亏损增加。公司整体营业收入的下降，主要因为受 2019 年度整体市场政策影响，公司战略性降低了原有的综艺出品业务的比重，所以整体营收体量较上年同期小幅降低。

根据报告，2019 年青藤文化的两大主营业务，MCN 与整合营销的营收额较上年分别增长了 76.10%与 44.46%。[②] 青藤文化 MCN 业务的增长，是由于公司前两年在 MCN 领域的战略布局初见成效，使红人矩阵结构逐步完成，厂牌效应开始显现，使红人招募、孵化、签约形成良性循环，开始收割红利；此外，青藤与多个主流短视频平台、代理公司建立了战略合作，使 MCN 商业化得到保障，同时可

---

① 克劳锐：《2020 年中国 MCN 行业发展研究白皮书》，2020 年 5 月 27 日，https://www.sohu.com/a/436442221_120505321。

② 艾媒产业研究中心：《2020 中国 MCN 典型案例分析——青藤文化》，2020 年 5 月 30 日，https://www.iimedia.cn/c1061/71742.html。

以更充分地发掘红人的商业价值。

根据报告,2019年,青藤文化累计签约和孵化红人约150位,较上年增长了114%;在主营平台覆盖粉丝超过5000万,内容播放量超过40亿次,较上年同期增长10亿多次。在拥有可观流量的基础上,除了流量本身的商业化变现外,青藤文化在流量资产化上也创新了业务布局,如为红人建立社群电商、孵化以KOL严选为核心的自有消费品牌,并在上海设立了整合营销业务的分部。①

2019,青藤文化获得了数十个行业知名奖项。如金瞳奖"最佳自媒体内容模式创新金奖"、克劳锐"最具商业价值MCN奖项"等。这些奖项充分地体现了青藤文化的行业认可度和行业影响力。

(2)电商MCN

目前,我国网红电商已经形成了完整的产业链,包括网红、MCN机构、内容电商整合营销机构、平台渠道、供应链企业和品牌方等。而网红电商MCN指的是根据品牌方的需求,将具备网络影响力的内容生产者(或者是网络红人)进行匹配,多渠道宣发,再通过电商平台为用户(粉丝)推荐或售卖产品,直接进行产品转化销售的一种商业机构,成为品牌广告营销的关键环节。

根据克劳锐《2019中国MCN行业发展研究白皮书》,电商业态更注重与粉丝之间的沟通,主要通过内容生产与电商相结合的方式,实现从流量到销量的转化。电商业态在塑造和巩固个人IP的同时,同样符合粉丝需求的消费转化,而且通过电商和品牌变现的效率往往比广告要高,从每个粉丝获得的收益也远超广告,或将成为2019年最受社会青睐的变现方式之一。电商业态可以根据驱动力的不同划分为以"人"为主要驱动力完成销售转化的红人电商和以"内容"为主要驱动力的内容电商。

红人电商指的是通过网络红人和名人明星的网络号召力和影响力,将社交平台中的粉丝转化为推荐品牌的消费者。内容电商则是通过长短视频、文字等内容向电商引流,没有红人电商那么依赖于网红本身。

达人说是一家专注于美妆红人营销的电商MCN。达人说通过签约红人,将

---

① 艾媒产业研究中心:《2020年中国直播电商行业主播职业发展现状及趋势研究报告》,2020年5月27日,https://baijiahao.baidu.com/s? id = 1668159750958688809&wfr = spider&for = pc。

红人和品牌对接,再通过红人推销产品为主要业务。根据品观 APP 记者对达人说创始人叶超的采访,达人说签约红人数量共计 140 余个,潘雨润(全网粉丝量 500W)等头部红人,累计覆盖全网粉丝数量达 6000 万以上(未去重)。更为重要的是,达人说旗下网红专注于化妆品领域,其粉丝也更为精准。

在红人电商中,除了网红推销其他产品外,还有一个新的模式得以产生——红人品牌。这就是基于美妆红人的个人影响力,建立红人个人的品牌并进行推广,最后实现品牌化。这一模式在国际上已经有了 Pony 和 Huda Beauty 等著名案例,在国内也有张大奕等头部网红先行者。

根据采访,达人说亦在摸索这一路径,并成功孵化了彩妆品牌 Croxx。这是与"哔哩哔哩"网站第一美妆博主合作推出的品牌,个性十分鲜明,2018 年实现了 5000 万元销售额。这一路径被视为达人说的重要发展目标,同时也被作为品牌红人营销的试验田。

(3)内容 MCN(视玩佳传媒)

内容 MCN 是通过团队制作或者搬运内容,协助网红和动画 IP 创作自己的内容。由于人们接触到的内容越来越多,内容本身质量也决定了一个网红可以走多远,是否具有经济价值。这种 MCN 的变形是形成了某一垂直内容平台,在这一平台上推广相关内容的网红和 IP,经营相关电商。

视玩佳传媒是短视频综合类 MCN 机构,成立于 2017 年,隶属于北京快看阅读科技有限公司,力求为国内视频内容商、视频网站、新媒体提供有价值的内容,目前是抖音官方合作的 MCN 机构。旗下代运营原创节目有:百思不得姐、30 秒懂车、爆笑 GIF 图等。在 2019 年 4 月的快手 MCN 影响力榜单中登顶第一位。

青藤文化也是垂直内容 MCN 的代表,青藤文化 2014 年起由视频制作公司转型为原创内容生产公司,随后开发《明白了妈》(母婴领域)、《凹凸君》(二次元领域)两大内容 IP。基于此,青藤衍生出母婴、二次元和泛生活方式等垂直领域的 MCN 业务。

(4)IP 授权/版权业态(震惊文化)

IP 类 MCN 一般是通过"内容生产+品牌/栏目"打造的模式,进行版权层面的变现。由于前期变现效率略微缓慢,这种 MCN 需要大量的启动资金,属于后起之秀。该业态往往有着自己广为人知的形象 IP,然后通过形象 IP 授权、周边电商、线下漫展、费用采购等形式开展业务。

以震惊文化为例,震惊文化是一家定位短内容生产平台,专注于短内容产品研发、生产以及IP经营的MCN,主打年轻化的泛娱乐节目。震惊文化在原创和经营IP上有着优秀的表现,例如《唐唐脱口秀》的动漫形象唐唐和原创形象猪小屁。旗下短视频品牌BIG笑工坊依靠其推出的《唐唐脱口秀》《唐唐神吐槽》《唐唐嘻游路》等几档节目,全网播放量已破百亿。而猪小屁IP授权则以知识产权为核心,和北京市政公交一卡通、全国影院、旅游度假景区、电动玩具、智能机器人等几十个品牌进行合作,挖掘了动画IP的品牌边界和商业模式。

目前,震惊文化在2014年获得创新工场A轮投资,已完成近1亿元人民币B轮融资,资方SIG海纳亚洲。此前,该公司还获得过来自创新工场的A轮融资。

(5)经济MCN(大眼互娱)

经纪MCN主要是致力于解决博主前端商务问题,而不是背后的内容制作。经纪功能是通过将生产出的内容结合自己的品牌优势进行组合营销,达到互惠互利的目的。该类别的MCN机构,往往前期就积累了一定的品牌资源,之后签约大量的独家账号和个人,然后利用自身的资源优势来驱动其商业化进程,变现途径多以广告为主,辅以IP授权、电商等。

以大眼互娱为例,这家公司目前是美妆红人孵化、营销平台和明星艺人自媒体,针对线上年轻女性为受众目标和消费目标。大眼互娱由于公司从明星自媒体起家,因此拥有了丰富的艺人资源和客户资源,解决了很多签约博主的前段商务问题。该公司已经合作的高端品牌有香奈儿、兰蔻、美宝莲等。它们是微博十大MCN战略机构之一,以微博为核心,以"垂直内容矩阵+头部IP驱动+内容消费转化"为核心战略,为红人提供内容优化、营销推广、广告变现、优质短视频综艺品牌资源对接等服务。

通过这些珍贵的商业资源,大眼互娱成功签约并孵化了50多位红人。其中,某个孵化的账号最初只有8万粉丝,他在2018年9月和公司合作后,经过大眼互娱在内容上的热点策划、内容剪辑,以及资源的投放,只用了半年时间,就已经拥有200万粉丝,并在2019年3月微博美妆排行榜中名列第一。

二、京津冀地区网红产发展特色

（一）京津冀地区网红产业

研究表明,近年以来京津冀文化产业协同度正在逐步提高,京津冀区域文化产业协同进展有序,三地文化产业协同措施已初见成效,值得肯定。但作为中国三大经济增长极之一,京津冀城市群相较长江三角洲、珠江三角洲的区域经济协调程度较低,在网红经济产业中呈现"一中心,一附属"的空间分布形态:北京市是网红经济产业的绝对中心,天津作为承接产业溢出和辅助补充者而存在,其他城市则进一步离散化、边缘化。

京津冀地缘相近,文化层面具有互通性,因此各地在发展文化时容易为了自身利益而进行激烈的竞争,与三地协同合作机制发生一定冲突。此外,京津冀还未形成一体化的现代产业体系,各地未能进行合理分工和充分发挥比较优势,市场要素未能自由流通,未能形成支持新兴产业链发展的基础。因此,京津冀地区的电商平台仅有京东一家,MCN 企业数目繁多,但多从事娱乐、时尚、广告、影视等人才密集型的内容服务,并未过多涉猎兴起的直播电商领域。

《京津冀协同规划纲要》指出,体制机制改革是有序疏解北京非首都功能、推动京津冀协同发展的制度保障。北京市将继续建设为全国政治中心和文化中心,京津冀整体定位是以首都为核心的世界级城市群、区域整体协同发展改革引领区、全国创新驱动经济增长新引擎、生态修复环境改善示范区。区域整体定位体现了三省市"一盘棋"的思想,突出了功能互补、错位发展、相辅相成;三省市定位服从和服务于区域整体定位,增强整体性,符合京津冀协同发展的战略需要。

京津冀地区将持续推进区域化协作,共同发力网红经济。2020 年 6 月 3 日,天津中关村科技园运营服务有限公司、中关村协创科技发展(天津)有限公司、北京中民嘉成投资管理有限公司分别签署《战略合作协议》,将在滨海—中关村协同创新示范基地共同建设运营京津冀科技网红孵化平台[1],打造电商孵化基地。

---

① 《京津冀科技网红孵化基地落户滨海》,《天津日报》2020 年 6 月 5 日。

（二）北京地区网红产业

北京市统计局数据显示,2019 年规模以上文化产业总体产值为 12849.7 亿元,同比增长 8.2%,从业人员平均人数达到 59.4 万人,同比减少 3.1%。其中,新闻信息服务是增长的主力军,达到了 25.8% 的营收增长,内容创作生产增长幅度为 2.5%。[1]

21 世纪经济报道发布的中国网红城市百强榜单中,北京在网络热度指数、直播指数、产业发展指数均遥遥领先。根据抖音数据显示,北京以 2118.89 亿次的抖音浏览量碾压群城,成为内容发布者最多的城市。根据城市形象视频点赞量,北京 2019 年度在抖音收获 51.2 亿次点赞,成为名副其实的"抖音之城"。[2]

北京如此吸引人,和它的文化氛围有着重要的联系。2019 年抖音上被点赞最多的博物馆就是北京的故宫博物院,近年来传统博物馆不断地推陈出新,让历史悠久的文物火了起来。2019 年北京市文化旅游工作取得了令人瞩目的成绩:全年接待游客 3.2 亿人次,总收入达 6220 亿元;为扩大优质服务供给,服务市民多样化文化需求,举办首都市民系列文化活动 2.3 万场[3],"我们的节日"传统节庆文化活动过万场,惠民低价票政策受益观众达 341 万余人;"点亮北京"计划扩大夜间文化旅游消费,被评为 2019 年中国"夜间经济十强城市";东城区成为全国首批国家文化与金融合作示范区。

从 2019 年年底至 2020 年年初,北京接连发布了《关于推动北京音乐产业繁荣发展的实施意见》《关于推动北京游戏产业健康发展的若干意见》《北京市文化企业"房租通"支持办法(试行)》《北京市文化创意产业园区和市级文化创意产业示范园区"服务包"工作方案》等 6 项文化产业相关政策。

10 家超头部 MCN 机构中北京占了 4 席,落户北上广等发达地区,使企业在金融支持方面也有一定优势。近年来,获腾讯和字节跳动投资的 MCN 机构半数以上都在北京、上海两地。《新快报》曾提到,培养一个红人仅人力成本一年至少需要 100 万元。

---

① 北京市统计局:《规模以上文化产业情况》,2020 年 1 月 2 日。
② 21 世纪经济报道:《中国潮经济丨 2020 网红城市百强榜出炉了!》,2020 年 7 月 6 日。
③ 北京市文化和旅游局:《2019 年统计数据》,2020 年 1 月 6 日。

从数据上看,无论在哪个地区,颜值、剧情搞笑和游戏类达人都占比较大。但从细分领域来看,北京包括唱歌、舞蹈等在内的"艺术类"红人。这并不令人意外,大概是艺术类院校大量分布,艺术培养氛围浓厚,人才资源相对丰富的缘故。

小葫芦2月发布"机构估值TOP 100",榜单以机构旗下红人的视频数、点赞粉丝增长等多个维度进行估值,虽然不是资本投资估值,但也可以相对客观地反映红人的商业价值。最会"赚钱"的红人机构都在北上、东南沿海一带。其中,广东虽然机构数量排在第二位,但总商业估值只居于第四。

北京地区的MCN机构约占2019全国百强中的三成,影视、时尚、娱乐、种草①多领域跨界,头部效应明显。业内龙头元老级企业新片场企业推出多部网络大电影、网络电视剧,并开始逐步试水"剧场模式"。青藤文化在母婴、美妆、二次元等领域蓬勃发展、垂直深耕,进一步探索变现方式。橘子娱乐主攻明星娱乐、时尚、生活、搞笑和美妆等泛娱乐领域,打造自己的咨询平台。

目前,MCN的发展方向有以下几个特征:

一是拓展线下。建立聚集性的直营基地、网红直播间、培训室等,做线下基地的可以提升管理效率,有利于集中培训和内容赋能,同时降低成本,提高直播业务的毛利率。

二是统一标准。红人培训模块化、课件化、标准化,有利于网红内容的稳定输出。

三是规模效应。MCN目前正在积极拓展加盟合伙业务,合伙联运企业,使网红数量、粉丝数量能够迅速达到一定的规模,边际成本递减,规模效应显现。

四是技术壁垒。通过自主研发交易平台和在线匹配渠道,在运营中运用数据挖掘、数据分析的技术,有效提高网红发现、培养、变现各个环节的效率。

(三)天津地区网红产业

天津市统计局数据显示,2019年1—11月,全市互联网和相关服务营业收

---

① 种草:网络流行语,表示"分享推荐某一商品的优秀品质,以激发他人购买欲望"的行为,或自己根据外界信息,对某事物产生体验或拥有的欲望的过程;也表示"把一样事物分享推荐给另一个人,让另一个人喜欢这样事物"的行为,类似网络用语"安利"的用法;还表示一件事物让自己从心里由衷地喜欢。

入 370.51 亿元,增长 23.5%。①

21 世纪经济报道发布的中国网红城市百强中,天津的网红指数得分相对较高,有很大的成长空间。

天津市网红产业潜力巨大,得益于其优秀的历史文化积累。天津是诸多曲艺形式发源、兴盛和发展的地方。其中,天津时调、天津快板、京东大鼓、京韵大鼓、铁片大鼓、快板书等曲艺形式是在天津形成;而京剧、河北梆子、相声、评剧、评书、单弦、梅花大鼓、西河大鼓等是在天津兴盛和发展的。相声和京剧更是天津曲艺的重要代表。据 2019 年天津统计年鉴显示,2018 年天津共有艺术表演场所 68 个,其中影剧院 49 家,占总场所数的 72%。共演出 64290 场,观看人数400 万次。所以天津人一直有着深厚的相声文化底蕴,而以"说学逗唱"为主的相声文化与网红产业所需的趣味性和娱乐性高度契合,在适当的政策支持下,天津的网红产业存在巨大的发展潜力。

截至 2019 年,天津的大型 MCN 结构共七家,分别为无忧传媒、新偶文化、猫眼娱乐、润银创世、星维传媒、蛋壳科技、锐意文化。

(四)河北地区网红产业

河北省统计局数据显示,2018 年年末,全省有文化及相关产业法人单位 9.1万个,比 2013 年年末增长 222.1%;从业人员 58.1 万人,比 2013 年年末增长21.9%;资产总计 4521.1 亿元。2018 年年末,全省有经营性文化产业法人单位8.6 万个,比 2013 年年末增长 266.5%;从业人员 53.3 万人,比 2013 年年末增长35.0%;全年实现营业收入 1654.3 亿元,比 2013 年年末增长 6.6%;资产总计4347.3 亿元。②

相比其他地区,河北地区的网红产业链并不发达,在 eNet 统计的 2019MCN机构排行榜中,前 150 名 MCN 仅一家来自河北,排在第 108 位。在小葫芦 2 月发布的"机构估值 TOP 100"中,河北省排名第 16 位,河北 MCN 的变现程度也较低。

---

① 天津市统计局:《1—11 月我市规模以上营利性服务》,2020 年 1 月 2 日。
② 河北省统计局:《河北省第四次全国经济普查公报(第六号)》,2020 年 1 月 24 日。

其中,首屈一指的河北 MCN 机构为河北点金手电子商务有限公司,运作内容聚焦于短视频内容生产及短视频商业变现,以抖音、火山、西瓜短视频为运营方向,公司业务涵盖短视频 IP 运作、短视频账号代运营、短视频知识社群、短视频红人孵化等全周期产业链,助力中小企业和创业品牌尽享短视频红利,是石家庄地区专注抖音内容生产和达人运作的头部团队。现有全职员工 17 名,涵盖内容策划、摄影师、视频剪辑师、达人等岗位,其中全职达人 6 名,兼职合作达人 12 名。重点运营方向:母婴亲子、旅游推介、健身、Cosplay 四大领域。

同时,河北对文化产业缺乏一定的重视,目前河北地区发布的网红和文化产业相关文件较少。而且,截至 2020 年 7 月,河北省 2019 年文化产业的统计数据仍然难以查到。

虽然河北的网红产业尚未发展成熟,但是河北的地域特色使这片区域在网上有较高的关注度。

根据 2019 年 11 月 13 日发布的《抖音河北大数据报告》显示,2018 年 10 月至 2019 年 10 月,抖音上河北省城市形象相关视频被点赞 20.3 亿次。石家庄是河北省内播放量最高的城市,其次是保定和邯郸。在旅游产业上,河北的旅游项目受到热烈欢迎。凭借夏天的秦皇岛海水浴和冬天的张家口滑雪场,河北分别夺得了全国第一的"海水浴场"打卡数和全国第一的"滑雪场"打卡数,可谓相当受到大众的青睐。在向来热度较高的美食领域,河北的驴肉火烧、缸炉烧饼、莜面窝窝、牛肉罩饼等面食和沧州羊肠子等受到美食爱好者的关注,而曲阳石雕、河北梆子、评剧、吴桥杂技和打树花等蕴含浓浓河北特色的非遗项目在民间艺术领域受到大众的喜爱。由此可见,河北独特的文化特色天然地吸引了一批受众,具有良好的发展潜力。

三、京津冀地区网红产发展趋势

(一)未来发展与趋势预测

直播带货呈"井喷"之势,唯有规范才能实现健康长远发展,由此,也亟待监管赋能。全国各地都在尝试出台符合地方业态发展现状的相关法律法规、规范性文件、行政法规、部门规章等。各地政策持续加码,普遍较为看好网红经济。从全国范围看,近年来我国出台《电子商务法》,国家各部委出台一系列政策,促进和规范网红经济发展,如中国广告协会发布的《网络直播营销行为规范》,这是国内出台的第一个关于网络直播营销活动的专门规范,对网络直播营销中的商家、主播、平台经营者、主播服务机构和参与用户的行为提出规范,并鼓励网络直播营销活动主体响应国家脱贫攻坚、乡村振兴等号召,积极开展公益直播。

对于从事这个行业的个体而言,它们将走向更为专业化的职业发展道路,从业门槛进一步拉高,从业资质进一步规范。2020年7月,教育部下发了《教育部办公厅关于严格核查2020届高校毕业生就业数据的通知》,其中明晰互联网营销工作者、公众号博主、电子竞技工作者等属于"自由职业",应纳入就业统计。人社部联合国家市场监管总局、国家统计局向社会发布了包括"区块链工程技术人员""互联网营销师"等在内的9个新职业。除了发布新增职业外,一些职业发展出的新工种,如互联网营销师职业下增设的"直播销售员""电商主播""带货网红"也有了正式的职业称谓。

据BOSS直聘发布的《2020上半年直播带货人才报告》调查显示,目前网络上有三成以上的网红学历为中专及以下,意味着如果人才就业规范在全国推广,很多主播并不能顺利取得资质认可。在企业招聘需求量最大和求职者最向往的前十个城市中,有七个重合,分别为:杭州、广州、深圳、北京、上海、成都和长沙,基本构成了目前"网红经济"的优势集团,电商平台、MCN机构、短视频平台、供应链等各方面资源均有较好的基础。未来,应届毕业生或成为网红经济从业主力军。

《2020年中国网红经济市场前景及投资研究报告》指出,2020年网红经济将持续扩张,在5G①叠加假期延长等因素,网红经济有望实现更为迅速的发展,并成为更多消费者的消费必选项,打开营销市场空间。网红经济的流量变现将成为移动互联网领域最具确定性的成长领域,它代表内容/电商平台、MCN及网红的共同诉求。预测到2020年网红经济的总规模将达到3400亿元人民币。目

---

① 5G:第五代移动通信技术(5th Generation Mobile Networks 简称5G)是最新一代蜂窝移动通信技术,是4G(LTE-A、WiMax)、3G(UMTS、LTE)和2G(GSM)系统后的延伸。5G的性能目标是高数据速率、减少延迟、节省能源、降低成本、提高系统容量和大规模设备连接。

前,各大平台流量持续增长,消费者习惯养成与市场教育初见成效,地方政府、传统行业、寺庙佛企纷纷入场网红经济。未来,网红经济会逐步趋于理性化,最终的落脚点和促使成交的关键,回归到商品本身,网红经济的品牌化理念、"货找人"特征和精细化营销将成常态化。

从产业生态上看,我国网红经济已告别"个体户""小作坊"的运作模式,凭借直播电商、IP 化运营等多元变现渠道,网红经济产业链在短时间内迅速完善,产业发展渠道持续拓宽,形成了一个集培育、商业化、商品化为一体的信心产业。目前,MCN 机构正在加紧全平台布局和媒体矩阵打造,但快手、抖音、微博等平台则纷纷推出改革,要求强调平台机构精细化运营,同时加强平台自身与主播的绑定。流量导向的 MCN 机构和用户导向的平台之间的矛盾冲突不可避免,要秉持鼓励创新的原则,包容审慎的态度,在安全底线基础上允许良性竞争,鼓励充分合作。

此外,人工智能、大数据、5G、虚拟现实等新一代技术的融合发展、内容制作的多元并存和配套产业的协同作用都将共同主推网红经济的创新发展。充分成熟的预测、分析、研判、决策等模型将被运用于构建充分适应网红经济发展的供应链体系,"显微镜"营销和互动参与式消费将进一步促进产业变革,实现技术赋能。

虚拟主播与直播出海的风口正逐步成型。专门为虚拟直播而存在的新型虚拟 IP 具有鲜明的垂直行业属性,正在直播带货、教育培训、线上导游、新闻直播、电竞游戏、虚拟演出等领域不断涌现。据刺猬公社调研发现,头部主播的直播内容对居住在中国的外国人来说已基本实现"破圈"[①]。这部分人群懂汉语,对中国的网购文化、电商模式及近年兴起的直播带货接受程度很高,已经充分学会了领优惠券、抢红包、抽奖等线上操作。并且,由于相近的地缘及历史文化因素,日韩、东南亚等地的民众也对直播带货产生了更多的共鸣和兴趣。以 TIKTOK 为代表的中国互联网企业正在尝试利用国内先进的技术和成熟的企业,去海外打造下一个淘宝主播,再次创造亿万订单总额(GMV)[②]的奇迹。

---

① 破圈:网络用语,指特定细分领域的热点信息在领域之外的人具有广泛知名度。
② GMV:Gross Merchandise Volume,是成交总额(一定时间段内)的意思。多用于电商行业,一般包含拍下未支付订单金额。

（二）产业乱象与潜在问题

结合当下国内网红经济现状,尤其是京津冀网红经济,主要有以下几项问题:

1. 直播数据造假成灾,暗藏灰色产业链

根据中国消费者协会发布的《直播电商购物消费者满意度在线调查报告》,有37.3%的消费者在直播购物过程中遇到过消费问题,但仅有13.6%的消费者进行了投诉。尽管存在大量的"吐槽"和负面情绪反馈,仍有86.1%的消费者认为消费风险一般或较小,同时69.2%的消费者分辨不清主播和经营者之间的区别,可以看出,个人消费者和直播电商之间存在较大的信息不对称,大多消费者的风险意识淡薄。

然而根据自媒体联盟WeMedia和凤凰网娱乐联合发布的《直播电商主播GMV 5月月榜TOP50》显示,2020年5月,三位知名淘宝主播的订单总额分别达到22亿元、19.03亿元和4.64亿元,实际总销售量为2216.1万元、1986.65万元和898.69万元。全网直播电商主播TOP50的订单总额对外宣称总计110亿元,实际销售额总计约为1.3亿元。

统计口径间100倍的差价,反映的是大众对网红产业信任度的有待商榷和多家媒体曝光后浮出水面的数据注水、刷单机器人、造假一条龙等灰色产业链。

在人民网舆情数据中心和新媒体智库发布的《大数据解析在线视频刷量黑灰产》中,2016—2020年,在线视频行业的年复合增长率预计为34.98%,2020年行业市场规模预计达到2129.7亿元,目前从事在线视频刷量的黑灰产从业人员数十万人,年产值数十亿元。

此外,刷量主要活跃在头部在线视频平台上,前三分别为腾讯视频(34.11%)、爱奇艺(27.41%)和优酷(18.55%),被刷的视频类型多种多样,包括娱乐、生活、资讯、科技等。其中,电视剧占比最大,达到72.69%;其次是综艺,占比12.59%;另外,一些电影的预告片、宣传片或者片花也是经常被刷量的对象。

从年龄分布来看,刷量从业人员中"90后"占比最高(62.91%),是当代黑灰产业的主力军。从地域分布来看,刷量的从业人员主要分布在我国东部地区,其中,北京、广东、河北、浙江、山西位居地域前五。

大网红的可靠度尚值得商榷,处于市场灰色地带的"杂牌"腰部网红就更显扑朔迷离了。业内人士指出,胆子越大的 MCN 越是思维活络,不局限于单纯的"数据维护"、张冠李戴、倒卖货物和欺骗佣金,他们顶着网红经济风口的壳子,以极高的 ROI① 为保障向品牌方索要高额的抵押金,再凭借押金去从事金融投机——购买理财产品、P2P② 服务、炒股对赌乃至直接放贷都已是司空见惯。

2. 付款方式随意,退换货维权难

在网红产业链中,网红电商已经成为常态。由于电商变现是一项复杂的操作,涉及资金、团队、售后、选品的一系列问题,因此,电商更多的是 MCN 团队在进行运作,而不是靠网红个人的努力。在目前"粉丝经济"盛行的年代,往往网红进行推荐以后,原本默默无名的产品就会有出人意料的销售额上涨,购买转化率很高,因此电商是网红产业最快变现的途径之一。

随着网红电商产业的发展,消费的途径增加,消费的方式也变得隐蔽。一些 MCN 机构和网红要求消费者用个人微信和支付宝等方式进行支付,避开电商平台的监控,也绕开了电商平台所保证的退换货流程。这使得有退换货需求的消费者提出意见后无法如愿,更无法进行申诉投诉,甚至是直接被删除"拉黑"、断绝联系,损伤电商购物的信心,降低了整个行业的可信程度。

正如新华社的《虚假宣传、商品伪劣、投诉维权难——"网红""带货"市场乱象调查》所言,在网络中推广及流量是关乎一个"网红"能否为更多人熟知,且创造经济价值的重要资源,而此类虚拟流量的交易仍缺乏相应的市场监管。在缺乏有效保障的网络流量交易中,极易滋生各类诈骗行为,对消费者及"网红"造成切实的利益损害。③

3. 网络生态紊乱,资本操控涌现

除数据造假外和违法诈骗外,网络信息内容生态治理依然是一个较为严峻

---

① ROI:Return on Investment,投资回报率,指通过投资而应返回的价值,即企业从一项投资活动中得到的经济回报。它涵盖了企业的获利目标。利润和投入经营所必备的财产相关,因为管理人员必须通过投资和现有财产获得利润。

② P2P:网络借贷平台,是 P2P 借贷与网络借贷相结合的互联网金融(ITFIN)服务网站。P2P 借贷是 Peer to Peer Lending 的缩写。

③ 新华社:《虚假宣传、商品伪劣、投诉维权难——"网红""带货"市场乱象调查》,2019 年 8 月 14 日。

的问题。

针对直接的恶劣信息,2020 年,网站平台集中开展了相关专项整治工作,清理淫秽色情、低俗炒作、赌博诈骗等各类违法和不良信息共计 3.3 亿余条,处置"至道学宫"等违法违规账号 367.5 万余个。其中,腾讯主动开展"清风计划",集中整治恶意营销、淫秽色情、网络暴力、恐怖惊悚、网络谣言等违法违规信息,拦截涉恶意营销文章 226.5 万篇,封停账号 2842 个;百度针对水军刷单、买卖公民信息等内容进行深入挖掘,清理拦截有害信息 588 万条,关闭贴吧 167 个;新浪微博严厉打击赌博诈骗等各类黑色产业链信息,主动拦截和清理相关信息约 1130 万条,接到网民和监督员巡查举报处置信息约 710 万条;今日头条针对色情低俗内容制定 400 余条审核规则,累计清理违法和不良信息 25.5 万条。

然而,在资本涌入下,被快速催熟的网红 IP 和电商变现也无疑加速了网红的迭代和产业的发展。许多网红在影响力巅峰时期不顾一切地套现,在各种商业行为中罔顾自身信誉、长期利益甚至道德法律,不顾一切地实现利润最大化,最终导致自己 IP 的生命周期被快速缩短。这种行为使粉丝们在面对电商时变得越来越谨慎,逐渐使网红产业套现达到极限。

抖音上,某 IP 是无忧传媒下一位 3000 万量级粉丝艺人,抖音粉丝已达 3452.2 万。2020 年 4 月以来,他们在抖音上带货直播,遭到不少售假质问,不少网友针对 5 款海淘产品发布真假产品对比或第三方平台鉴定结果的视频。舆论发酵后,他们立即在 2020 年 4 月 29 日晚进行直播解释,并由平台方否定"售假"说法,承诺未开封可以退款。然而,此次舆论争议对素来"宠粉"的 IP 来说影响较大,不少粉丝并不买账,不断抛出"假货相关证据"并表示不再对他们产生信任。

由此可见,即使有 MCN 进行协助,绝大多数富有影响力的网红也并不能足够专业地维持自己 IP 的活力和发展性,因而,本身网红个人就很难实现 IP 化,即便已经 IP 化的网红都存在很大的不确定性。因此,如果网红电商和粉丝之间的关系没有处理好,核心资产网红的生命周期如果不持续,那么网红经济的健康发展就存在较大的不确定性。

Ⅴ 国际研究报告

预见与遇见：欧洲 IP 及网红经济发展探析

胡朝阳*

欧洲经济长期以制造业为基础，随着全球网络经济的到来，欧洲也在拥抱新技术，在网络技术的推动下形成新的商业形态。在技术演进推动下的欧洲 IP 及网红经济有了很大的发展，也同时与欧洲百年经济发展的惯性产生了冲突和不适应，欧洲的 IP 及网红经济的发展呈现出新的独特的脉络，欧洲网络新经济政策预见了 IP 及网红经济的到来，但真正平民大众能便捷遇见欧洲 IP 及网红经济还有很长路要走，特别在基于 5G 移动网络新基建的挑战，欧洲网络新经济呈现出新的绿色经济形态，谋求在经济发展、人文关怀和环境保护中获得平衡。

欧洲，又称欧罗巴洲，意即"西方的土地"。世界自 15 世纪开启的地理大发现，就开始了欧洲长达几个世纪的经济大发展，欧洲的经济大发展一直有目共睹，从 19 世纪末期的欧洲后工业革命已是工厂林立电报发明，人类开始更大更便捷的大规模生产。而欧盟以及共同市场的建立，为这块 438 万平方千米的土地和约五亿的人口带来了福音，整个欧洲的总产值可达到 15.59 万亿美元(2019 年数据)，欧洲在历史的不断发展和变化中形成了一个统一市场。虽然历史总在曲折中前进，但新的技术新的商业形态也给古老的欧洲带来新的机遇和挑战，以网络技术为技术的 IP 及网红经济也在欧洲大地上不断发展，形成新经济发展的驱动力。

---

* 胡朝阳：上海交通大学媒体与传播学院博士研究生，国家级高级工艺美术师，苏州工艺美术职业技术学院副教授。

一、技术演进下的欧洲互联网经济发展

（一）互联网技术对于欧洲经济发展的助推

欧洲按照 1990 年美元不变价格计算的人均 GDP，从 1950 年到 1990 年，德国从 4281 美元增长到 18605 美元，增长了 335%。[①] 但从 20 世纪 90 年代开始，整体欧洲的经济增长缓慢。有很多经济学家都归结于欧洲经济的创新性不足，经济结构调整缓慢。从表 5-1 的显示可以看出，在世界七大洲中，人口总数最大的是亚洲，同时互联网的使用人数也是最多的，但这并不等于亚洲的互联网普及率是最高的，因亚洲的发展中国家居多，互联网发展较慢，互联网的人口渗透率并不高，只有 19.4%。互联网普及率最高的是北美洲，其互联网的人口渗透率有 74.2%，这主要是由于北美洲经济比较发达，人口数也没有亚洲庞大，人均占有率自然也就高了。而从 2000—2009 年这九年里，互联网增长最快的是中东，增长率达到 1648.2%，其次是非洲，增长率达到 1392.4%，但它们的人口渗透率都不高，甚至有德国媒体报道称，全德国 6 万多个工业园区中有近 35% 面临网络基础设施和网速无法满足现实需求的问题。

表 5-1　世界互联网使用和人口统计数字

世界区域	人口 （2009 年编制）	互联网用户 2000 年 12 月 31 日	互联网用户 最新数据	渗透率 （%）	增长率 （2000— 2009）（%）	用户 百分比 （%）
非洲	991002342	4514400	67371700	6.8	1392.4	3.9
亚洲	3808070503	114304000	738257230	19.4	545.9	42.6
欧洲	803850858	105096093	418029796	52.0	297.8	24.1
中东	202687005	3284800	57425046	28.3	1648.2	3.3
北美洲	340831831	108096800	252908000	74.2	134.0	14.6
拉丁美洲	586662468	18068919	179031479	30.5	890.8	10.3

---

① 资料来源：*The Conference Board Total Economy Database*，January 2010，See http://www.conference-board.org/economics/database.cfm。

世界区域	人口 （2009 年编制）	互联网用户 2000 年 12 月 31 日	互联网用户 最新数据	渗透率 （%）	增长率 （2000— 2009）（%）	用户 百分比 （%）
大洋洲	34700201	7620480	20970490	60.4	175.2	1.2
世界总量	6767805208	360985492	1733993741	25.6	380.3	100.0

资料来源:联合国世界互联网发展统计数据(2009 年)。

自 20 世纪 90 年代出现互联网、信息化热潮开始,互联网经济、大数据、5G 通讯、人工智能、物联网等新兴数字经济业态一直都不是欧洲的优势。从市场规模来看,欧盟的信息技术产业市场规模早在 2015 年就达到了 1.2 万亿美元,但却面临"大而不强"的问题。可以说,人类正经历着第三次产业技术革命,数字技术日新月异,正高速并广泛渗透到其他经济领域,它以信息化技术的发展为基础,欧洲面临着这些技术的张力和推动,也在经济发展形成新的模式和路径,欧洲与北美的差距也越来越大,在网络时代已经到来的时候,欧洲企业对此也早已厉兵秣马,争相抢搭网络发展"快车",以迎接经济全球化带来的竞争机遇和挑战。

(二)欧洲百年发展的惯性和现代性冲突

其实欧洲的网红由来已久,由于长久的传统影响,在古老的欧洲的名流一直对社会是有影响力的,欧洲名媛以及奢侈品的全球影响力都可见一斑。但到了网络时代,我们可以看到,其实欧洲家庭的上网率是很低的仅占 12%,在很多欧洲的家庭里,还是传统的看电视,移动互联网在欧洲并不是很主流的传播形态,人们还是习惯于在家里进行交流和沟通,周末村里的各种活动仍然能够吸引很多人参与,即使在寒冷的冬季里,一场户外烧烤也是很吸引家庭成员参与的社交方式。

因此,当国内网红经济风暴来袭时,我们有必要深究起欧美红人的营销的演变,从最早的时尚博主的诞生,到现在各个精细行业网红的兴起,时尚名人一直都是欧洲网红的表达方式,从最初的时尚博主到 Instagram 等分享频道的各种露出和表现,都是欧洲 IP 及网红的展现。只是在这个过程中,我们往往可以看到欧洲百年发展的惯性与现代性冲突,不同年龄、不同形象、不同类型的欧洲人都有可能在同一平台上成为影响者或者做网红、做IP代言人,但各种影响仍然内在的存在,很难成为一种产业的主导者和引领者。

表5-2　欧洲公司通信设备固定资产占公司资本投入比重　　（单位:%）

经济体	通信设备固定资本形成额年均增长率				通信设备资本存量占总资本比重	
	1990—1995 年	1995—2000 年	2000—2005 年	1990—2005 年	1990 年	2005 年
奥地利	5.6	7.3	−9.7	1.1	1.0	1.5
丹麦	−5.0	16.0	−5.5	1.8	0.2	0.3
芬兰	3.1	23.3	1.8	9.4	0.7	3.2
德国	0.3	8.0	−4.4	1.4	1.1	1.3
意大利	2.7	4.0	−4.1	0.8	1.6	2.0
荷兰	5.8	3.9	−0.4	3.0	0.9	1.6
葡萄牙	—	17.3	3.2	10.2	0.9	1.6
瑞典	23.3	16.8	−5.8	8.5	1.2	2.6
英国	10.7	20.3	−7.3	7.9	0.7	2.5

资料来源:EU-KLEMS统计数据库。

从表5-2的数据我们可以看出,欧洲各国在通信设备固定资产的总投入呈现变化趋势,正好与经济的发展有很大相关,20世纪90年代欧洲各国的通信设备固定资产的投入加速增长时,经济基本上呈现了两位数的增长,而在21世纪后各国的通信设备固定资产的投入呈现的是负增长,这个阶段同这个时期网络经济的泡沫破灭有很大关系,在这个领域的投资活动也出现调整趋势,因此在这样的大背景下,欧洲的IP及网红经济发展不是一帆风顺的,其认同度也有很大差异。从硬件上看,西欧、北欧等较发达国家的通信网络基础设施较为健全,但中东欧和南欧明显需要进一步提高,且区域间、城乡间的不平衡性和互联互通不足也是制约基础设施充分发挥潜力的问题。软件方面,欧洲在电子商务、软硬件服务等领域均未能诞生本土的超级巨头,初创企业与独角兽公司数量相较于美、中均落于下风,人工智能、5G、软硬件开发等均无真正的行业领军者。从制度层面看,欧盟各国在通信、数据管理、电子商务方面的监管规则及相应标准亟待统一,语言文化、商业习惯差异性带来的市场同一性差问题也亟待克服。就实际而言,欧盟数字经济发展水平与其在全球的经济体量和综合实力不相匹配。[①]

(三)预见:欧洲网络经济的政策推进

麦肯锡咨询公司的报告认为,数字经济代表如下三个部分的总和:信息通信技术部门的价值,电子商务市场的价值(以网上商品销售额来衡量),离线消费者在数字设备支出的价值。欧洲在一体化基础上,根据数字化的程度将欧盟的国家分为"数字领跑者""数字挑战者""欧盟五大国","数字领跑者"有比利时、丹麦、爱沙尼亚、芬兰、爱尔兰、卢森堡和荷兰,这些国家在数字化领域处在领先地位,"数字挑战者"为保加利亚、捷克、克罗地亚、匈牙利、拉脱维亚、立陶宛、罗马尼亚、波兰、斯洛伐克和斯洛文尼亚,即除爱沙尼亚之外的中东欧欧盟成员国,这些国家在数字化领域具有发展潜力。传统意义上的"欧盟五大国"是指法国、德国、意大利、西班牙和英国,这五个国家数字化水平相对较高,但是低于"数字领跑者"的水平,见表5-3。

表5-3　欧洲国家数字经济发展情况　　　　　　　　　　(单位:%)

国家	数字经济占GDP 的比重	人均数字 GDP(欧元)	数字经济增长率(2012—2016 年)	非数字经济的增长率(2012—2016 年)
"数字挑战者"	6.5	746	6.2	2.6
"欧盟五大国"	6.9	2264	3.1	1.2
"数字领跑者"	7.3	3276	5.9	2.0
瑞典	9.0	4152	9.9	2.2

自 11 世纪以来,欧洲见证了以信用为基础的银行体系的演变,它引导 B2C 电子商务向全球扩展,有助于提供更好的政府服务。

因此在 IP 与网红经济发展过程中,我们可以看到欧盟对于数字经济的监管步伐,很多时候欧洲的监管部门还是很早就预见了网络经济的到来,但在个人隐私的条件下,一切都进展缓慢:2010 年 5 月,欧盟发布了《欧洲数字化议程》;

---

① 董一凡:《欧洲数字经济"跛脚"了吗》,《环球时报》2019 年 7 月 10 日。

2015 年 5 月,欧盟又发布了《数字化单一市场战略》;2018 年 5 月,欧盟通过了《通用数据保护条例》(GDPR);2019 年 7 月,经法国总统马克龙签署后,全球首部数字税落地实施。在数字金融上,欧盟 2015 年推出的《支付服务指令》(PSD2)旨在推动欧盟层面的电子支付,为确保更加安全的数字支付环境提供了条件。据 2010 年的《欧洲数字议程》(Digital Agenda for Europe)、2015 年《欧洲数字单一市场战略》、2016 年《欧洲云倡议—在欧洲建立一个具有竞争性的数据和知识经济》(European CloudInitiative-Building A Competitive Data and Knowledge Economy in Europe),以及 2018 年《欧洲人工智能》(Artificial Intelligence for Europe)等文件显示,欧洲也在不断加强网络经济方面的基础性建设。

二、欧洲 IP 及网红经济的发展脉络和新经济前景

(一)网络经济与数字霸权下的欧洲新经济

世界经济论坛创始人克劳斯·施瓦布认为,世界正处在第四次工业革命时期。第一次工业革命利用水和蒸汽动力实现生产机械化,第二次工业革命使用电力来进行大规模生产,第三次工业革命利用电子和信息技术实现生产自动化,第四次工业革命在第三次工业革命的基础上进行,这是自 20 世纪中叶以来一直在进行的数字革命。其特点是技术的融合,模糊了物理、数字和生物领域之间的界限。可以看到,欧洲的 IP 与网红往往与政治有一定关联,对于政治人物的讽刺和挖苦是欧洲网红的一大特点,如被誉为"欧洲最危险的网红"意大利贝佩·格里洛,一位 68 岁的老大爷,堪称近年来西方政治界的爆款流行——"滑稽的小丑""跨界政坛""重度网瘾中老年人""嘴毒""反建制"等,欧洲网红在数字霸权下形成独特的要素发展出新的经济模式。

我们知道,网络经济的基本内涵包括四项主要指标,即网络基础设施、网络应用、网络中介和电子商务。其实很多时候,网红经济的定义方法有很多,一般来说就是指社交平台上(微博、微信、直播等)拥有一定量的社交资产(人气、粉丝),并能够将其社交资产变现(影响力变现)的一种经济能力或说是形式,欧盟及其成员国都希望通过实际举措推动本土数字经济产业的发展,IP 及网红扮演

着很重要的角色，也推动着欧洲在传统经济体系下形成一种新的更为灵活和便捷，也更受年轻人喜欢的新经济。如欧洲的某网红达人是墨西哥职业运动员，身材非常棒，大长腿，她开设了自己的网红博客，发表长篇文章或者很多图片，把每日穿搭拍摄出来，在她经营了五年之后收到了很多商家的赞助，这也是很明显的欧洲网红经济的模式。一旦博主的人气积累到一定程度的时候，就会得到一些商家赞助，商品赞助甚至请他们参加公关活动和拍摄广告，形成很自然而且有成长的一条产业链，欧洲的 IP 及网红都是在搭建个人媒体或者自媒体平台的基础上，大多数影响力大的 IP 及网红都是在最初无心插柳反而一下子带动人气，成长为最有影响力的平台、博客、自媒体平台。

（二）遇见：IP 与网红经济与传统经济谁更强势？

欧盟（2002）将 EG 分为两类主要的团体取决于 EG 所提供的服务，它们是：G2C：Government to Citizens 和 G2B：Government to Business。20 世纪 90 年代东西方冷战的结束使意识形态的对抗趋于缓和，使市场经济制度获得更大范围的扩张，其信息技术已经成为 20 世纪 90 年代新经济的重要组成部分。尽管欧洲有欧盟这个单一大市场，但实际上受社会文化因素影响，他们在数字经济领域并没有完全形成一个内部紧密联系的市场。比如，一款应用开发出来，若在中国或美国推广，一种语言就够了，但在欧洲不可以，这意味着创新企业仅在开发语言这一个项目上就要付出更多成本。因此，欧洲的数字经济往往是起步早、法律严、效果慢。欧洲发展理念保守，对于新兴业态过于谨慎，因此一度失去发展先机，欧洲关注个人数据隐私、商业隐私分类、数据垄断、信息安全等重大问题，《通用数据保护条例》（GDPR）严格细化了企业采集用户数据的规则，这种"爱之深，责之切"的严格管理态度，一方面可能会为数字经济的持续发展奠定坚实基础，另一方面也会一定程度上遏制其发展步伐。并且在欧洲，这种习俗和传统一定会延续下去，人们只关注自己的生活和工作，也不会去影响别人，因此像传统的"欧洲人"这样的概念也会延续下去，真正的"网络消费者"其实名不副实，随着欧洲各地的人们受到更好的教育而更为富裕的社会，但人们的品位、网络的消费习惯、对于兴趣的追逐都截然不同。而且很多技术性的要素，在欧洲整体上还没有解决，我们从表 5-4 中可以看出，总体来看或者从欧洲国家的比较来看，除了丹麦、葡萄牙和英国之外,大部分的欧洲国家对于计算机设备资产作为固定资产的总资本比重偏低,硬件使用也影响了大众成为网红的要素。

表5-4　欧洲公司计算机设备固定资产占公司资本投入比重　　（单位:%）

经济体	计算机设备固定资本形成额年均增长率				计算机设备资本存量占总资本比重	
	1990—1995年	1995—2000年	2000—2005年	1990—2005年	1990年	2005年
奥地利	19.7	32.6	14.8	22.4	0.2	3.8
丹麦	20.4	24.8	19.1	21.4	0.4	7.3
芬兰	18.9	17.0	6.1	14.0	0.3	1.6
德国	8.5	28.9	10.3	16.4	0.4	2.6
意大利	11.8	38.5	4.9	18.1	0.4	3.1
荷兰	16.8	33.2	13.5	21.2	0.3	5.0
葡萄牙	—	37.5	12.7	25.1	0.9	7.3
瑞典	37.4	10.0	11.4	15.2	0.4	2.5
英国	20.6	28.6	14.5	21.2	0.5	7.9

资料来源:EU-KLEMS统计数据库。

(三)欧洲IP与网红经济的发展趋势

有数据显示,在网络经济方面,欧盟委员会将欧盟内P2P平台市场的年度支出量化为279亿欧元,并将住宿共享和租赁视为关键的商业模式之一(欧盟委员会,2016年),与B2C电子商务和eBay等P2P平台不同的是,真实的社会互动是住宿分享不可分割的一部分。因此,从社会方面来看,这是一个特别有趣的例子,因为预期的个人互动是实质性的,对于欧洲的消费者是实实在在带来实惠和价值的。另一方面,欧盟又希望对个人数据隐私、数据安全、伦理建设等保持高度关切,在各种因素的综合作用下,IP与网红经济在欧洲形成了一种特殊局面——其在监管与规划领域比实际产业做得好,因此欧洲的IP和网红经济发展并不好。2019年9月,联合国贸易和发展会议(UNCTAD)发布《2019年数字经济报告》(Digital Economy Report 2019)显示,就全球云计算投资量、数据流量来看,中美就共同分别占去了50%—70%左右,欧洲的发展并不具备明显优势。

在隐私方面,欧洲态度保守,对个人数据与应用的防护十分谨慎,而"棱镜门"的东窗事发,更是引爆了欧洲对于网络安全的担忧,因此,欧洲各国在应用新技术时,在考虑经济效应或技术效应之前,往往最先想到伦理、安全问题。① 网红经济已经成为移动互联网时代的一个重要社会现象,凭借着海量的粉丝,强大的话题性,网红已经展现出资本认可的商业变现能力,并打造出了日益延伸的产业链。欧洲电子行动计划有三个基本倡议来促进互联网整个欧洲经济。其中包括:(1)更便宜、更快、更安全的网络互联网;(2)人力和技能方面的投资项目;(3)E-acceleration 刺激互联网使用的计划和交通媒体(欧洲 Com-任务,2001)。以欧洲荷兰市场为例,诞生了很多网红营销公司和网红经纪公司,他们会特别关注在营销案策划的时候需要的品牌,品牌受众的多元化影响了网红形式的多元化。据"大西洋理事会"(美国主流智库、全球安全事务领域中最具影响力的研究机构)的杰出人物弗朗西丝·G.鲍尔(Frances G.Burwell)报告说,在2005 年至 2017 年,初步估计全球数据流量将从每秒 5 太比特增长到每秒 543 兆比特,预计到 2021 年,全球互联网流量将相当于 2005 年的 127 倍。② 这应该会对欧洲 IP 和网红经济带来新的推动力,在平台建设上有突破,也带来更好的网络体验和新的交流方式,使更多的年轻人喜欢使用网络,并且在使用网络中得到实惠,这样网红也会有更多人参与,形成一股潮流。

(四)绿色发展成为欧洲 IP 与网红经济的新经济主旋律

我们可以看到,随着欧洲人在技术革新上的焦虑感和急迫感,欧盟正走上一条创建 21 世纪高科技绿色数字经济的大胆新路,让欧洲有可能成为全世界最富有市场成效的商业场所,也在建设地球上从生态角度来讲最可持续发展的社会。欧洲的数字化远不只是提供无所不在的宽带、免费 Wi-Fi 和流动的大数据,IP 及网红等数字经济会让所有商业领域发生根本性变革,影响各行各业的运作方式,带来前所未见的新的经济机遇,让数以百万计的人回去工作,让经济生活民主化个体化,也创造出更加可以持续的低碳社会来缓解气候变化。

---

① 寇佳丽:《奋起直追,欧盟重新布局数字经济》,《经济》2020 年第 6 期。
② 刘娟、苟鹏飞:《美国数字经济发展路径展望》,《杭州科技》2018 年第 5 期。

在欧洲,数字化通信网络正在与数字化、可再生的"能源网"以及数字化、自动化的"交通物流网"相结合,从而形成一个超级"物联网",2019年2月19日,在欧洲经济界和政界高层云集的数字峰会"Digitising Europe"上,德国总理默克尔说出了这样的惊人之语,她说"我怀疑,我们是否真的能够成为全球行为者",在这个以数字时代下欧洲制造的未来为题的会议上,默克尔指出,欧盟在环境保护、竞争法等许多方面的条条框框阻碍了经济的发展,过度监管将会使欧洲赶不上未来全球制造业发展的步伐,她呼吁在欧洲展开讨论,改革欧洲竞争法、方便并购、消除互联网企业发展面临的各类障碍,"为企业发展留出足够的自由空间"。据估计到2030年时,在遍布全球的智能网中会有超过100万亿个传感器将人与自然环境连接起来,全人类第一次能够彼此之间直接合作,实现经济生活的民主化。这对于IP和网红经济来说,不异于一个很好的消息,而且欧洲虽然从经济上形成了一个统一的欧盟体系,但是在各国政治还是分割和隔离的,欧洲政治家也在发挥积极因素,希望能够在新技术中形成新的发展合力,这也会给未来的IP和网红经济带来新的巨大的推动力。

三、疫情之后的欧洲IP与网红经济

欧洲是从2020年3月开始暴发新冠肺炎疫情的,在新冠肺炎疫情期间欧盟委员会发布了三份重要的数字战略文件,分别是《塑造欧洲的数字未来》《人工智能白皮书》《欧洲数据战略》,贯穿三份战略文件的一个核心概念,用欧盟委员会主席乌尔苏拉·冯德莱恩自己的话来说,就是"欧盟必须重新夺回自己的'技术主权'"。这是欧洲感受到在IP和网红经济方面落后与中美之后的思考,欧盟将更为关注数字化的三个关键目标:为人民服务的技术,公平竞争的经济,开放、民主和可持续社会。

在新冠肺炎疫情之后,数字经济特别是IP与网红经济也成为欧洲经济增长新引擎,欧洲也在疫情之后更为强调数字安全与数字主权,致力于摆脱美国带来的发展桎梏,这些将大力推进单一数字市场建设与深化欧洲共同市场发展的强劲动力,但这也需要一段时间和过程。2010年"欧洲数字议程"以及2015年"单一数字市场"战略(DSM),均开始强调创建统一数字市场,旨在通过打破成员国之间的网络壁垒,统一标准和法规,推动建立有关数字产品、资本与信息服务自由流动的统一市场。2020 年 2 月,欧委会发布欧洲数据战略,以数字经济发展为主要视角,概述未来 5 年欧委会在数据方面的核心政策措施及投资计划,旨在打造有效安全的"单一欧洲数据空间"。①

与此同时,2020 年年初"欧洲 5G 工业园区"旨在制造业环境中引入新的移动无线标准,并于 5 月试运行了无线 5G 网络,测试其在生产控制与物流方面的应用。欧洲云(Gaia-X)计划致力于打造一个连接欧洲所有云服务商的本土联盟平台,以供其在数据共享中互联,协助其扩大业务并提高行业内竞争力,重点在于为企业数据提供值得信赖的基础设施,用以确保欧洲数字主权。在人工智能领域,欧盟于 2020 年年初发布《人工智能白皮书》作为最新规划,并拟通过数字欧洲计划及欧洲地平线项目吸引年投资额近 200 亿欧元,用于部署数字欧洲计划框架下的数据平台和人工智能应用程序,创建欧洲独特的"可信任生态系统"。② 在经济发展、人文关怀和环境保护中谋求平衡。

四、欧洲 IP 及网红经济发展总结

预见与遇见,网络经济给欧洲带来了新的发展机遇。预见,欧洲建立了一些以人为本、保守个人隐私的 IP 及网红经济,遇见,新技术是否真的落地了呢? 我们只能说在欧洲我们拭目以待。马克思曾经用过非常简洁的话语强调了技术进步对于经济社会发展的巨大作用,马克思曾说:"手工磨产生的是封建主为首的社会,蒸汽磨产生的是工业资本家为首的社会"③,技术进步和解除管制加上私有化刺激了经济增长,互联网的发展,可以用在很多方面,技术推动这经济呈现新的样式和发展路径,而且世界也在呈现新的变化,面对中美数字技术和数字经济的飞速发展,欧盟的焦虑感与紧迫感正不断上升。

欧洲的 IP 及网红经济有很大的发展空间,特别是在新技术的推动和影响之下,形成新的商业模式和新的发展动力。从互联网诞生到现在,商业模式在互联

---

① 吴小平:《后疫情时代欧洲数字经济发展趋势》,《中国经贸导刊》2020 年第 10 期。

② 吴小平:《后疫情时代欧洲数字经济发展趋势》,《中国经贸导刊》2020 年第 10 期。

③ 《马克思恩格斯全集》第四卷,人民出版社 1958 年版,第 144 页。

网发展的不同阶段在一定程度上引导着社会不断向前发展,影响甚至主导着人们的社会文化生活,互联网的普及改变了传统的工作方式,疫情期间的在家办公实现了有更多时间陪伴家人,IP 及网红在家里可以直播卖货,这也促使网络经济有越来越多的欧洲人喜欢与追随。对于 IP 及网红经济,欧洲在政策层面上是早已预见到了,但让 IP 及网红经济真正遇见普通民众的生活,影响欧洲经济发展路径和人们生活方式,仍需要新的动力和历史机遇,绿色发展的欧洲 IP 及网红经济,我们拭目以待!

韩国网红文化及 IP 网络
经济的品牌营销一体化分析

何星池*

社交网络服务(SNS)媒体环境下,企业营销侧重点发生急剧转变。韩国网红即影响者营销盛行,利用影响者营销有助于形成"病毒式"的口传效果。韩国网红强调影响者的个人品牌,是以一人为单位展开的品牌营销管理战略。个人品牌与企业品牌更多是以联合品牌的形式展开合作共赢。未来网红经济需要以整合品牌传播(Integrated Brand Communications,IBC)整合品牌传播概念展开系统的品牌关系建设。

一、韩国网红概念

韩国的"网红"概念命名听起来更为学术化,相较于"互联网明星"这一大众化的称谓,韩国学界更倾向于使用"影响者"(Influencer),即在社交媒体上具有影响力的人,继而形成了"影响者营销"的概念。即广泛使用 Youtube、Tik Tok、Instagram、Facebook 等信息分享平台展开营销活动的某种个人品牌(Personal Brand),也就是集聚大量粉丝(Fan)类似于热门博主或主播(Power Blog/Youtube Creator)等具有特定领域巨大影响力的影响者。[①] 随着互联网经济的发展,网红与电商的结合催生了更为多样的营销模式。中国的抖音带货、微店、微信公众号及分销的微商等就类似于韩国的热门博主(Power Blogger),通过上传餐馆或与

---

* 何星池:博士,杭州电子科技大学人文艺术与数字媒体学院讲师、硕士生导师。

① 李元泰、车美英、杨海伦:《社交媒体影响者的网络特征:以韩国 Twitter 共同体为中心》,《言论信息研究》2011 年第 48 期。

产品相关信息的体验博客来扩大影响力。热门博客的运营者主要是集有诸如家庭主妇或大学生在内的一般公众,通常因为不带有赢利性质从而赢得了网民的信任,而他们所提供的信息则能够帮助网友过上更为便利的生活。

传统媒体环境中对大众意向的最终决定及信息扩散具有影响的人被称为意见领袖,意见领袖对他人的意见或行动有影响,或者说是具有领导力的。[①] 也就是说,特定频道下经过他们传递的产品信息更容易使得他人形成购买决定。当下智能手机的普及使得人脉管理类的各大社交媒体呈爆发式增长,在这种新型社交网络中也诞生了一大批新的意见领袖。尤其是当 Facebook、Instagram、TikTok 等这种以交流为中心的社交媒体上聚集了大量的追随者(Follower)后,除了情报的分享以外他们对舆论的形成也起到了关键影响。[②] 影响者概念因此也受到了广泛的关注。比尔唐和乔希(Bulte & Joshi,2007)认为,影响者是对多数人意见形成或最终决定具有影响的少数人[③],朴慧秀(박혜수,2014)等认为,影响者是以在线交流、社交媒体等用户间关系为中心的平台上对大众具有影响力的非传统意义上明星的少数一般人。[④] 据调查显示92%以上的消费者相比广告更加信任用户间的传闻。与过去不同,媒体平台多样化的今天,除了企业以外还有更为多元的个人主体都在生产概念与信息,因此用户相较于"事实"来讲更认同带有共感色彩的"故事"。[⑤] 与此同时相比于过去单方向传达的广告来说,当下通过数字平台形成双向共感模式的用户沟通效果变得更为理想。影响力营销能够扩张市场的根本原因也正是在于社交媒体上的用户相比于企业传播的信息更为相信熟人信息。[⑥] 影响者首先也是消费者中的先驱,并且是特定领域的专家,

---

① Rogers,E.M.,*Diffusion of Innovations*,New York:Free,1962.

② 李元泰、车美英、杨海伦:《社交媒体影响者的网络特征:以韩国 Twitter 共同体为中心》,《言论信息研究》2011 年第 48 期。

③ Van Den Bulte,C.,& Joshi,Y.V.,"New Product Diffusion With Influentials and Imitators",*Marketing Science*,Vol.26,No.3,2007,pp.400-421.

④ 朴慧秀、李荣焕、宋英华:《长尾营销下社交网络中的影响者研究:以韩国电影产业为中心》,《韩国经营信息学会学术会议》2014 年。

⑤ 孙东镇、金惠敬:《基于社会影响者的数字营销战略研究:以 OLED 电视全球数字营销案例为中心》,《广告公关实践研究》2017 年第 10 期。

⑥ 曹承浩、赵尚勋:《有影响力的意见领袖在 Facebook 上进行有效病毒营销的传播模式研究》,《数字融复合研究》2013 年第 11 期。

而且有着自己的喜好,是信息传达的趋势引导者。① 影响者的博客往往有着高速高效的传播影响力,容易形成口碑效应,对产品、品牌、信息形成强烈的认知影响。② 李贤珠(이현주③,2020)等分析得出针对影响者的特性中,专业性、真实性、魅力性对粉丝的形成有着积极的影响,且各要素均能够左右用户的购买决定。同时如果想要获得更多的粉丝就要拥有区别于其他影响者的个人特色。相比于外貌来讲基于 SNS 展现的沟通能力更加具有魅力性,因此与粉丝积极互动与否也是形成粉丝的重要决定要素。

二、韩国影响者营销发展过程

目前韩国国民闲暇生活,相比于过去的运动、文化艺术活动等主动参与型闲暇项目,正逐渐被读书、音乐赏析、影视观览等非活动性的被动型闲暇项目替代。据 2018 年国民休闲活动调查显示"10 代"(占比为 67.8%)、"20 代"(占比为 63.7%)、"30 代"(占比为 56.6%)的国民主要是用智能设备度过闲暇时光,其中网上冲浪占据 31.3%、手机短信占据 17.9%、SNS 活动占据 14.6%、游戏占据 14.1%。④ 韩国情报通信政策研究院(KISDI)调查显示 2018 年基准 48.2%的国民使用 SNS,其中 Facebook 为 34%、Kakao Story 为 27%、Twitter 为 14%、Naver band 为 11.3%、Instagram 为 10.8%,而 Instagram 呈现明显增长趋势。"10 代" "20 代"年龄段的用户平均每天要使用 SNS 一小时以上时间,"30 代"使用 50 分钟以上。因此,可以说 SNS 是用户非常熟悉的一种大众化沟通手段。

这也是得益于韩国高度发达的互联网,2010 年韩国网速已稳居世界第一,流量每秒 14 兆比特每秒大概是全球平均网速的 7 倍。与此同时伴随 iPhone 的移动互联网时代的到来,以及 Facebook、Twitter、Youtube 的整合使人们的生活方

---

① 金宇彬:《SNS 时尚网红的本性与粉丝效应》,首尔大学 2018 年硕士学位论文。
② 朴慧秀、李荣焕、宋英华:《长尾营销下社交网络中的影响者研究:以韩国电影产业为中心》,《韩国经营信息学会学术会议》2014 年。
③ 李贤珠、高贤峰、全成俊、姜基丰:《社会影响者特征对粉丝和购买意愿的影响:以媒体互动关系的调节效应和产品参与度的差异为中心》,《大韩经营学学报》2020 年第 33 期。
④ 韩志勋:《SNS 用户对网红的人际信任、品牌形象与购买意愿的关系》,《韩国创意学会》2020 年第 20 期。

式发生了巨大的转变。流量经济时代的到来催生了多样的 SNS 营销手段。无论是品牌的发布、推广、促销、活动还是一系列为最终销售起到铺垫作用的事件都已经离不开社交媒体。例如，HR 赫莲娜美容品牌利用影响者营销手段与黛米·摩尔广告签约后，联名在黛米·摩尔 Twitter 上向 200 万粉丝及其丈夫共400 万粉丝发布了对应于"Wanted"香水品牌寓意的"你想要什么"主题视频录像活动的要求，随后 Youtube 上粉丝自发上传了无数相关影像从而形成了"病毒式"的口碑营销效应。自此 Wanted 品牌香水的发布获得了巨大的成功。类似地，2012 年掀起了鸟叔"江南 Style"热风。利用新的互联网营销手段，《江南Style》歌曲最先于 2012 年 7 月 15 日在 Youtube 上传，随后不到一个月访问量突破 1 亿，9 月 20 日突破两亿，26 日荣登全美热榜第二。① 《江南 Style》富有独特性的地方在于区别与过去 MV 一贯风格的大量反转，这种悖论式的矛盾构成了音乐视频的故事核心。同时内容上的时代精神与流行文化油然而生，尤其是骑马舞的动作让人感到有趣的同时给全世界人民以节奏韵律上的共感。该舞蹈可以说是一种集体智慧(collective intelligence)的结晶，是由鸟叔根据音乐针对全韩国著名编舞者专家公开征集的创意。综上可以称为《江南 Style》在营销上的差异化。另一方面成就了《江南 Style》火爆的根本原因在于使用了面向未来的营销手段。即相比于差异化这一核心策略，往往共情心理或者说同理心策略更能帮助人们在精神上认可某个品牌或者产品。设计上《江南 Style》降低了音乐、舞蹈的难度，使得任何人都能够轻易模仿，并且通过"～Style"的形式添加任意的单词来构建文化的多元性，促使音乐视频向参与、沟通、开放的方向发展。从而形成了"鳕鱼 Style""弘大 Style""平壤 Style""警察 Style""伦敦 Style"等各种模仿镜头。策划人员在版权的审议上放弃了部分掌控能力，使得人们能够自由创作，进而在社交媒体上形成病毒传播效果。并且最终通过这种形式让品牌的共同价值创造得以在交流、参与及互动中实现。用户的自创内容并没有破坏《江南 Style》的原风格反而使其内容更加丰富。2020 年 7 月 31 日贾斯汀·比伯(Justin Bieber)的经纪人在 Twitter 上发布了一句"为什么我没有签这个家伙(How did I not sign this guy?)"使得访问量呈爆发式增长。此后在各种歌星、演员以及各领域影响者

---

① 宋闵郑：《"江南 Style"改写韩流全球战略方程式》，《KT 经济研究所》2012 年第 1 期。

的 Facebook 发言与助推下,《江南 Style》迎来了进一步火爆的人气。特别是 CNN、NBC 等世界知名媒体的报道之后,Psy 的音乐热潮刮向世界。该事件可以视为导火索,(tipping point)自此揭开了利用影响者展开病毒营销的序幕,相对来讲,这次《江南 Style》的成功是一种非计划性的偶然事件,但基于社交网络展开共感营销(Empathy marketing)的品牌化信念悄悄地在韩国经济市场埋下了种子。

三、影响者营销的 IP 化网络经济

综上所述,SNS 完全改变了人们的生活方式。企业在宣传上也是极力开发与利用 SNS 媒体,不仅是信息的传递还包括相应的用户信息搜集。大量事实表明企业通过 SNS 营销能够自然而然的引领用户行为,促进消费、参与、生产等系列环节从而构建基于用户的品牌关系。过去企业的重点一直放在企业社交网络的构建。例如 Facebook 的 Fanpage 或者微博的超话社区以及微信的公众号等都是企业入驻的重要广告渠道。企业通过这类社交平台可以介绍品牌、引流官网并引导消费,但当下用户针对传统单方广告形成疲劳感。目前 SNS 媒体中更为广泛的则是以个人为单位展开制作形成内容的自媒体,即 Blogger、Youtuber、Vlogger 等影响者。影响者通常能够与用户形成双向沟通所以与一般的名人有一定的区别,但也不排除热衷与用户沟通的名人成为影响者。而影响者所提供的产品信息或使用后更能让大众信服。SNS 的优点在于不限定时间、不限定场所,即随时随地都能宣传。但其缺点也正是由于这一优点使得信息高度爆炸,要在万千的信息中脱颖而出非常不容易。因此,IP 化的或者说个性化的内容营销是必需的。影响者的个人网络 IP 或者说无论线上线下更为广范围的 ID(Identity)的构建是影响者的核心价值。如果说过去企业的社交网络营销主要依靠被动的曝光,当下影响者营销的核心则是诱发基于 Facebook、Instagram、TikTok 平台的用户去主动探索品牌。相对来讲,SNS 的功能、种类、主流用户都非常的多变,因此企业对此展开影响者营销的同时更要明确自身定位以实施彻底的管理。SNS 媒体中对于用户来说最重要的是有用,品牌所传达出来的信息是否对用户的生活方式有帮助是消费者用以衡量其直观感受到的有用性的标准。品牌的有用性越高用户的认可度表现得越发积极向上,在认可的基础上进一步对好感度及购买意图也有着更为深远的影响。因此,无论是企业还是影响者,首先必定要考虑到目标受众人群,以确保制作内容的有用性。其次相比于高介入度奢侈品来说,低介入度必需品的影响者营销效果更理想。① 因此,除了电商产品或电视购物之外,包括新产品或针对年轻人的产品更多选用影响者营销。企业则可以把影响者视为一种用户的触点(Touchpoint),因此跟平台的选取一样,在选取用以代言或推广、销售自身产品,提高品牌形象的影响者时,要注重影响者与品牌文化的适合度。从平台来讲,Facebook、Twitter、微信、微博这类社交平台更为注重关系的构建,比较适合口碑营销形成口传效果。而 Instagram 或 Tik Tok 这类图像及影像类视觉元素丰富的平台更容易形成病毒营销,基于有用性诱发探索并形成潜在购买力。

随着数字媒体技术的发展、智能手机的增加、影像媒体的普及化,影响者营销已经广泛涉及了游戏、美业、音乐、IT、旅行、艺术、吃播、婴幼、商业等多个领域。而近来能够降低消费者抵抗情绪且费用低廉宣传效果良好的病毒营销也是相对盛行。但也有大量企业通过互联网病毒营销故意模糊广告与产品信息构成欺骗消费或恶意竞争。这主要是因为收受经济报酬提供内容广告的"广告主"很容易被认为是与企业无关的第三方意见。当下,韩国社会有很多消费者认为SNS 中的影响者经常是带有某种目的,提供了很多过度人为包装过的概念,以及韩国 Mimi Cookie 欺诈、日本 Tabelog 上发生的损害赔偿事件等这些都给韩国网红带来了一定的负面认知。针对这一问题韩国学界认为,应明确病毒营销属于商业行为且应当标明存在经济利益关系并以统一形式(如所上传作品上端)加以明示。进一步完善广告代言人或推荐人、担保人等第三者应根据事实,因特殊原因将承担法律责任,并基于广告法强制禁止视听或临时终止的制度法案。② 所以在运用影响者营销手段的时候一定要基于实际体验,通过多种多样的故事来进行转述。把影响者个人当作品牌与其他品牌跨界形成联合品牌(Co-branding)战略,以此树立影响者的差别性、独特性、真实性、专业性、魅力性、熟

---

① 姜仁元、孙济英、文善英:《基于品牌相关信息源的消费接受行为研究》,《电子商务研究》2018 年第 11 期。

② 孙奉贤:《通过互联网进行病毒式营销的规定——以标识广告法为中心》,《经济法研究》2017 年第 16 期。

悉性。通常根据影响者的类型可以划分为名人、专家、素人三个层次。① 可以通过绘制人物画像(persona)的方式来设定自己的人设,从消费者的角度考虑用户体验。首先给用户贴上名字标签,如果周边有符合的朋友甚至可以更为具体,包括性格、职业、特征等详细的情感经历以达到最大化的共鸣,以便生成共感创意。这种画像可以每天持续更新并基于 SNS 进行追踪与调查。而企业方也可以通过这样的调研观测方式寻找符合自身形象的影响者。

四、以整合营销传播(IMC)为中心的整合品牌传播一体化趋势

韩国早在 2005 年就有以 afreecaTV 为平台的直播红人出现,但以 BJ(Broadcasting Jockey)为代表的影响者虽然延续了多频道网络模式但并没有发展出直播带货,一方面是由于韩国消费市场的体量限制,另一方面韩国销售渠道更为多样,人们生活方式更为重视服务与体验。因此,电商与实体店互补的既定消费惯性依旧存在。另外,从韩剧风格的转变也不难发现时至当下韩国全民偶像的时代已逐渐走向冷静,消费意识相对较为理性。同时从企业角度来看直播带货只能短期形成促销,并不能长期的提升品牌形象。从长期经济上下游关系来看直播带货不断抢占分销商利益,容易形成价格战走向低端市场,不利于中国品牌的长远战略规划。但基于中国消费环境短期内中国直播市场带货风口依然存在,且长期适用于低介入新兴产品市场。影响者广告变现与直播销售模式将呈现两端分化,并且企业电商平台的影响者直播销售方式也将加剧影响者的竞争市场。虽然内容思维与电商思维不同,但树立影响者自身的品牌推广行为与企业本质上并没有多大的差别,都要在信息的传递过程中形成自身的品牌识别力以吸引用户。品牌从空间上划分包括国家、地域、城市、区域、企业、组织、个人等,影响者可以说是典型的个人品牌。因此,影响者的个人营销同样需要分析同领域的竞争对手,包括网络环境、内容题材、人物风格、视觉表现等在内的一系列

---

① 吴智妍、成烈红:《影响者类型和媒体互动关系下的瞩目性对消费者评价的影响》,《商品文化设计学研究》2018 年第 54 期。

细节。无论是企业主还是作为影响者的第三方广告执行人,相比于将 SNS 个人营销视为行销手段或变现途径,倒不如说影响者营销更适合作为一种用户触点。即当下普遍被企业所重视的整合营销传播(Integrated Marketing Communication, IMC)概念,通过整合横纵向的广告、促销、公关、直销、识别、媒体等,协调不同的传播手段将统一的信息资讯传递给消费者。促销的传统定义是直接激励消费者或分销商为即时销售提供附加价值或激励。是以优惠券、奖励、样品和价格折扣为代表的促销活动,同时营销促销组合就产生了在执行上能够具体影响公司的广告。传统概念上,如果广告的作用是提供购买产品的理由,那么促销的作用就是提供购买某些产品的动机。换句话说,如果广告旨在改变消费者的观念,促销将直接引起消费者的购买行为。一般而言,广告是建立长期品牌的最佳方法。[1]因此未来影响者营销更为重视的应当是针对品牌展开的内容营销。通过影响者营销来针对特定人群执行体验营销、共感营销、事件营销、个人营销、病毒营销、促销等往往都能有事半功倍的效果。在中国制造向中国创造转变的当下,相比于单纯的营销管理来讲,更重要的则是品牌管理意识。如果说基于产品管理是整合消费者各种需求的能力的话,品牌管理则是用多样的品牌手段使消费者相比竞争品牌而言对我们产品表现出不同反应的能力。通常营销管理与品牌管理有着密切的关联,彼此相似却又有所不同。它们都有着共同的目标,但随着公司的理念不同具体的执行方式有很大差异。营销更多的是作为一种业务或功能放在组织的收益或原价管理的后台系统里,品牌则偏向于差别化外观的前端管理,该系统中营销占据更为主导的作用。而相对更加重视构建基于用户资产的企业则会把品牌管理单列,例如号称"品牌军校"的 P&G 保洁公司就单独使用品牌管理系统,品牌是包含营销及广告、流通、生产及财务在内的整合体。过去的营销往往关注更多的是产品的销售,而忽略了品牌附加值。当下品牌股价很大一部分是源于品牌价值,因而以品牌战略为核心驱动的 VSA(展望—战略—方案)系统更能够基于长远规划帮助企业实现价值提升。凯乐(Keller)认为,在这一过程中品牌资产的构建主要通过品牌识别(Identity)、意义(Meaning)、反应

---

[1]　Min-Wook Choi, "A Study On the Meaning and Future of Sales Promotion in New Marketing Communication Environment",《韩国融复合学会学报》2018 年第 9 期。

（Response）、关系（Relationship）四个阶段来形成。其中最为核心的就是品牌识别或者说身份的构建，品牌识别的构建包括三大要素：感性识别构建（Emotional Identity）、品牌差异构建（Brand Positioning）、品牌文化构建（Brand Culture）。整合品牌传播（Integrated Brand Communication，IBC）的传达方式可以说是在 IMC 的基础上强调"广告不仅仅只是广告"，基于长期管理强调手段与方法的一贯性与互补性（Consistency & Complementarity，C&C），尤其是包括设计在内的视觉表现，追求落地效果。① 影响者营销不应只是从"销售"的角度与消费者联系，而应从"品牌"的角度与消费者联系。结识最接近消费者的消费者，为他们提供品牌体验并引导他们真实回应，是品牌活动的未来方向。

五、韩国网红文化及 IP 网络经济的品牌营销一体化总结

综上所述，SNS 营销在全世界都是主流趋势。同时随着 5G 时代的到来，流媒体的"井喷式"爆发促使人们生活方式发生了巨大转变。网红或者说韩国的影响者成为当下企业必争的重要消费者触点。而影响者能够给企业及消费者双方进一步提供趣味且深入有效的互动机制，间接地形成了企业与用户的纽带或桥梁作用。韩国网红经济的发展重点在于管理意识，类似娱乐公司的艺人练习生培养制度等，无论是偶像、明星、专家还是某方面的名人都有一套完整的发展晋升及退出系统，且通常品牌的建设更加具有长远的前瞻性。相对来讲，韩国的在线购物市场较为饱和，既存购物惯性难以打破。这都给 Instagram、Tik Tok 等软件的海外电商功能带来了一定的发展阻力。但未来影响者伴随流媒体的动态化发展趋势一定是不可逆的。在全球化本土化的今天，包括 SNS 平台以外的任何企业主或个人都必须重视整合品牌传播战略。通过影响者这样的触点展开 IP 化、个性化、一贯化、开放化、持续化的文化构建是今后网红经济的重要支撑点。

---

① 张大练、张东练、朴世范：《整合品牌传播》，书网出版社 2015 年版，第 7—31 页。

突破次元壁：日本 Vtuber 与
虚拟直播热现象浅析

顾　艺　傅凯莉*

近两年日本虚拟直播已经呈现明显的流行趋势，是二次元 IP 与网络直播融合的一次成功尝试。本文首先从虚拟主播(Vtuber)组成要素、发展的技术与时代背景、类型与发展模式三个方面阐述了该领域发展现状。进而，基于二次元青年亚文化理论，从真实感、共鸣感和归属感三个角度解释了虚拟直播现象的成因。最后，对该领域未来发展趋势进行展望。

2020 年 7 月，内地知名演员以 Vtuber"菜菜子"的身份在国内 ACG 领域视频网站"哔哩哔哩"宣布出道。这种意想不到的"跨界"让"Vtuber"一词进入大众视线，一时引发了各界热烈的讨论。Vtuber 即虚拟主播，是 Virtual YouTuber 的简称，是指以虚拟形象活跃在 YouTube 等视频网站上的博主。虚拟主播通过上传视频内容或进行虚拟直播与粉丝互动。早在 2007 年，日本 Crypton Future Media 以雅马哈的语音合成引擎为基础，开发了女性歌手音源库，推出了第一位虚拟偶像初音未来。不同于虚拟偶像，虚拟主播的出现要晚得多。2016 年年底，一位名为"绊爱"(Kizuna)的虚拟二次元少女在 YouTube 上传视频宣布自己"出道"，受到了网友的追捧，不到一年订阅数量便突破了 100 万。新颖的形式结合当下的直播热潮，绊爱出道一年半时，Vtuber 群体便迅速扩张到了 5000 人左右，截至 2020 年 1 月，该群体已经达到 10000 人。一份调查显示，Vtuber 市场

* 顾艺：博士，上海工程技术大学中韩多媒体设计学院副院长，教授。
傅凯莉：博士，上海工程技术大学中韩多媒体设计学院。

在 4 年内预计扩大到 400 亿日元①，或将成为炙手可热的直播新形式。

一、Vtuber 与虚拟直播发展现状

（一）Vtuber 的组成要素

一名 Vtuber 的组成要素包括角色设计、人物设定与扮演者。在角色设计方面，Vtuber 基本与虚拟偶像一致，绊爱的角色设计就是由知名画师森仓円担任，3D 建模等工作由 TDA 完成。两者的区别在于声音源、人设与效果形式。首先，虚拟偶像的声音来自基于雅马哈语音合成引擎开发的虚拟女性歌手软件 VOCALOID，其音源采集自配音演员；而 Vtuber 则是由所谓"中之人"的扮演者来直接扮演。其次，虚拟偶像一般只设定外观形象而不会进行具体化的性格设定，在虚拟偶像社群中，粉丝自发地为偶像创作歌曲或同人小说，赋予偶像以性格；而 Vtuber 在最初就展示比较鲜明的人设特征，并以此为特点与其他主播区分。最后，虚拟偶像通常以 3D 效果形式展示，在舞台上进行完成度较高的歌舞表演；而 Vtuber 在直播时通常是 2D 的，只有在举行演唱会等大型活动时才会进行 3D 化改造。因此，虚拟偶像是人工智能应用的初级版本，其本质是"一个能产生歌声的引擎"②，而 Vtuber 的本质则是"一个披了虚拟外衣的真人主播"。

（二）Vtuber 的技术与时代背景

相比之下，Vtuber 似乎并不比虚拟偶像在技术上或概念上更加先进，为何其出现晚于后者？有两个主要原因。其一，核心技术发展的差异。虚拟偶像的出现得益于语音合成技术与全息影像技术的发展③，而 Vtuber 则依赖运动捕捉设

---

① 资料来源：网络报告《知道代表日本的内容市场有多大规模吗？》，https://growth-ideas.com/marketing-animation。

② 宋雷雨：《虚拟偶像粉丝参与式文化的特征与意义》，《现代传播—中国传媒大学学报》2019 年第 12 期。

③ 喻国明、耿晓梦：《试论人工智能时代虚拟偶像的技术赋能与拟象解构》，《上海交通大学学报（哲学社会科学版）》2020 年第 28 期。

备、面部表情捕捉软件等。运动捕捉的发展与电影产业对这项技术的运用密切相关。早期的运动捕捉需要经过大量的后期制作才能与 CG 角色合成,直到《阿凡达》的拍摄才有了实时渲染的动捕技术。① 实时渲染的动捕技术使得虚拟直播在技术上成为可能。其二,网络环境的差异。网速的提升、移动网络的发展使得网络直播在 2015 年后迎来"井喷式"爆发,培养了数量可观的直播用户群。② 截至 2019 年 6 月,我国直播用户规模已达 4.33 亿。③ 如此巨大的市场加剧了直播行业的竞争,也催生了领域的多样化发展。因此,在运动捕捉技术加持和当下直播大热的趋势下,终于在二次元世界掀起了虚拟直播热潮。

(三)Vtuber 的类型与发展模式

Vtuber 群体的爆发式增长出现在 2017 年年底,两年多以来竞争达到白热化。这是一个相当年轻的领域,其发展过程却已经形成了一些明显的规律。具体而言,Vtuber 大致分为两种类型,一种是直接由公司开发并推出的文化商品形式,另一种则是由扮演者"中之人"个人"出道"形式。前者的运作模式类似于虚拟偶像,背后有一个完整的团队负责内容制作和推广,目前日本已经形成以彩虹社、hololive、upd8 为主的三大阵营;后者则通常要经历漫长的个人奋斗期,才有可能获得资本的青睐。相比之下,个人出道的 Vtuber 可能更具代表性。与三次元世界的网红相似,他们通常能歌善舞,怀揣梦想而来,走着一条充满荆棘的奋斗之路。从单打独斗的"草根"到被企业收编,Vtuber 的内容制作呈现从用户生成内容(UGC)到专业生成内容(PGC)变化,其视觉效果也能够从 2D 升级为 3D,最终甚至能举办现场演唱会,成为真正的二次元偶像。从这个角度来看,相比于虚拟偶像的自上而下的传统模式,歌舞系 Vtuber 是一条自下而上的造星新途径。

二、Vtuber 与虚拟直播现象成因

人们为何消费 Vtuber? 在回答这个问题前,应该认识到一个前提,即 Vtuber

① 朱永琼:《运动捕捉技术在影视创作中的发展》,《中国民族博览》2019 年第 14 期。
② 李婷:《繁荣与乱象:全民狂欢直播热背后的冷思考》,《传播力研究》2019 年第 3 期。
③ 郭淑慧、吕欣:《网络直播平台数据挖掘与行为分析综述》,《物理学报》2020 年第 69 期。

是在二次元文化圈内的现象。二次元青年亚文化内容以 ACG 为典型代表,它们是动画(Animation)、漫画(Comics)和游戏(Game)。因此,虚拟直播中大部分内容与此相关。Vtuber 的参与者和观看者主要是 1995 年后出生的新时代人群,他们非常习惯数字技术,各种新事物伴随其成长。他们接受并喜欢虚拟直播并非意料之外,因为他们在虚拟直播中体会到了突破次元壁的真实感,看到 Vtuber 奋斗时与自身境遇产生共鸣感,并在虚拟社群中找到自身定位而获得群体归属感。

(一)突破次元壁的真实感

观看 Vtuber 直播时的体验与观看动漫作品或虚拟偶像表演时的体验不同之处在于真实感。Vtuber 的中之人通常由声优担任,他们的声线与可爱的动漫形象非常吻合,动捕技术也使虚拟形象能够在动作和表情上实时反馈。虽然观众理解 Vtuber 是由真人扮演,但视觉与听觉高度吻合的形象让人相信眼前的主播就来自二次元世界。这就给人一种超脱于现实的真实感,好像在二次元和三次元世界之间打开了一扇窗,让两个世界互联沟通。蔡明曾在小品中模仿樱桃小丸子的声音,她的二次元配音功底非常深厚,从这个角度来看,她成为一名 Vtuber 在情理之中。

真实性还来源于直播的互动形式。在虚拟直播发展早期,短视频的形式具有优势,因为能够通过后期添加字幕将语言翻译为各国文字,让内容能在更大的地区范围内进行传播。这也导致绊爱最初在日本以外的地区首先流行起来。尽管如此,视频形式隔绝了 Vtuber 与观众,与观看动漫作品一样存在距离感。而直播具备一些显而易见的优点,比如更强的互动性与亲和力,能够大大拉近主播与观众的距离。因此,自从月之美兔(Mito Tsukino)因直播走红后,越来越多的Vtuber 开始尝试直播。①

(二)艰难奋斗的共鸣感

Vtuber 早期落魄不得志的境遇与目标受众的现实境遇相似,容易产生共鸣感。并非每一个 Vtuber 都能一炮而红,大多数 Vtuber 都只是仅有少数粉丝的无

---

① 张依:《虚拟偶像直播热现象探究》,《新媒体研究》2019 年第 5 期。

名之辈。以星街彗星为例,在她出道后的相当长一段时间内都没有受到过多关注,粉丝数量少意味着没有更多资源会跟进。就在她艰难生存的时候,日本《V红白歌会》推荐了她的原创曲。此后,她被 Hololive 收编获得了更多资源,她的YouTube 粉丝在两个月内从 5 万增长至 10 万,同时在中国"哔哩哔哩"视频网站也收获了暴涨的人气,终于举办了自己的第一场 3D 演唱会。星街彗星的奋斗经历与新时代人群(1995—2009 年出生的一代人)的境遇有很多共同点。他们可能刚刚踏入社会,经历着工作和情感上的困难,切身体会到了生活的不易;他们渴望获得成功,但理想与现实总是存在差距。在这种境遇下,看到 Vtuber 的奋斗之路更能够体会到他们的不易。而当自己喜欢的 Vtuber 获得成功的时刻,仿佛让他们看到了希望,因此能够发自内心地感到快乐。这种共情行为产生了一种尤其强烈的共鸣感,加强了粉丝对 Vtuber 的认同感。

(三)虚拟社群的群体归属感

参与 Vtuber 的直播能够带来一种群体归属感以构建自身身份认同。个体通常在社会环境中通过与他人的互动以及自我反思,逐步形成对自身的认同感。[①] 而青少年群体正处在自我认同构建的关键时期,他们非常需要来自外界的认可。目前,Vtuber 群体已经突破一万人,除了主播与粉丝之间的互动,主播与主播、粉丝与粉丝之间也存在频繁的互动,虚拟直播领域已经逐渐形成了数量庞大的虚拟社群。由于对 ACG 内容的爱好,新时代的网络原住民们似乎天生就能够融入这类虚拟社群中,成为他们身份的标志。不同于对现实的逃避,他们的融入是主动的、自然的,仿佛虚拟社群本来就是他们生活的一部分。他们在现实生活中也在讨论着 ACG 话题,他们的朋友也是虚拟社群的一员,因此社会交往在虚拟世界得以扩展。

此外,ACG 文化圈的排他性特征加剧了群体间划分与群体内认同。ACG 爱好者喜欢使用特有术语和缩写,在特殊的软件和网站互动,这种"加密式"的沟通方式产生了群体间的排他性,圈外人很难理解他们的交流内容。[②] 这给他们

① 邓惟佳:《能动的"迷":媒介使用中的身份认同建构》,复旦大学 2009 年博士学位论文。
② 郭萌萌:《二次元虚拟偶像的生产及其接受心理》,《媒介批评》2019 年第 9 期。

一种身为群体一员的荣誉感,并自发地排挤那些似是而非的群成员。而每一个群成员为了更好地融入群话题,便会积极学习相关术语和关注最新动态,从而加强了虚拟社群的凝聚力。总而言之,参与虚拟社群活动能够提供一种构建自我认同所必需的群体归属感。

三、Vtuber 与虚拟直播未来发展趋势

虽然虚拟直播领域发展时间较短,但由于激烈的竞争和资本的投入,该领域在不断的优胜劣汰中已经形成了一些明显的未来发展趋势。

(一)Vtuber 的偶像化以及虚拟偶像的 Vtuber 化

随着个人 Vtuber 走红而被企业收编,Vtuber 能够得到更多的资源,包括专业的内容制作团队、推广团队以及工厂式的造星经验。[①] 因此,当 Vtuber 被企业收编后,其发展模式更多地向虚拟偶像靠拢,包括出单曲、举办演唱会、接广告代言等。从经纪公司的角度来看,这种选拔的模式非常具有可操作性,因为 Vtuber 加入时已经拥有可观的人气,这在客观上证明了 Vtuber 的实力和潜力。当企业拥有多个知名 Vtuber 时,能通过主播间互动,"以旧带新"带动新人人气,迅速形成集群化效应,从而加强虚拟社群生态圈建设。

与此同时,虚拟偶像也在积极 Vtuber 化。虽然创作团队将虚拟偶像设定为AI,但目前的人工智能技术还不能支撑虚拟偶像在直播中与粉丝实现有效的互动。因此,虚拟偶像在直播中,仍然由中之人来扮演并通过问答、游戏等形式与粉丝互动。虚拟偶像藤间桜、伊藤杏子均已经在 YouTube 上以 Vtuber 身份出道。事实上,Vtuber 目前已经成为虚拟偶像业务的一部分,他们与其他 Vtuber 进行联动能够快速聚集人气,已经被证明是一种快速有效的推广途径。总之,虚拟偶像 Vtuber 化本质上是一种流量变现方式。

---

① 喻国明、耿晓梦:《试论人工智能时代虚拟偶像的技术赋能与拟象解构》,《上海交通大学学报(哲学社会科学版)》2020 年第 28 期。

（二）品牌官方 Vtuber

对于品牌方而言,除了直接聘请 Vtuber 或虚拟偶像担任其形象代言人之外,还能够开发并推出自己的 Vtuber。例如,三得利推出了官方 Vtuber"Suntory Nomu"(三得利),她是一位穿着蓝白相间旗袍的具有蓝色短发的少女;CCTV 新科动漫频道也推出了扎着双马尾的官方 Vtuber"新科娘"…… 品牌官方 Vtuber 对品牌的推广效果非常显著,这种推广不同于硬性广告,甚至优于软性广告。日本九州的某家旅馆发推文表示,由于三得利的视频,旅馆已经将饮料全部换成了三得利。因为受众对一个虚拟形象的热爱会潜移默化地投射到对商品和品牌的热爱,并在很长时间内保持忠诚度。

（三）日本以外市场增长迅速

目前而言,Vtuber 与虚拟直播的主战场是日本,中国还未真正迎来该领域的爆发式增长。然而,中国的网络原住民对日本漫画与动漫非常熟悉,因此对 Vtuber 有着很好的接受基础,这意味着巨大的潜在市场。目前,大部分的 Vtuber 会在 YouTube 进行直播,并在视频网站"哔哩哔哩"进行联动,或进行直播。从星街彗星的经历来看,最重要的两个转折是 Hololive 的收编以及与"哔哩哔哩"的联动。前者是造星产业链,后者则是流量的枢纽。一份调查显示,日本的内容市场在未来几年的增长空间主要来自海外市场,特别是亚洲市场。其中,Vtuber 领域有望在四年内扩大到 400 亿日元,市场规模不容小觑。"菜菜子"的出道即是"哔哩哔哩"站主动出击打造本土 Vtuber 战略的一环。相信在不久的将来,日本与中国本土虚拟主播公司就会为争夺中国市场展开激烈的竞争。

（四）启示

虚拟直播是相关技术在目前发展阶段的成功应用,实现了主播与观众在虚拟世界的互联。在未来,虚拟现实技术的发展、用户体验的提升与相关设备成本的降低等一系列变化会让虚拟社交等产品触手可及,虚拟世界的大门将进一步打开,人们生活和娱乐方式可能发生彻底的变革。如果说虚拟直播是在二次元和三次元世界之间打开了一扇窗,虚拟社交则是在两个世界架起了一座桥梁,让三次元的人们能够亲临二次元空间，通过操控化身（Avatar）变身为任何人、任何事物。目前已经有一些可用性相当高的虚拟社交软件，如 VRchat，让世界各地的人们能够在虚拟的空间里真实地交流，或许未来的"超级 APP"已经出现。因此，可以预见在不远的将来，各大公司对通往虚拟世界的"入口"争夺将愈加激烈。

美国 IP 及网红经济发展研究

张　丹　庞　博*

　　随着移动设备和互联网的普及与发展,全球范围内的互动更加便捷频繁紧密。如今社交媒体已经成为人们生活中不可缺少的一项活动,同时也是参与主体与受众沟通的重要而有效的途径。各参与主体(如政府组织、行业协会、企业等)依托本土扩展海外影响力和业务发展需要,进行有效的精准打入需求。其中,企业与社交媒体网红合作的营销在最近几年间顺势而起,2020 年已达到百亿量级,应用软件、跨境电商、游戏、品牌海外战略布局的 IP 使用和网红效应都对当今的经济发展产生重要的影响和作用。本文通过对美国 IP 及网红经济发展的研究,研究其发展历程、内外因产生和解析其对经济主体的影响和作用,从中得到启示来反思我国 IP 及网红经济发展现阶段的状况,并预测未来发展,进而提出发展建议。

　　近年来,随着移动设备的发展和互联网的普及与发展,全球范围内的互动更加便捷频繁紧密,社交媒体已经成为人们生活中不可缺少的一项活动,同时也是参与主体与受众沟通的重要而有效的途径,各参与主体(如政府组织、行业协会、企业等)依托本土发展扩展海外影响力和业务发展需要,及进行有效的精准打入需求,不断探寻新的行之有效的方法。其中,企业与社交媒体网红合作的营销在最近几年间顺势而起,预计 2020 年达到百亿量级,应用软件、跨境电商、游戏、品牌海外战略布局的 IP 使用和网红效应都对当今的经济发展产生重要的影

---

　　*　张丹:上海工艺美术职业学院副教授,上海工业美术设计协会理事。
　　庞博:皇家墨尔本理工大学。

响和作用,本文通过对美国 IP 及网红经济发展的研究,研究其发展历程、内外因产生和解析其对经济主体的影响和作用,从中得到启示来反思我国 IP 及网红经济发展现阶段的状况,并预测未来发展,进而提出发展建议。

一、"加里·维纳查克"与美国 IP 及网红经济的发展

IP 及网红经济的发展要依托于移动设备和互联网技术的发展,所以在这方面美国由于技术支持比我国要优先发展起来。20 世纪初期,很多美国真人秀节目喜欢在网络上征集一些视频短片,网络红人也由此产生并引起越来越多的关注。2004 年,Facebook 作为一个新兴的社交媒体一跃成为当年最流行的软件之一,依托于社交媒体而出现的网红在当时被称为社交明星。此后,YouTube 的出现正式开启了网红时代。照片墙(Instagram)的崛起则为网络红人的产生提供了新的渠道——通过图片。当平台被搭建完成后,网红的盈利模式也逐渐被规模化和规范化。广告营收是 YouTube 的主要盈利方式,它会将广告嵌入视频里以达到推广目的,这在某种程度上限制了该平台上网红的盈利方式。与之相比,Instagram 在发展初期没有广告功能,这导致该平台上的网红有机会利用自己在粉丝中的影响力吸引广告,获取收益。同时,网红的性质由此发生了转变。早期的网红(YouTube 等平台上的)以新媒体为渠道进行发展,这对他们有一定的技术要求;而如今的网红(Instagram 及之后出现的),则没有这些方面的限制,新的更便于使用的科技产品和更完善的上下游产业链使得网红没有了准入门槛。这些网红的盈利方式除了直接销售商品之外,还依靠大量粉丝变现(软广嵌入)。

而要深入了解美国 IP 及网红经济,有一个不能不提及的人物——加里·维纳查克(Gary Vaynerchuk)。他不仅是美国网红届的鼻祖,对美国的社交媒体来说,加里·维纳查克也是一个重量级人物,他是 Facebook 独立董事,Twitter、Snapchat 投资人还是"维纳媒体"的创始人和总裁。他也是诸多金融杂志以及各类排行榜的座上客:《商业周刊》称其为"每位企业家都应该关注的人物";《福布斯》将他评选为排名第一的社交媒体大师;同时他还是世界 500 强 CMO 意见领袖排名第二。以网络营销为手段,他家族葡萄酒产业的市值增长为原来的 11 倍多,增加了近 4100 万美元。

根据美国《企业家》杂志对他的报道,他是这样回答关于"如何成为一代网红"这一问题的:"是限制激发出了创意"。大学毕业后,他开始经营自家的葡萄酒产业,如何扩大自家葡萄酒知名度以提高收益是他面临的首要问题。因为当时传统媒体的推广限制非常多,所以通过传统媒体宣传并没有达到预期效果。在尝试了多种方法之后,他选择了新媒体进行营销。2006 年,在 YouTube 成立一年后,维纳查克在该平台创建了脱口秀"葡萄酒图书馆"(Wine Library TV)。节目内容主要是对葡萄酒进行分析评测并分享自己对社交媒体的看法、品牌营销的理念。该节目为他吸引了大量的粉丝,影响力的提升使他有能力引导用户消费,完成了品牌人格化的过程。这也就是说,在这个过程中他成功地在粉丝群体中建立了信誉度,也就是成功地建立了个人品牌。

不仅如此,维纳查克还成功地将个人品牌转化成了企业优势。出于对这一领域的了解,他清楚地认识到新媒体产业的潜力,先后投资了推特、Tumblr、Facebook 等一系列互联网产业。包括美国目前最热的科技公司 Uber 和社交平台 Snapchat 也都有他的投资。除此之外,维纳查克和弟弟在 2009 年合作建立了数字社交媒体——维纳传媒(VaynerMedia),公司主要经营方向完美契合了目前品牌商的需求:为他们提供社交媒体、互联网营销及战略服务。现阶段,维纳传媒已经成为一家净资产达到 1.6 亿美元,拥有 700 名员工的大型公司。维纳查克成为网红,建立了自己的个人 IP,产生了极大的经济效益,同时他又复制这种模式建立公司,促进了 IP 及网红经济整个产业链的发展。社交媒体平台之所以能够吸引众多的品牌,原因之一是广告的精准投放能够产生最高效的宣传效果,而这一些都要基于大数据的支撑。社交平台是获取这些数据最方便快捷的渠道。在没有社交平台的时候,达到同等的推广效果需要耗费巨量的资源成本。各大品牌甚至一些奢侈品品牌例如巴宝莉、蔻驰、奔驰等现在都不约而同地选择网络红人推广这种更有效率的方式进行推广,足以证明这种模式的有效性和发展潜力。

二、美国 IP 及网红经济发展现状

2019 年,Civic Science,从美国消费者的角度做了个网红经济小调查。调查

的样本规模大概在 2000 人,男女各半。主要对比的是这两组概念:影响者/博主(influencers/bloggers)以及传统名人(celebrities),前两者一般是某个特定领域的"专家",人气基本来自互联网或社交媒体(比如时尚博主、游戏主播),更接近我们平时理解的网红;而后者则大多借助电视/广播/杂志等相对传统的媒介积累声名(比如唱片歌手、演员)。不过现在因为有了互联网的介入,这三类人也出现了很大规模的重叠。一个最基本的问题是,在消费领域,大家吃不吃"网红"这一套?

从调查的结果看,网红在线上的号召力是显而易见的:同样是"购买他们在社交媒体上打过广告的商品/服务",买过网红推荐的人占了 19%,而买过名人推荐的就只有 10%。考虑到网红本来就是以网络起家,仅就社交媒体而言,他们确实更有主场作战的优势。《华尔街日报》2018 年 2 月的报道也说,比起已经在电视里活跃多年的传统名人,广告主现在更青睐那些名气没那么大,但是更受特定群体欢迎、"性价比"更高的网红。

另一个值得关心的问题是,哪些人会冲着网红的推荐而下单?

调查给出了以下四个维度:

女性对"影响力经济"的偏好程度更高:无论是网红推荐还是名人推荐,女性消费者都占了六成以上,但是在没有买过这些东西的人当中,女性的比例跟男性基本是持平的。也就是说,无论广告主找的是传统名人还是新兴网红,受众的女性都会比男性更乐意买账一些。

随着消费者的年龄增长,无论是网红效应还是名人效应,总体都在削弱:25岁以下的年轻人,有 36% 都购买过网红推荐的商品,在年纪稍长的那一拨里(25—34 岁),这个数字就只有 26% 了。但反过来看,传统名人的广告效果虽然没那么突出,却比较能经得住时间的考验:25 岁以下曾购买名人推荐商品的人占比为 19%,到了 25—34 岁倒也没怎么降,依然有 17%。

一般收入者比高收入者对网红经济的兴趣略大一些:在调查中,家庭税前年收入低于 5 万美元的群体,反而比年收入超过 10 万美元的人们更爱购买网红介绍的产品。

不过,人们对玩手机的沉迷程度,的确是跟购买意愿呈正相关的:每天使用社交媒体 2 个小时以上的人,买过这些产品的比例确实也是最高的。

最后,虽然 Instagram 是当之无愧的网红经济大本营(购买过网红推荐产品的用户比例是 34%),其他几个互联网巨头——Facebook、Twitter 和 Youtube 跟进得也很迅速(购买过网红推荐产品的用户比例分别是 23%、29%和 26%)。

由调查可知,人们受到 IP 及网红经济的影响程度受到性别、年龄、经济能力和社交媒体的使用时长影响。

三、美国 IP 及网红经济发展的优缺点

(一)优点

1. 经验丰富

国内网红经济发展主要分为以下三个阶段:

第一阶段:文字网红;

第二阶段,图片网红;

第三阶段,全媒体网红。

与国内网红经济发展的情况相比,美国网红经济发展初期就是以全媒体网红的形式出现,在全媒体网红的运营上比我们具有更丰富的经验。

2. 在全球范围内传播难度低,没有语言障碍

欧美文化因为历史原因,天然具有亲近性,加之使用英语为官方语言的国家基数大,没有语言障碍,更容易传播。

3. 社交平台更多,国际影响力更大

与 YouTuber、Instagram 等平台相比,我国虽然近几年也有抖音(Tik Tok)等社交平台在国际上发展得非常不错,但是在影响力上还是略有欠缺。

(二)缺点

1. 审美趋同,易引起审美疲劳

网红经济发展仍然存在一些问题,粉丝的审美疲劳,以及 IP 及网红的人设危机始终是个麻烦。福布斯杂志中引用的调研数据显示:47%的消费者都认为网红营销出现了"内容重复",23%的人觉得"这类广告的质量正在下降"。超过

一半的人(54%)更是表态说,"大多数网红所发布的美好生活场景,其实是对现实世界的严重扭曲"。批量复制、走遍全球都像从一个模子里印出来的"云网红"不光看起来越来越相似,迭代的速度也是越来越快。在一个人们随时都会失去耐心的世界,如何不间断地抓住消费者的注意力,大概会是品牌方和这些线上红人挥之不去的长久担忧。

2. 缺乏有效监管,不良不实的信息发布对受众造成伤害

由于没有有效的监管,导致 IP 和网红素质良莠不齐,有些未经审查的内容,引发不良后果,令人担忧。

四、美国 IP 及网红经济发展研究总结

通过对美国 IP 及网红经济发展进行研究,深入了解了其中的运行原理、现状、影响因素及优缺点,可以发现其中的隐患和值得进一步研究学习的地方。作为一种影响力经济,实则也拥有文化传播、文化输出的作用。发展 IP 及网红经济,有利于提升国家的软实力,增加国家影响力。在疫情影响的大环境下,更显现出了其他经济模式不可替代的优越性。利用好社交平台,积极推动监管制度建立完善,充分发挥平台、政府的监管能力,能够有效地避免不良影响。通过研究,针对我国目前情况提出若干建议:(1)进一步挖掘传统文化 IP 新的生命力,打造优质 IP;(2)鼓励健康积极的 IP 产业发展;(3)细化产业分工,优化产业链;(4)形成良性竞争风气,减少资源浪费。

参考文献

［1］敖鹏：《网红为什么这样红？——基于网红现象的解读和思考》，《当代传播》2016 年第 4 期。

［2］本刊编辑部：《迪士尼超级 IP 的多元开发》，《声屏世界·广告人》2019 年第 4 期。

［3］蔡华峰、李劼：《直播成广州文化产业新力量》，《南方日报》2020 年 6 月 5 日。

［4］蔡晓璐：《"网红"与文化产业新业态——三问"网红经济"》，《艺术评论》2016 年第 7 期。

［5］曹承浩、赵尚勖：《有影响力的意见领袖在 Facebook 上进行有效病毒营销的传播模式研究》，《数字融复合研究》2013 年第 11 期。

［6］陈清云：《品牌 IP 化的坑，你踩了几个》，《销售与市场》2019 年第 5 期。

［7］陈晓晟：《技术创新引领行业升级　消费电子产业逆势上行》，《通信信报》2019 年第 3 期。

［8］陈彦：《2019 中国文化 IP 产业观察》，《2019 中国文化 IP 发展高峰论坛》2019 年。

［9］崔旺旺：《从 ID 到 IP 化网红的市场发展研究——基于短视频新媒体分析》，《市场周刊》2018 年第 9 期。

［10］邓惟佳：《能动的"迷"：媒介使用中的身份认同建构》，复旦大学 2009 年博士学位论文。

［11］丁欢、许柏鸣：《单人沙发造型感知意象研究》，《包装工程》2013 年第 14 期。

［12］杜世杰：《光影方舟影视众筹产品设计》，河北金融学院 2015 年硕士学

位论文。

[13]杜心予:《自媒体短视频国际传播与国家形象建构作用探析——以李子柒作品为例》,《中国传媒科技》2020 年第 6 期。

[14]付积梦:《第五届丝绸之路国际电影节"电影 IP 授权与衍生产业论坛"观点集萃》,《影博·影响》2018 年第 4 期。

[15]高虹、王琛莹:《超四成受访者支持把成为电竞职业选手当理想》,《中国青年报》2016 年 1 月 26 日。

[16]高兴:《影视与明星效应对珠宝首饰的影响与推广研究》,中国地质大学(北京)2018 年硕士学位论文。

[17]耿倪帅、解学芳:《注意力经济时代网红营销模式的发展》,《青年记者》2020 年第 14 期。

[18]耿婉玥:《虚拟网红:"形象 IP"的爆红逻辑与发展路径》,《新媒体研究》2018 年第 4 期。

[19]郭萌萌:《二次元虚拟偶像的生产及其接受心理》,《媒介批评》2019 年第 9 期。

[20]郭淑慧、吕欣:《网络直播平台数据挖掘与行为分析综述》,《物理学学报》2020 年第 69 期。

[21]韩福丽、刘海英、王海荣:《黑龙江省民族影视旅游产品开发设计研究》,《黑龙江民族丛刊》2017 年第 5 期。

[22]韩志勋:《SNS 用户对网红的人际信任、品牌形象与购买意愿的关系》,《韩国创意学会》2020 年第 20 期。

[23]郝涛:《以产业扶贫增强贫困地区造血功能》,《经济日报》2019 年 6 月 19 日。

[24]郝雅婕.:《关于当今社会"网红"现象的分析》,《新闻研究导刊》2016 年第 16 期。

[25]胡冰淇:《浅析网红背后的"经济链"及其孵化公司的监管》,《新经济》2016 年第 14 期。

[26]胡穗芳:《浅析鞋类产品设计在影视作品中的影响与研究》,《电影评介》2015 年第 7 期。

［27］胡雯:《中国数字经济发展回顾与展望》,《网信军民融合》2018 年第 6 期。

［28］黄博文:《内容型网红经济商业模式研究》,《现代商业》2020 年第 28 期。

［29］姜仁元、孙济英、文善英:《基于品牌相关信息源的消费接受行为研究》,《电子商务研究》2018 年第 11 期。

［30］金宇彬:《SNS 时尚网红的本性与粉丝效应》,首尔大学 2018 年硕士学位论文。

［31］孔蓉、范佳璨、付天姿:《互联网传媒行业 2020 年下半年投资策略:再谈"流量":总量红利渐远,效率红利渐近》,《光大证券》2020 年 6 月 24 日。

［32］李国平、叶文:《游客感知"灰度区"的旅游形象策划初探——兼曲靖市旅游形象策划》,《人文地理》2002 年第 4 期。

［33］李洁:《"互联网+"时代背景下电商精准扶贫新模式探析》,《农村·农业·农民(B 版)》2020 年第 6 期。

［34］李莉雅、熊强:《电子商务品牌设计研究》,《包装工程》2014 年第 4 期。

［35］李萌:《新媒体背景下传统电商的机遇与挑战》,《特区经济》2020 年第 7 期。

［36］李世化:《网红经济 3.0》,中国商业出版社 2017 年版。

［37］李天元:《旅游目的地定位研究中的几个理论问题》,《旅游科学》2007 年第 4 期。

［38］李婷:《繁荣与乱象:全民狂欢直播热背后的冷思考》,《传播力研究》2019 年第 3 期。

［39］李贤珠、高贤峰、全成俊、姜基丰:《社会影响者特征对粉丝和购买意愿的影响:以媒体互动关系的调节效应和产品参与度的差异为中心》,《大韩经营学学报》2020 年第 33 期。

［40］李彦:《新时代国家形象的塑造与传播》,《人民论坛》2019 年第 17 期。

［41］李元泰、车美英、杨海伦:《社交媒体影响者的网络特征:以韩国 Twitter 共同体为中心》,《言论信息研究》2011 年第 48 期。

［42］李芸、王玉红:《基于产品设计理念的动画道具衍生品设计研究》,《设

计》2014 年第 2 期。

[43]李子明:《互联网时代背景下黄石矿冶文化品牌设计与推广》,《设计》2017 年第 3 期。

[44]梁立明:《网红经济行业研究报告》,《首席财务官》2016 年第 13 期。

[45]刘国永:《实施全民健身战略,推进健康中国建设》,《体育科学》2016 年第 12 期。

[46]刘娟、苟鹏飞:《美国数字经济发展路径展望》,《杭州科技》2018 年第 5 期。

[47]刘力:《旅游目的地形象感知与游客旅游意向——基于影视旅游视角的综合研究》,《旅游学刊》2013 年第 28 期。

[48]刘帅:《让"网红经济"红得更久》,《人民论坛》2020 年第 9 期。

[49]马鹏、张威、钮闻哲:《滨海旅游目的地形象屏蔽机理分析及其重构策略》,《企业经济》2016 年第 9 期。

[50]牟峰、褚俊洁:《基于用户体验体系的产品设计研究》,《包装工程》2008 年第 3 期。

[51]牟怡:《传播的进化:人工智能将如何重塑人类的交流》,清华大学出版社 2017 年版。

[52]庞林源:《打卡"网红旅游地"爆热背后的冷思考》,《北京邮电大学学报(社会科学版)》2020 年第 22 期。

[53]朴慧秀、李荣焕、宋英华:《长尾营销下社交网络中的影响者研究:以韩国电影产业为中心》,《韩国经营信息学会学术会议》2014 年。

[54]曲颖、李天元:《旅游目的地形象、定位和品牌化:概念辨析和关系阐释》,《旅游科学》2011 年第 25 期。

[55]任先博、徐劲聪:《商业网红孵化记》,《南方都市报》2018 年 8 月 27 日,第 10、11 版。

[56]宋雷雨:《虚拟偶像粉丝参与式文化的特征与意义》,《现代传播—中国传媒大学学报》2019 年第 12 期。

[57]宋闵郑:《"江南 Style"改写韩流全球战略方程式》,《KT 经济研究所》2012 年第 1 期。

[58]孙东镇、金惠敬：《基于社会影响者的数字营销战略研究：以 OLED 电视全球数字营销案例为中心》，《广告公关实践研究》2017 年第 10 期。

[59]孙奉贤：《通过互联网进行病毒式营销的规定——以标识广告法为中心》，《经济法研究》2017 年第 16 期。

[60]孙婧、王新新：《网红与网红经济——基于名人理论的评析》，《外国经济与管理》2019 年第 41 期。

[61]唐威：《电子竞技产业概论》，华东师范大学出版社 2020 年版。

[62]田颖爱：《我国"网红经济"的发展原因及问题分析》，《广西质量监督导报》2020 年第 3 期。

[63]涂伟、郑洁：《非物质文化遗产长乐故事会的文创产品开发策略》，《包装工程》2019 年第 10 期。

[64]王沈策：《中国传统纹样语义研究及其在产品设计中的应用》，湖南大学 2012 年硕士学位论文。

[65]王士华：《盘点市场营销新模式 TOP10》，《中国化妆品》2020 年第 4 期。

[66]王伟伟、胡宇坤、金心、杨晓燕：《传统文化设计元素提取模型研究与应用》，《包装工程》2014 年第 6 期。

[67]王伟伟、孙嘉晨：《基于层次分析的电影 IP 衍生品设计》，《包装工程》2019 年第 18 期。

[68]王先明、陈建英：《网红经济 3.0：自媒体时代的掘金机会》，当代世界出版社 2016 年版。

[69]王馨欣：《中国电影衍生品开发与销售策略》，《青年记者》2017 年第 2 期。

[70]王奕杨、朱伟明、肖心玮：《基于"网红 IP"的时尚电商营销模式研究》，《经营与管理》2017 年第 9 期。

[71]王永明、王美霞、李瑞等：《基于网络文本内容分析的凤凰古城旅游地意象感知研究》，《地理与地理信息科学》2015 年第 31 期。

[72]王勇：《网红是怎样炼成的》，电子工业出版社 2016 年版。

[73]王月：《抖音"网红城市"的形成机理及传播效果刍议——以西安、重庆

为例》，《西部学刊》2019年第2期。

[74]翁晋阳、张国贵：《引爆超级粉丝》，人民邮电出版社2016年版。

[75]吴声：《超级IP：互联网新物种方法论》，中信集团出版股份有限公司2016年版。

[76]吴声：《新物种爆炸：认知升级时代的新商业思维》，中信集团出版股份有限公司2017年版。

[77]吴小平：《后疫情时代欧洲数字经济发展趋势》，《中国经贸导刊》2020年第10期。

[78]吴晓倩：《城市短视频传播的公众态度对网红城市品牌资产与口碑传播的影响研究》，广东外语外贸大学2020年硕士学位论文。

[79]吴智妍、成烈红：《影响者类型和媒体互动关系下的瞩目性对消费者评价的影响》，《商品文化设计学研究》2018年第54期。

[80]谢龙龙：《圈层视阈下内容型短视频的盈利模式探析——以自媒体美食博主李子柒为例》，《西部广播电视》2020年第13期。

[81]熊忠辉：《个人IP的视频媒体化与传播品牌化——以"李子柒现象"为例》，《传媒观察》2020年第2期。

[82]宴庆盛：《别再拿老眼光看待"网红"了》，《嘉兴日报》2020年7月6日。

[83]杨晓燕、王伟伟：《文化导向型的城市标识系统设计研究》，《包装工程》2010年第18期。

[84]叶秀敏：《电商扶贫新模式：直播+扶贫+产业》，《信息化建设》2019年第4期。

[85]以太资本：《网红经济学》，人民邮电出版社2016年版。

[86]《4.84亿人的庞大群体！这就是电子竞技》，央视新闻客户端，2020年8月15日。

[87]《1400亿！中国电竞产业年营收额或打破英超纪录！资本携俱乐部开启差异化角逐》，《每日经济新闻，电竞世界》2020年8月29日。

[88]尹鸿、王旭东、陈洪伟、冯斯亮：《IP转换兴起的原因、现状及未来发展趋势》，《当代电影》2015年第9期。

［89］余来文、封智勇等:《分享经济:网红、社群与共享》,化学工业出版社2017年版。

［90］喻国明、耿晓梦:《试论人工智能时代虚拟偶像的技术赋能与拟象解构》,《上海交通大学学报(哲学社会科学版)》2020年第28期。

［91］喻国明:《5G时代的传播发展:拐点、挑战、机遇与使命》,《传媒观察》2019年第7期。

［92］袁国宝、黄博、刘力硕:《超级IP运营攻略》,人民邮电出版社2018年版。

［93］袁国宝、谢利明:《网红经济:移动互联网时代的千亿红利市场》,企业管理出版社2016年版。

［94］张大练、张东练、朴世范:《整合品牌传播》,书网出版社2015年版。

［95］张高军、李君轶、张柳:《华山风景区旅游形象感知研究——基于游客网络日志的文本分析》,《旅游科学》2011年第25期。

［96］张华、全心怡:《基于交互理念的药品安全包装设计》,《湖南包装》2013年第14期。

［97］张家祺、戴昱璐:《基于产品语义学的文化衍生品设计研究与应用》,《美术大观》2018年第11期。

［98］张杰:《中国电影衍生产品发展之思考》,《北京电影学院学报》2019年第5期。

［99］张亮:《一本书玩转IP(新媒体下的新商业法则)》,中华工商联合出版社2017年版。

［100］张涛甫:《李子柒被"山寨",该包容吗?》,《环球时报》2020年7月3日。

［101］张依:《虚拟偶像直播热现象探究》,《新媒体研究》2019年第5期。

［102］张媛:《"能带货"才是硬道理》,《每日新报》2020年4月15日。

［103］章艳华:《长三角地区物流产业发展竞争力比较——基于江、浙、皖、沪的实证》,《商业经济研究》2019年第10期。

［104］赵晶晶:《动漫形象衍生产品的多元化设计研究》,《包装工程》2017年第8期。

[105]赵紫芸:《浅议影视剧衍生产品的情感化设计——以〈花千骨〉为例》,《戏剧之家》2017年第14期。

[106]周腾:《疫情之下手机市场迎大考》,《通信产业报》2020年第6期。

[107]朱永琼:《运动捕捉技术在影视创作中的发展》,《中国民族博览》2019年第14期。

[108]Baloglu S,Mccleary K W.,"A Model of Destination Image Formation", *Annals of Tourism Research*,Vol.26,No.4,1999,pp.868-897.

[109]Chi G Q,Qu H.,"Examining The Structural Relationships of Destination Image,Tourist Satisfaction and Destination Loyalty:An Integrated Approach", *Tourism Management*,Vol.29,No.4,2008,pp.624-636.

[110]Crompton J L.,"An Assessment of the Image of Mexico as A Vacation Destination and the Influence of Geographical Location Upon that Image", *Journal of Travel Research*,Vol.17,No.2,1979,pp.18-23.

[111]Greaves N,Skinner H.,"The Importance of Destination Image Analysis to UK Rural Tourism", *Marketing Intelligence & Planning*,Vol.28,No.4,pp.486-507.

[112]Gunn C A.,"Vacationscape:Designing Tourist Regions",1988.

[113]Hunt J D., *Image:A Factor in Tourism*,Fort Collins:Colorado State University,1971.

[114]Kosa Goucher-Lambert,Jonathan Cagan,"Crowdsourcing Inspiration:Using Crowd Generated Inspirational Stimuli to Support Designer Ideation", *Design Studie.Volume*,Vol.61,March 2019.

[115]Min-Wook Choi."A Study on the Meaning and Future of Sales Promotion in New Marketing Communication Environment",《韩国融复合学会学报》2018年第9期。

[116]Niels Hendriks,Liesbeth Huybrechts,Karin Slegers,"Valuing Implicit Decision-making in Participatory Design:A Relational Approach in Design with People with Dementia", *Design Studies*,Vol.59,November 2018.

[117]Rachel Charlotte Smith,Ole Sejer Iversen,"Participatory Design for Sustainable Social Change", *Design Studies*,Vol.59,November 2018.

［118］Robin Roy，James P. Warren.，"Card-based Design Tools：A Review and Analysis of 155 Card Decks for Designers and Designing"，*Design Studies*，Vol.63，July 2019.

［119］Rogers，E.M.，*Diffusion of Innovations.*New York：Free，1962.

［120］Stepchenkova S，Morrison A M.，"The Destination Image of Russia：From the Online Induced Perspective"，*Tourism Management*，Vol. 27，No. 5，2006，pp. 943−956.

［121］Van Den Bulte，C.，& Joshi，Y. V.，"New Product Diffusion with Influentials and Imitators"，*Marketing Science*，Vol.26，No.3，2007，pp.400−421.

［122］Vines，J.，Clarke，R.，Wright，P.，McCarthy，J.，& Olivier，P.，"Configuring Participation：On How We Involve People in Design"，*In Proceedings of CHI*，2013，pp.429−438.

［123］Yan Hong-bin.，"Kanseievaluation Based on Prioritized Mufti-attribute Fuzzy Target-oriented Decision Analy-sis"，*Information Sciences*，Vol. 178，No. 21，2008，pp.4080−4093.

策划编辑:郑海燕
责任编辑:张 燕
封面设计:王欢欢
责任校对:周晓东

图书在版编目(CIP)数据

中国 IP 与网红经济发展报告/于炜,陈浩 主编;刘新静 副主编. —北京:
　人民出版社,2022.1
ISBN 978－7－01－024362－7

Ⅰ.①中⋯　Ⅱ.①于⋯②陈⋯③刘⋯　Ⅲ.①网络营销-经济发展-研究-中国
　Ⅳ.①F724.6

中国版本图书馆 CIP 数据核字(2021)第 257250 号

中国 IP 与网红经济发展报告
ZHONGGUO IP YU WANGHONG JINGJI FAZHAN BAOGAO

主　编　于　炜　陈　浩
副主编　刘新静

人民出版社 出版发行
(100706　北京市东城区隆福寺街 99 号)

中煤(北京)印务有限公司印刷　新华书店经销

2022 年 1 月第 1 版　2022 年 1 月北京第 1 次印刷
开本:710 毫米×1000 毫米 1/16　印张:20.5
字数:314 千字

ISBN 978－7－01－024362－7　定价:88.00 元

邮购地址 100706　北京市东城区隆福寺街 99 号
人民东方图书销售中心　电话 (010)65250042　65289539

版权所有·侵权必究
凡购买本社图书,如有印制质量问题,我社负责调换。
服务电话:(010)65250042